HANS WÜSTENDÖRFER

Zur Methode soziologischer Rechtsfindung

AF816630

Schriftenreihe zur
Rechtssoziologie und Rechtstatsachenforschung

Herausgegeben von Ernst E. Hirsch und Manfred Rehbinder

Band 23

Zur Methode soziologischer Rechtsfindung

Zwei systematische Abhandlungen

Von

Prof. Dr. Hans Wüstendörfer

herausgegeben von

Prof. Dr. Manfred Rehbinder

DUNCKER & HUMBLOT / BERLIN

Alle Rechte vorbehalten
© 1971 Duncker & Humblot, Berlin 41
Gedruckt 1971 bei Alb. Sayffaerth, Berlin 61
Printed in Germany
ISBN 3 428 02492 3

Inhalt

Zur Hermeneutik der soziologischen Rechtsfindungstheorie

Vorwort

Die heute führende deutsche Methodenlehre begnügt sich nicht nur — was die Kenntnis der ausländischen Literatur anlangt — mit einer splendid isolation[1]. Sie scheint auch die Literatur des eigenen Landes nur lückenhaft zu kennen. Anders ist es nicht zu verstehen, wenn es bei Larenz über die frühe deutsche Rechtssoziologie abschließend heißt: „Die soziologische Rechtslehre erschöpft sich im wesentlichen in einer im ganzen berechtigten Kritik der Rechtsanwendungslehre des 19. Jahrhunderts, ohne aber die von *Ehrlich* verlangten neuen Rechtsfindungsmethoden aufzeigen zu können"[2]. Daß dieser Satz für Eugen Ehrlich selbst nicht zutrifft, weil Ehrlich die von vielen übersehene Abhandlung: „Die richterliche Rechtsfindung aufgrund des Rechtssatzes" im Umfang von 80 Druckseiten in Iherings Jahrbüchern veröffentlicht hat, habe ich bereits 1967 in meiner Monographie über Ehrlich dargetan[3] und die betreffende Abhandlung zusammen mit anderen Arbeiten von Ehrlich erneut vorgelegt[4]. Daß aber auch die bedeutenden methodologischen Ausführungen von Hans Wüstendörfer übersehen werden, mit denen dieser schon vor Ehrlich und ganz in seinem Geiste die Grundlage einer soziologischen Methodenlehre der Rechtsdogmatik legte, ist eigentlich unbegreiflich. Hat doch Schmidt-Rimpler deutlich hervorgehoben, daß diese Arbeiten sich gerade dadurch auszeichnen, daß sie über die bloße Kritik hinausgehen und eine eigene Methodenlehre bieten. Es darf daher ruhig als eine Art Nothilfe gegen wissenschaftliche Vergeßlichkeit begriffen werden, daß eine Schriftenreihe für Rechtssoziologie und Rechtstatsachenforschung es als ihre Aufgabe betrachten muß, erneut auf Hans Wüstendörfer aufmerksam zu machen. Diejenigen, die die Aversion von Larenz gegen wissenschaftlichen Positivismus[5] nicht teilen, werden anerkennen müssen, daß hier ein Fundament gelegt wurde, auf dem es heute weiterzubauen gilt.

Die Bemühungen um eine Methode der soziologischen Rechtsfindung sind für die Rechtssoziologie von ausschlaggebender Wichtigkeit. Ist doch

---

[1] So *Ernst E. Hirsch:* Zu einer „Methodenlehre der Rechtswissenschaft", in JZ 1962, S. 329 - 334 (332).

[2] *Karl Larenz:* Methodenlehre der Rechtswissenschaft, 2. Aufl. 1969, S. 71.

[3] *Manfred Rehbinder:* Die Begründung der Rechtssoziologie durch Eugen Ehrlich, 1967, S. 82 - 88.

[4] *Eugen Ehrlich:* Recht und Leben, 1967, S. 203 - 252.

[5] *Larenz* (FN 2), S. 275 Anm. 2.

die soziologische Jurisprudenz der Prüfstein für die praktische Brauchbarkeit rechtssoziologischer Erkenntnisse. Soll Rechtssoziologie nicht die Unverbindlichkeit eines intellektuellen Glasperlenspiels besitzen oder sich auf Vorschläge für eine lex ferenda beschränken müssen, muß Klarheit darüber bestehen, welche Rolle sie als Seinswissenschaft im Rahmen der Rechtsdogmatik als einer Sollenswissenschaft legitimerweise spielen kann. Um die Klärung dieser Frage ging es im Streit um die sog. Freirechtslehre, und man kann ohne Übertreibung sagen, daß Hans Wüstendörfer zu denjenigen gehört, die hierüber am gründlichsten nachgedacht haben.

Leben und Werk dieses bedeutenden Gelehrten sind nirgends eindringlicher und einfühlsamer geschildert worden als in dem Nachruf, den Walter Schmidt-Rimpler im Jahre 1951 im AcP veröffentlichte. Schmidt-Rimpler, der selbst Wesentliches zur soziologischen Jurisprudenz beigetragen hat, geht dabei besonders auf die methodologische Seite im Werke von Wüstendörfer ein. Ich darf ihm daher für die Genehmigung zum Abdruck seiner Ausführungen herzlich danken.

Zürich, im Mai 1971

Manfred Rehbinder

Hans Wüstendörfer*

Von Walter Schmidt-Rimpler

Hans Wüstendörfer ist in der Nacht vom 10. zum 11. Juni 1951 in Bad Orb verstorben, wo er Erholung von den Anstrengungen einer Vortragsreise nach Griechenland und Italien suchte. Griechenland war ihm zu einem tiefen inneren Erlebnis geworden, und die Reise hatte ihm immer neue Beweise der großen Verehrung, die er auch im Auslande genoß, gegeben. Seine Vorträge über „Gesetzeszwang und Richterfreiheit im demokratischen Staat" und über „Leistungen und Grenzen der internationalen Vereinheitlichung des Seehandelsrechts"[1], die er in Athen, Saloniki und Pisa gehalten hatte, waren von starker Wirkung gewesen. Die Fahrt nach Griechenland unternahm er auf einem Frachtdampfer und kam dadurch noch einmal in unmittelbare Berührung mit dem Lebensgebiet, dessen rechtlicher Ordnung seine Arbeit vor allem gegolten hatte.

Beglückt und gehoben von den Eindrücken der Reise war er zurückgekehrt, aber doch auch durch die Strapazen geschwächt, die wohl für sein Herz zu schwer gewesen waren; er erlag einem Herzschlag — in voller Schaffenskraft und mit neuen Arbeitsplänen beschäftigt, in dem berechtigten Bewußtsein, daß „sein leidenschaftliches Kämpfen, sein heißes Wollen nicht umsonst gewesen" sei, wie er es in einer Ansprache an seinem 70. Geburtstage ausgedrückt hatte. Und seine Hoffnung, daß „alles einem friedevollen Ausklang seines Lebens entgegenreife", hat sich so sechs Jahre, nachdem diese Worte gesprochen, sechs Jahre voll reichen weiteren Wirkens, erfüllt.

In Wüstendörfer hat die deutsche Rechtswissenschaft den Nestor und Meister der Seerechtsforschung verloren, der auch praktisch von einem so starken Einfluß auf die Entwicklung des von ihm bearbeiteten Rechtsgebietes gewesen ist, wie es sich selten bei einem Theoretiker findet. Aber nicht nur die deutsche Rechtswissenschaft, sondern die Rechtswissenschaft aller Seefahrt treibenden Kulturländer empfindet seinen Verlust

---

* Archiv für die civilistische Praxis 151 (1950/51), S. 481 - 501. Der Verf. legt Wert auf den Hinweis, daß er heute, nachdem die Methodenproblematik in den vergangenen zwei Jahrzehnten so vielfältig wissenschaftlich erörtert und auch von ihm selbst weiter durchdacht worden ist, auf diesem Gebiete manches anders sieht als damals.

[1] Dieser Vortrag ist nach seinem Tode in MDR 51, 449 ff. veröffentlicht worden.

aufs schwerste, da er bei der internationalen Verflochtenheit des Seerechtes und durch seine maßgebende Mitwirkung an dessen internationaler Vereinheitlichung weithin bekannt war und sich überall höchsten Ansehens erfreute; auch waren so manche ausländische Seerechtsforscher durch seine Schule gegangen.

Aber der Ruhm, den er auf dem Gebiete des Seerechts unangefochten genoß, hat vielleicht ein wenig abgelenkt von der großen Bedeutung, die er auch für die methodologische Entwicklung unserer Wissenschaft gehabt hat. Und gerade in dieser Zeitschrift, der das Seerecht ferner steht, dafür aber die Methodologie seit M. *Rümelin*, *Heck* und *Stoll* um so näher liegt, auf deren Blättern der Verstorbene zudem seine erste grundlegende methodologische Abhandlung veröffentlicht hat[2], ist es wohl angebracht, wenn ein Nachruf das Schwergewicht auf das methodologische Werk legt. Freilich gehört Wüstendörfer zu den Methodenforschern, die zunächst ihre methodischen Erkenntnisse an sachlicher Arbeit reifen lassen und bewähren, die *nach* der Methode sachlich arbeiten, ehe sie *über* die Methode in eigentlich methodologischen Darlegungen schreiben. Wie Philipp Heck in seinem Werk über die Große Haverei die interessenjuristische Methode zuerst am Stoff angewandt und erprobt hat, ehe er sie in methodologischen Abhandlungen als solche darbot, so hat auch Wüstendörfer seine Methode zunächst in den „Studien zur modernen Entwicklung des Seefrachtvertrages" für dieses besonders dazu geeignete Gebiet in materiellrechtlicher Arbeit fruchtbar gemacht. Aber in beiden Werken zeigen Einleitung und Durchführung, daß bei ihrer Abfassung die methodische Konzeption bereits klar im Geiste der Verfasser vorlag.

Bekanntlich hat das 1889 erschienene Werk Hecks auf dem Gebiete der Methodenlehre nicht unmittelbar die umwälzende oder auch nur anregende Wirkung gehabt, die man von ihm hätte erwarten müssen. Die alte Methode der Begriffsjurisprudenz, um die gerade auch durch Hecks und Wüstendörfers Arbeiten eingeführte Terminologie, so bedenklich sie ist, zu gebrauchen, war noch zu sehr gefestigt, die Zeit für die neue noch nicht reif. Zudem war der Gegenstand der Haverei verhältnismäßig abgelegen, so daß er wohl nur einen engeren Kreis von Seerechtsforschern genügend anzog, denen wieder die sachlichen Ergebnisse wesentlicher erschienen als die neue Methode. Dazu kam, daß Heck zwar in einzelnen Aufsätzen und Besprechungen seine Methode in den 90er Jahren anwandte und vertrat, sich aber dann im wesentlichen der historischen Forschung zuwandte. So hat etwa *Génys* Méthode d'interprétation, obschon fast 10 Jahre später als Hecks Buch erschienen, die Methodenforschung in Deutschland stärker in Bewegung gesetzt als er, wobei wir von den letztlich maßgebenden Auswirkungen Ihering absehen.

---

[2] Vgl. unten S. 17.

So bedeutete es durchaus eine wissenschaftliche Tat, wenn Wüstendörfer 1905 in dem ersten Band seiner genannten „Studien“ bewußt und betont ein in neuer Methode gearbeitetes Werk vorlegte, bei dem er im übrigen sachlich selbständig, vor allem auf Grund seiner wirtschaftswissenschaftlichen Studien, zu der neuen methodischen Auffassung gelangt war: auch er darf daher mit Recht zu den Bahnbrechern des Methodenwandels gezählt werden.

Hans Wüstendörfer war am 27. 11. 1875 in Wandsbek, das damals noch nicht zu Hamburg gehörte, geboren. Sein aus Bayern stammender Vater war Tabakkaufmann, und der Knabe wuchs so in der Atmosphäre Hamburgischen Überseehandels auf; das Kontor am Sandtorkai und das Hamburger Hafenleben gehörten zu den starken Eindrükken seiner Jugend. Für seine innere Entwicklung gewann seine Mutter noch größere Bedeutung als der Vater, eine musikalisch und dichterisch hochbegabte Frau von idealistischer Gesinnung, auf deren Anregung hin in dem Elternhause gute Kammermusik gepflegt und dadurch die musikalische Begabung Wüstendörfers angeregt und entwikkelt wurde. Seine starke künstlerische Neigung und Anlage, die auch in der Formung seiner wissenschaftlichen Arbeiten hervortritt, rührte so von der mütterlichen Seite her: der Großvater war ein bedeutender Musiker, der Hamburger Harfenist *Schaller*, von dem Berlioz in einem Brief an Heinrich Heine schreibt, daß er einen Harfenkünstler gleichen Schlages noch in keiner Stadt gehört habe. Mit der tatkräftigen und gütigen Großmutter hatte der Knabe ebenfalls enge Fühlung.

Wüstendörfer war in seiner Jugend zart und sehr sensitiv. Eine fast übergroße Gewissenhaftigkeit und Arbeitsenergie sicherten ihm in Verbindung mit seiner hervorragenden Begabung in der Schule stets den ersten Platz, ließen ihn aber auch im Kampf mit seiner Konstitution viel Kraft verbrauchen. Häufige Erkrankungen, vorwiegend auf nervöser Basis, belasteten ihn und zwangen ihn öfters zu Aufenthalten in Sanatorien. Nachdem er trotz aller Hemmungen mit 17½ Jahren die Reifeprüfung abgelegt hatte, begann er 1893 sein Studium in Berlin, noch ungewiß, ob er sich der Rechtswissenschaft oder der Wirtschaftswissenschaft zuwenden sollte. Es scheint, daß die stärkeren Einwirkungen zuerst von den nationalökonomischen Lehrern, insbesondere von *Schmoller* und *Sering* ausgingen; neben den Fachvorlesungen hörte er, dessen historisches Interesse sein ganzes Leben hindurch überaus rege war, vor allem Geschichte, namentlich bei *Treitschke*, der den begeisterungsfähigen jungen Menschen ganz besonders stark beeindruckt hat. Doch scheint er sich in Berlin menschlich recht einsam gefühlt und engeren Anschluß weder an Kommilitonen noch an Dozenten gefunden zu haben. Da es ihn charakteristischerweise trieb, auch ausländische Verhältnisse in Leben und Wissenschaft kennen zu lernen, besuchte er alsdann ein Semester die Universität Genf. Ein Semester in München und zwei weitere in Berlin schlossen sich an, in denen A. *Pernice* und *Kohler* die stärksten Anregungen gaben. Aber im allgemeinen fand er während seines Studiums für den schon früh in ihm regen Trieb, Recht und Wirtschaft in ihrer gegenseitigen Beziehung und Beeinflussung zu erkennen, keine Förderung, und es schien ihm unverständlich, daß der Dozent, der in München Wechselrecht vortrug, zugestand, noch nie einen Wechsel in der Hand gehabt zu haben.

Nach Abschluß des 6. Semesters legte er in Berlin die erste juristische Prüfung mit sehr gutem Erfolge ab, begab sich aber zur Promotion nach Straßburg, und zwar — auch dies charakteristisch! — vor allem deswegen, weil er gehört hatte, daß die Anforderungen dort besonders hoch gespannt wären. Er wurde 1897 summa cum laude promoviert — Referent war *Lenel*. 1902 bestand er die Assessorprüfung und arbeitete dann als Hilfsrichter an verschiedenen Gerichten.

In der oben erwähnten Rede zieht er das Fazit seiner Jugend so: „Der Aufstieg ist mir nicht leicht gemacht worden. Arbeit und Kränklichkeit in der Jugend, Mangel an Lebensklugheit und eine seltsame Unklarheit in bezug auf meine eigenen Begabungsgrenzen hinderten mich zuerst sehr und ließen mich falschen Zielen nachjagen.“ Er hatte damals geplant, Bankdirektor oder Reedereisyndikus zu werden.

Eine Reise auf einem Frachtdampfer nach Konstantinopel führte 1902 — fast könnte man es im Hinblick auf sein weiteres Leben als symbolisch empfinden — eine innere seelische Umstellung herbei, und eine naturheilkundliche Behandlung, die ihn dauernd für die Naturheilkunde gewann, kräftigte seine Gesundheit. Wenn manchem später an ihm eine gewisse Vorsicht in der Lebensführung eigentümlich erscheinen mochte, so war sie nur ein Zeichen seiner strengen Selbstzucht, in der er einer schwachen Konstitution größte Arbeitsleistung abzwang.

Von 1902 an entstanden die „Studien zur modernen Entwicklung des Seefahrtsrechtes“, von denen der erste Teil und die beiden ersten Abschnitte des zweiten Teiles 1905 erschienen, während der 3. und 4. Abschnitt 1909 folgten. Er faßte diese Teile zum 1. Band zusammen, dem sich in einem zweiten die Darlegung des Zusammenhanges der wirtschaftlich-technischen Entwicklung mit der Rechtsentwicklung an Hand besonders markanter Einzelerscheinungen anschließen sollte, wie des Durchfrachtverkehrs, der Mitwirkung der Banken beim Umlauf der Konnossemente und der Tätigkeit des Schiffsmaklers bei Eingehung und Ausführung des Frachtvertrages: dieser Band ist leider nicht erschienen, aber was er bringen sollte, findet sich zum guten Teil in dem später zu erwähnenden Seeschiffahrtsrecht in Ehrenbergs Handbuch und dem Werk über „Neuzeitliches Seehandelsrecht“.

Mit dem ersten Teil der Studien habilitierte sich Wüstendörfer 1905 an der Handelshochschule Köln. Er selbst bezeichnete es als eine „fast wunderbare Verkettung von Zufälligkeiten, die ihn auf krausen Umwegen hätten in Köln Privatdozent werden lassen". Daß er nicht eine Universität, sondern eine Handelshochschule für die Habilitation wählte, geschah bewußt; an den Handelshochschulen komme die zu keiner Fakultät kastenmäßig abgeschlossene Rechtslehre in unmittelbaren regen Gedankenaustausch mit den berufenen Vertretern der Volkswirtschaftslehre und der Handelstechnik; hier bringe schon das unmittelbare praktische Bedürfnis des Unterrichts eine Anknüpfung der juristischen Betrachtung des Rechtslehrers an die dem Kaufmann geläufigen technischen und Verkehrstatsachen mit sich und zwinge die Rechtslehre daher zu unmittelbarer Lebenswahrheit, zum Verzicht auf wertlose Kletterversuche in den juristischen Begriffshimmel, sagt er im Vorwort zu den Studien (Bd. I, S. VIII), und all dies trieb ihn dorthin. Und noch an seinem 70. Geburtstage riet er jedem jungen Handelsrechtslehrer, eine Zeitlang an einer Handelshochschule zu wirken, um fest auf dem Boden der Rechtswirklichkeit zu stehen, kaufmännisches Denken zu begreifen und aus Kenntnis von Betriebs- und Volkswirtschaft den Rechtsproblemen des Handelsrechts näher zu kommen. Nachdem er diese Erfolge in Köln erreicht hatte, habilitierte er sich zum Wintersemester 1910/11 an die Universität Würzburg um, nahm aber die Vorlesungen nicht auf, da er 1911 als ordentlicher Professor an die Universität Rostock berufen wurde. Hier suchte er sich alsbald eine lebendige Anschauung von den Kleinschiffahrtsverhältnissen in den Ostseehäfen zu verschaffen. 1919 nahm er einen Ruf an die Universität Hamburg an, der er bis zu seinem Tode treu geblieben ist — eine Berufung an die Handelshochschule Berlin (1929) lehnte er ab. Es war, als ob das Geschick von nun an wieder gut machen wollte, was es ihm in früheren Lebensjahren an Lasten auferlegt hatte.

In Hamburg ging er 1921 die Ehe mit Martha Jördens ein, deren „nimmermüder, treuester Fürsorge" er immer wieder dankbar gedenkt — die tiefe Gemeinschaft mit ihr, in der gerade auch die künstlerische, insbesondere musikalische Neigung und Begabung beider Gatten harmonisch zusammenklang, wurde durch ihren Tod 1944, im Jahr vor der Vollendung seines 70. Lebensjahres, zerrissen: nur durch Versenkung in seine Arbeit vermochte er den Verlust zu überwinden; er führt in der genannten Rede Goethes Worte an: „beim größten Verlust müssen wir sogleich umherschauen, was uns zu erhalten und zu leisten übrig bleibt".

In Hamburg fand er die denkbar reichsten Möglichkeiten für eine fruchtbare Tätigkeit in Forschung und Lehre. Wie er selbst sagte, lagen ungehobene Schätze der Seerechtswissenschaft und Überseewissenschaft geradezu auf der Straße. Seeschiffahrt und Schiffsbau und Überseehandel ließen immer neue Probleme vor ihm auftauchen, von allen Seiten strömten ihm Anregungen zu: er nahm sie lebendig auf und suchte die daraus erwachsenden Aufgaben mit unermüdlichem Fleiße zu bewältigen.

Mit *Ernst Bruck* zusammen gründete er die Gesellschaft für Handelsrecht des Überseeverkehrs im Rahmen des Hamburger Überseeklubs und gab, ebenfalls mit Bruck, die Hamburger Überseestudien zum Handels-, Schiffahrts- und Versicherungsrecht heraus, in denen außer eigenen viele von ihm angeregte Arbeiten erschienen sind. Bei den Bestrebungen zur Vereinheitlichung des internationalen Seerechtes wirkte er tatkräftig mit und gewann 1934 einen starken unmittelbaren Einfluß auf die Fortentwicklung des deutschen Seerechtes dadurch, daß ihm der Vorsitz im Seerechtsausschuß der Akademie für Deutsches Recht übertragen wurde; er mußte ihn allerdings wegen Arbeitsüberlastung 1936 niederlegen, hat sich aber als Ehrenvorsitzender dem Ausschuß auch weiterhin bei besonders wichtigen Fragen, wie es sein Nachfolger im Vorsitz *Lindenmaier* in einem Tätigkeitsbericht[3] ausdrückte, „mit seinem umfassenden Wissen und tief eingreifenden und glänzenden Gedankengängen" zur Verfügung gestellt. Er hat von vornherein dafür gesorgt, daß in diesem Ausschuß wissenschaftlich untadelige objektive Arbeit geleistet wurde, die namentlich die Grundlage für die Novelle vom 10. 8. 37 zum HGB über das Seefrachtrecht und für das Gesetz über Rechte an eingetragenen Schiffen und Schiffsbauwerken vom 15. 11. 40 bot, sich aber auch auf eine Fülle von anderen Problemen erstreckte — Wüstendörfer nannte in seiner Eröffnungsansprache als Aufgaben die internationale Rechtsvereinheitlichung, Anpassung an den technisch-wirtschaftlichen Umschwung sowie an nationale und soziale Ideale und legte Nachdruck auf eine richtige Methode der Gesetzgebung, so daß die Grundanliegen seiner eigenen Arbeit das Leitmotiv für den Seerechtsausschuß bildeten.

Wenn wir gerade Wüstendörfers *methodologische Bedeutung* hier in den Vordergrund stellen wollen, so müssen wir zuerst darauf hinweisen, daß schon seine Dissertation von 1897 über „§ 278 BGB im Lichte des römischen Rechtes" sachlich ganz interessenjuristisch oder in seiner Sprache soziologisch ausgerichtet war. Die Arbeit stellte sich das Problem, die *Gründe* für die in verschiedenen Fällen eintretende Haftung des Schuldners für Verschulden Dritter im römischen Recht festzustellen und die Rechtsentwicklung aus ihnen abzuleiten. So werden ihm insbesondere die wirtschaftlichen Grundlagen wesentlich: die — auch eine Haftung für Dritte einschließende — Haftung aus dem receptum nautarum, cauponum et stabulariorum beruhte nach ihm darauf, daß

[3] Jb. Ak. f. d. R. 39/40, 105 ff.

man im wirtschaftlichen Verkehr der Zeit genötigt war, den betreffenden Gewerbetreibenden Sachen anzuvertrauen, diese andererseits aus der solche Verwahrung einschließenden Tätigkeit Gewinn zogen und eine gewisse monopolistische Stellung besaßen; eine Erstreckung der receptum-Haftung auf bestimmte Handwerker und vielleicht später allgemein auf die locatio conductio operis begründete er aus entsprechenden Gedanken und der Notwendigkeit der Arbeitsteilung im Betriebe. Die Haftung für custodia in technischem Sinn, die ebenfalls eine gewisse Haftung für Dritte in sich schloß, führte er auf den Gedanken zurück, daß der, der allein Nutzen aus einem Geschäft hat, dem Partner in stärkerer Weise haften muß, als der, der auch oder gar lediglich zum Nutzen des anderen handelt. Wüstendörfers Anliegen ist, darzutun, wie diese rechtlichen Wertungen und wirtschaftlichen Entwicklungen zu Änderungen in der rechtlichen Gestaltung führen. So scharfsinnig in dieser Arbeit Quellenstellen analysiert werden, so liegt doch das eigentliche Interesse des Verfassers erkennbar nicht darin, sondern diese Analyse ist ihm nur ein Mittel, um die Gründe für die Rechtsentwicklung zu erkennen, wobei er die Wandlungen des sozialen Substrates von den Änderungen in der Wertung bereits klar scheidet. Die Arbeit wirkt für eine Erstlingsschrift überaus reif und selbständig.

Die 1905 erschienenen ersten Teile der „Studien" (s. o. S. 14) stellen bereits eine Anwendung der Methode dar, die Wüstendörfer dann als *soziologische* bezeichnet und entwickelt hat, und diese wird im Vorwort in großen Zügen allgemein und innerhalb der sachlichen Ausführungen zur Begründung der einzelnen Ergebnisse bereits klar dargelegt. Der weitere 1909 erschienene Teil gibt in dem beigefügten Gesamtvorwort zu dem ersten Bande eine zwar knappe, aber doch schon stärker verselbständigte methodologische Einführung.

Inzwischen war der „Methodenstreit" in vollem Umfange entbrannt: die Hochflut der methodologischen Literatur, wie sie etwa das Literaturverzeichnis im Anhang von *Hecks* Problem der Rechtsgewinnung (2. Aufl. 1932) von 1899 - 1912 aufführt, war emporgestiegen. Aber Wüstendörfer schienen all diese Arbeiten nicht genügend über die negative Kritik an der Begriffsjurisprudenz, über das Allgemeine und Grundsätzliche oder über das nur Programmatische hinauszugehen, und deshalb hielt er eine bis ins einzelne ausgeführte und auf die praktische Anwendung gerichtete systematisch-begriffliche Erfassung und Darstellung der neuen Methode für erforderlich: so entstanden seine Abhandlungen über „Die deutsche Rechtsprechung am Wendepunkt"[4] (im folgenden abgekürzt mit „Wendepunkt" angeführt) und über die „Hermeneutik der soziologischen Rechtsfindungstheorie"[5] (als „Her-

[4] AcP Bd. 110 (1913), S. 219 ff. = unten S. 31 ff.

[5] Arch. R. W. Phil. IX, 170 ff., 289 ff., 1915/16 = unten S. 138 ff.

meneutik" angeführt), in der er seine Ausführungen noch vertieft und ausgebaut hat. Er gab charakteristischerweise der ersten Abhandlung den Untertitel „Versuch einer *positiven* Methode soziologischer Rechtsfindung", wie er stets das Bestreben hatte, der Kritik den Aufbau anzuschließen. Zugleich wollte er seine eigene Auffassung damit gegenüber den nur in der Kritik gegen die Begriffsjurisprudenz einigen, sonst aber sehr verschiedenen Reformtheorien, mochten sie sich als freirechtliche, soziologische oder interessenjuristische oder wie sonst bezeichnen, abgrenzen, wobei es ihm aber weniger um eine Auseinandersetzung mit den anderen Meinungen als um eine klare, für die Anwendung brauchbare Darstellung der eigenen zu tun war. Damit gelangte er über die mehr programmatische Zusammenfassung Hecks in der 1912 erschienenen Abhandlung „Das Problem der Rechtsgewinnung" hinaus und tat für seine Person das, was Heck dann erst später in der Abhandlung über „Gesetzesauslegung und Interessenjurisprudenz"[6] und vor allem in dem Werke über „Begriffsbildung und Interessenjurisprudenz" (1932) in aller Ausführlichkeit getan hat.

Den Gegensatz von alter und neuer Methode kennzeichnet er polemisch zugespitzt so:

„Kernpunkt der alten Methode war: vor der Logik, Philologik und Historik von Tatbestandssubsumtion und Gesetzesauslegung tritt das Rechtsgefühl des Richters als ein unterwertiger Faktor der Rechtsfindung in den Hintergrund.

Kernpunkt der neuen Methode ist: vor die Logik, Philologik und Historik von Tatbestandssubsumtion und Gesetzesauslegung tritt als überwertiger Faktor der Rechtsfindung das sozialwissenschaftlich geklärte Rechtsgefühl des Richters".

Der Nachdruck liegt hier allerdings auf der sozialwissenschaftlichen Klärung, die der Objektivierung des Rechtsgefühls dienen soll, wie wir sehen werden. Deshalb wählt er auch als Bezeichnung „soziologische Methode", den Terminus „teleologische Methode" ablehnend, weil er nichts über die Richtung der Zielstrebigkeit und über die Mittel, deren sie sich bedient, angebe. Die Freirechtsmethode im engeren Sinne, auf die seine Fassung hindeuten könnte, lehnt er ab, obgleich er, namentlich in der Kritik, mancherlei Anregung durch sie erhalten hat. In positiver Richtung haben ihn wohl *Kohler, Ehrlich, Heck, Müller-Erzbach* und *Stampe* am stärksten angeregt.

In der Kritik an der Begriffsjurisprudenz ergänzt und verfeinert Wüstendörfer vielfach das gegen sie von ihm selbst und anderen Gesagte und bringt feinsinnige Gedanken über die geistesgeschichtlichen

---

[6] AcP Bd. 112 (1914), S. 1 ff.

Gründe der mit Materialien-Kultus und Formalismus verbundenen Begriffsjurisprudenz. In der zweiten Abhandlung arbeitet er bei der Kritik der Inversionsmethode zuerst scharf den Unterschied der Gewinnung neuer Rechtssätze aus Ober*begriffen* (Folgerung aus einer Rechtssatzkonstruktion) und der aus systemlogisch gewonnenen Ober*sätzen* (Folgerung aus formallogischer Prinzipienkonstruktion) heraus und lehnt die letztere schlechthin ab, während er die erstere für zulässig erklärt, wenn bei Interessenwägung kein vorwiegendes schutzbedürftiges typisches Interesse vorhanden sei und es insofern nur darauf ankomme, *daß*, nicht wie entschieden werde, also insbesondere bei „Ordnungsnormen".

Der Schwerpunkt liegt aber in beiden Abhandlungen durchaus auf den seine Methode positiv entwickelnden Teilen. Hier scheint es mir vor allem bedeutsam, daß Wüstendörfer in schärferer Weise als Heck, mit dem er sonst in wesentlichen Punkten zusammengeht und den er gelegentlich als Mitkämpfer bezeichnet, das zu ordnende Sozialleben, die Interessenlage in diesem Sinne, also das Verhalten, das im Rechte gewertet und wertungsgemäß geordnet werden soll, scheidet von den Wertungsgrundsätzen, dem, was er „den sozialen Zweck des Gesetzes" nennt. So bleibt er von den grundsätzlichen Bedenken gegen die Hecksche Sicht frei, in der das Wertungsprinzip, die Idee der Gerechtigkeit oder im weiteren Sinne der Richtigkeit lediglich zu einem Interesseninhalt gemacht wird und so nicht in seiner qualitativen Verschiedenheit gegenüber den bedingten Interessen der zu ordnenden Menschen oder Gemeinschaften oder auch des Staates genügend erkannt und von ihnen unterschieden wird, ein Bedenken, das trotz Hecks mehrfach erhobenen Widerspruchs m. E. bestehen bleibt, ohne daß ich in diesem Zusammenhange näher darauf eingehen könnte.

Was Wüstendörfer als sozialen Zweck bezeichnet, ist der Sache nach der die Richtigkeit der Norm begründende Gedanke, das Wertungsprinzip, für das, sofern es sich um das Prinzip der Gemeinzweckmäßigkeit handelt, die Bezeichnung als Zweck allenfalls gelten mag, obschon die Gemeinzweckmäßigkeit von der Zweckmäßigkeit, die sich aus den Interessen der Rechtsunterstellten ergibt, qualitativ verschieden ist; sofern es dagegen um das ethisch fundierte Prinzip der Gerechtigkeit geht, kann das Wort irreführend wirken, weil hier nicht der Zweck, sondern der Sinn des Rechtes in Frage steht. So wird es für Wüstendörfer zum Kernproblem, wie dieser soziale Zweck festgestellt werden kann. Die historische Auslegung läßt er nur als vorläufiges Hilfsmittel, gewissermaßen als heuristisches Prinzip zur Erkennung des sozialen Zweckes dienen; aber nicht auf den historischen Gesetzeszweck soll es nach ihm ankommen, sondern auf den „brauchbaren Gegenwartszweck"; dieser soll sich ergeben aus dem „jeweiligen Werturteil der führenden Kulturschicht des Volkes", wobei allerdings Wüstendörfer selbst alsbald darauf hinweist, daß die angebliche Objektivität der Anlehnung an allgemeine Kulturanschauungen in Wahrheit unerreichbar sei und so der Richter nach dem entscheiden müsse, was er subjektiv nach bestem Wissen und Gewissen für das heutige Werturteil der führenden Kulturschicht halte. Wo er aber zu solcher Überzeugung nicht gelangen könne, habe der Richter nach eigenem Werturteil die normative Interessenwägung vorzunehmen und dabei zu prüfen, durch den Schutz welcher der beiden in Konflikt geratenen Interessenlagen (Interessen?) dem *Zweck* des *Rechtes* besser gedient wird: diesen aber sieht er mit Kohler in der Förderung des Kulturfortschritts der im Staate organisierten menschlichen Gemeinschaft. Aber er betont sofort, daß schließlich in Wahrheit die Setzung eines letzten Zweckes der Rechtspflege „subjektive Metaphysik" sei. Daß Metaphysik subjektiv sein müsse, wie diese Wendung voraussetzt, ist gewiß problematisch, sofern sie letzten Endes alle Objektivität begründen muß. Aber Wüstendörfer ist so m. E. näher als Heck an die Erkenntnis gelangt, daß bereits die Frage der praktischen Rechtsfindung ohne eine metaphysische Grundlegung nicht möglich ist, deren Aufgabe die Ermittlung des Sinnes der Gegenständlichkeit im Rechte wäre. Eine solche nur rechtsphilosophisch zu gebende Grundlegung wollte aber Wüstendörfer nicht bieten und konnte es auch im Rahmen seiner Zielsetzung nicht tun. Als einem Kinde der damaligen Zeit lag ihm wohl auch diese Frage nicht so stark am Herzen — ist sie doch eigentlich zum Gegenstand allgemeineren Interesses erst wieder später geworden, denn das heute so aktuelle Naturrecht ist ja nur ein anderer Ausdruck für den Gedanken der Objektivität des Rechtes.

In der durchaus auf die praktische Anwendung abgestellten Darlegung der Methode scheidet Wüstendörfer die soziale Rechtsfindung aus dem *Parteiwillen* und die aus dem *Gesetz*. Die Aufgabe jener ist es „den tatsächlichen primären übereinstimmenden Interessenzweck der Parteien zu finden, um aus ihm Rückschlüsse zu ziehen, entweder auf die Subsumtion des rechtsgeschäftlichen Tatbestandes unter das Gesetz oder auf den Inhalt der gesuchten Norm". Bei der Rechtsfindung aus dem *Gesetz* geht er wie Heck davon aus, daß dieses mit seinen Normen eine Entscheidung von Interessenkonflikten, eine Interessenregulierung gebe, mit deren konkreter Gestaltung sie einen sozialen Zweck verfolge. Der Rechtsfindung aus dem Gesetz obliege es nun, einen „brauchbaren, sozialen Zweck der Gesetzesnorm zu ermitteln und aus ihm Rückschlüsse auf den Inhalt der gesuchten Norm zu ziehen". Die Erhebung des sozialen Zweckes zum Regulator der Norm bedinge: Vergleichung der Interessenlage des konkreten Falles mit der Interessenlage des gedachten Tatbestandes der Norm. Die Setzung eines teleologisch brauchbaren sozialen Zweckes statt Unterwerfung unter den historisch gegebenen bedinge: Interessenabwägung zu dem Zweck und mit dem Ergebnis, dasjenige Interesse zu schützen, welches für den Kulturfortschritt, für das soziale Ganze als das wichtigere erscheine. Zwecksetzung und Interessenwägung dürften aber nicht nach freiem Willen des Richters erfolgen, Rechtssicherheit und Rechtsstetigkeit erforderten vielmehr, daß sie in möglichster Anlehnung äußerlich an Gesetz und Rechtsgewohnheit, innerlich an ein bestimmtes Werturteil erfolge.

Die Einzelausführungen gehen letzten Endes in überaus sorgfältiger Gliederung aller Möglichkeiten der Problemlage in gewisser Anlehnung an *Stammler* dahin, daß Tatbestand und Rechtsnorm — im Sinne von Rechtsvoraussetzung und Rechtsfolge — unter dem Gedanken des sozialen Zweckes „harmonisiert" werden müssen, also bei klarer Rechtsvoraussetzung die zweifelhafte Rechtsnorm so verstanden oder gestaltet werden muß, daß sie dem sozialen Zweck entspricht, während bei klarer Rechtsfolge die Voraussetzung so verstanden oder gestaltet werden muß, daß die Rechtsfolge dem sozialen Ziel entspricht. In der „Hermeneutik" hat Wüstendörfer den Gedanken der Harmonisierung weiter ausgebaut, indem er schärfer hervorhebt, daß nicht nur zwischen Gebot und Norm, sondern zwischen Gebot, Norm und sozialem Zweck eine „Harmonie", sachlich also eine Korrelation besteht, die er für die Auslegung nutzbar macht. Wird ja doch jede Vergleichung einer Interessenlage mit einer anderen nur unter einem bestimmten Wertungsprinzip möglich! Die „soziologische Tatbestandsauslegung" und die „soziologische Normauslegung" werden dann in alle Feinheiten hinein erläutert.

Ist das historische Ziel mit dem heutigen sozialen Ziel nicht in Einklang, gibt Wüstendörfer in gewissen Grenzen dem Richter die Möglichkeit, das heutige soziale Ziel einzusetzen. Aber er ist in dieser Beziehung doch sehr zurückhaltend. So fordert er, daß auch die soziologische Rechtsfindung mit der Nachforschung nach einem prima facie kongruenten Tatbestandstypus beginne und die Interessenwägung „tunlichst unter die Schutzdecke anderer gesetzlicher Tatbestände gezogen werde". Er klärt sodann, was von seinem Standpunkt aus die ausdehnende und einschränkende Auslegung, Analogie und Umkehrschluß bedeuten und weist mit Recht darauf hin, daß die Schaffung künstlicher Lücken sachlich zur einschränkenden Auslegung in demselben Verhältnis steht wie die Analogie zur ausdehnenden Auslegung. Da er endgültig nicht vom historischen Gesetzgebungswillen ausgehen will, wird ihm allerdings die Unterscheidung der Auslegung von der Analogie überhaupt problematisch. Auf die Rechtsquellentheorie hin gesehen, schafft seiner Ansicht nach der soziologisch gewonnene Rechtssatz zunächst nur Rechte unter den Parteien, aber es kommt über seine wiederholte Anwendung allmählich zu richterlichem Gewohnheitsrecht, wobei er die Anerkennung des soziologisch geschaffenen Richterrechts auf seine „soziologische Unentbehrlichkeit“ stützt und seine Ableitung aus Naturrecht ablehnt.

Eine Rechtsprechung *gegen* den historischen Gesetzeszweck will er nur zulassen, wenn nach der Überzeugung des Richters ein deutlich erkennbar gewordenes Werturteil der führenden Kulturschicht eines Volkes ihm die dringende soziale Notwendigkeit des Schrittes vor Augen rückt. Ja, er empfiehlt sogar, die Rechtsprechung gegen den Gesetzeszweck der betreffenden Norm möglichst unter dem Mantel der Auslegung und durch Heranziehung des Zweckes anderer Normen doch als aus dem Gesetz gewonnen erscheinen zu lassen.

Wir werden heute, nachdem die Fragen in immer erneutem Durchdenken und unter immer stärkerer Heranziehung rechtsphilosophischer Gedanken mehrere Jahrzehnte lang gefördert worden sind, manches anders sehen, aber es ist klar, daß diese letzten Probleme nicht im ersten Ansatz einer endgültigen Lösung zugeführt werden konnten, von der sie m. E. auch heute noch weiter entfernt sind, als es der Charakter der Wissenschaft im Sinne einer ewigen Aufgabe notwendig erscheinen läßt. Aber die Grundgedanken, daß auf die Interessen und ihre Wertung bei der Gesetzesanwendung zurückgegangen werden müsse, und der Kampf gegen die falsche Begriffsjurisprudenz waren bahnbrechend und haben insoweit zum Siege geführt, und die systematische Einzeldurchführung der Methode ist in ihrer Gründlichkeit und Aufdeckung vieler Probleme noch heute von großem Wert und m. E. nicht voll ausgeschöpft. Auch hat Wüstendörfer etwas, was selbst heute oft nicht erkannt wird, wie seine Rechtsquellentheorie zeigt, empfunden: daß es zum Sinne des *Gesetzes* gehört, gerade historisch die Idee der Richtigkeit zu konkretisieren, und daß insofern von ihm nicht nur die einzelnen Normen, sondern auch die sie begründenden Wertungen „gesetzt“ werden und deshalb eine *Anwendung* des *Gesetzes* stets nur *seine* Wertungen durchführen kann. Daher gehört es also durchaus zur Anwendung des Gesetzes, aus dieser Wertung neue Normen zu schaffen oder gegebene Normen nicht anzuwenden, ja, auch wenn die hinter den Normen stehenden Wertungen nicht konform sind — besonders bei zeitlich verschiedenen Gesetzesschichten — sie, typischerweise im Sinne der neuen Wertungsprinzipien, zu koordinieren. Er erkennt im Grunde, daß dagegen die Abweichung von den konkretisierten Wertungsgedanken nicht, wie man so oft sagt, eine Fortentwicklung des Gesetzes ist, sondern ein Wandel des Rechtes vom Gesetze, nicht nur von seinem Wortlaut, fort, zu dessen Verwirklichung der Richter nur unter besonderen Umständen berufen ist, wenn nämlich die Zeit zu einer Revolution des Rechtes gegen das Gesetz reif ist.

Auch hat Wüstendörfer gesehen, wieder im Gegensatz zu Heck, daß die interessenjuristische Methode zwingt, unser *System* umzudenken[7], was mir sehr wesentlich erscheint. *Coing* hat jüngst mit vollem Recht darauf hingewiesen, daß der interessenjuristischen Rechtswissenschaft eigentlich das System fehlt[8]. Wir arbeiten vielfach noch mit einem System, dessen Sinn verloren gegangen ist.

In all seinen späteren materiell-rechtlichen Werken ist es Wüstendörfer stets darum zu tun, seine Methode an dem Stoff zu bewähren und zu vervollkommnen, und so hat er — teils in besonderen Abschnitten, wie etwa in dem Schlußwort der „Tatsachen und Normen des Seeschiffsbaues", teils in eingestreuten methodischen Ausführungen — dauernd methodologisch weitergearbeitet, ohne freilich weitere selbständige methodologische Abhandlungen zu veröffentlichen. Man kann sagen, daß Wüstendörfer eigentlich jedes seiner Werke zu einem Prüfstein seiner Methode geworden ist, wie er andererseits in seinen methodologischen Abhandlungen die Methode stets an ihren Ergebnissen sich bewähren läßt. So finden wir wenige so streng methodisch vorgehende und sich stets in solchem Grade ihrer Methode bewußte Autoren wie Wüstendörfer.

Gerade deshalb muß auch in diesen das Methodische betonenden Ausführungen auf die sachlichen Werke eingegangen werden und hier zunächst auf die „Studien zur modernen Entwicklung des Seefrachtvertrages", mit denen er sofort in die erste Reihe der Seerechtsforscher trat. Der erste Teil bietet — damals durchaus neuartig und ganz im Sinne der neuen Methode — ein Musterbild rechtstatsächlicher Forschung, der Aufarbeitung des sozialen Substrats einer rechtlichen Regelung, hier besonders abgestellt auf die morphologischen Gesichtspunkte, die Veränderungen des überseeischen Warenumsatzes, des Reedereibetriebes und des Seefrachtenmarktes, um auf der Basis der Entwicklung die Verhältnisse darzustellen, die der nunmehrige Gegenstand der rechtlichen Ordnung waren, während das Gesetz noch von ganz anderen früheren Verhältnissen (insbesondere der Segelschiffahrt) ausgegangen war. Konnte er dabei, wie er selbst hervorhebt, für Warenumsatz und Reedereibetrieb auf vorhandenen, namentlich nationalökonomischen Arbeiten aufbauen, so war die Entwicklung des Seefrachtenmarktes Neuland, das er zuerst bearbeitet hat. Wie hier ohne Verquickung des wirtschaftlichen Substrats mit der rechtlichen Ordnung, aber stets im Hinblick auf sie, mit feinstem Fingerspitzengefühl das für die rechtliche Erfassung Wesentliche erkannt wird und die Entwicklungstendenzen erspürt werden, ist ganz hervorragend und so reif,

---

[7] „Wendepunkt" 373 = S. 133.

[8] Vgl. *Coing*, System, Geschichte und Interesse in der Privatrechtswissenschaft, in JZ 1951, 481 ff.

daß man kaum glauben kann, eine Frühharbeit vor sich zu haben. Und auf solcher Grundlage konnte er nun die Rechtsentwicklung in seiner Methode aufbauen: die Veränderungen in der Struktur des Chartervertrages, der weithin vom Raumfrachtvertrag zur Schiffsmiete wird, deren gegenseitige Abgrenzung dabei sorgfältig geklärt wird, die Folgerungen für die Regelung des Ausrüsterverhältnisses in § 510 HGB, des Unterfrachtvertrages in § 662 (a. F.), dessen Anwendung er ablehnt, wenn der Charterer nach außen als Beförderungsunternehmer auftritt, und des Stückgutvertrages in seiner Umbildung zur Gattungsschuld. Die Ausführungen hierzu sind von bleibender Bedeutung, und die damit verbundenen Vorschläge zur Gesetzesänderung sind zum großen Teile später verwirklicht worden.

Fast noch schwierigere Probleme bot das Konnossementsrecht in Anbetracht der Wandlungen seit dem Erlaß des HGB. Schon die Ausstellung des Konnossements, namentlich die Fragen der Vertretungsmacht, soweit entgegen dem ursprünglichen Leitbild des HGB Schiffsmakler und Expeditionskontore eingeschaltet wurden, mußte neu durchdacht werden: es ist Wüstendörfers Auffassung, daß durch die Ausstellung seitens jener anderen Vertreter die beschränkte Reederhaftung eintritt, und zwar auch dann, wenn die Zeichnung unter Bezugnahme auf eine Vollmacht erfolgt, sofern diese nur nicht über die gesetzliche Vertretungsmacht des Kapitäns hinausgeht, und sie hat sich weithin durchgesetzt. Von der Bindung an den Gesetzeswortlaut, die ihm mit faksimilierter Unterschrift ausgestellte Konnossemente mangels schriftlicher Form ungültig erscheinen ließen, hat er sich später selbst frei gemacht.

Für den Inhalt der Konnossemente arbeitete er aus der Wandlung des sozialen Grundverhältnisses drei Entwicklungsreihen der modernen Umgestaltung heraus: 1. Ablösung des Kapitäns als Subjekt der Verpflichtung durch die Reederei, Ablösung der Reederei durch die Frachtunternehmer; 2. das Eindringen des Übernahmekonnossementes an Stelle des Verladungskonnossementes; 3. die Einbuße der Konnossementsverpflichtung an Individualitätscharakter. Ihre Folgen behandelte er mit einer Fülle interessanter Ergebnisse. Vor allem aber waren es die durch die Haftungs- und Freizeichnungsklauseln, die aufs sorgfältigste erörtert werden, geschaffenen Wandlungen des Empfangsrechts aus dem Konnossement und die Frage des Umfanges der Skripturhaftung, die Wüstendörfer beschäftigten: sein Bestreben, die Haftung für nautisches Verschulden auszuschließen und die für kommerzielles Verschulden zwingend zu gestalten — entsprechend dem Harter Act — und die von ihm vertretene Begrenzung der Skripturhaftung auf eine Verschuldenshaftung haben 1937 gesetzliche Anerkennung in der Novelle zum

HGB gefunden. Schließlich befaßt sich das Werk noch mit dem Harter Act, zu dem wichtige kritische Erörterungen erfolgen.

Schon 1899 hatten Wüstendörfer rechtstatsächliche Forschungen zu der eigenartigen Verbindung von Handlungsagenten- und Kommissionärstellung in der Figur des von ihm sogenannten Kommissionsagenten geführt, dessen Recht er aus dem Wertungsprinzip der beiden Rechtstypen in sorgfältiger Analyse der Interessenlage entwickelt, übrigens mit weitem Blick fremdes Recht und Geschichte verwertend[9].

Inzwischen hatte Wüstendörfer erkannt, in wie starkem Maße auch der *Seeschiffsbau* bei Anwendung der soziologischen Methode zu fruchtbaren Untersuchungen Anlaß bot. Wie stets ging sorgfältige, rechtstatsächliche Unterrichtung als Grundlage für die juristische Untersuchung voraus, die unter dem Titel „Tatsachen und Normen des Seeschiffsbaus" 1920 erschien. Auch hier wird zuerst die Rechtswirklichkeit dargestellt: die typischen Vertragsabreden, insbesondere allgemeine Geschäftsbedingungen, Verkehrssitte und Handelsgebräuche, aufkeimendes Gewohnheitsrecht; die Besonderheit der Regiebauverträge; die psychologischen und soziologischen Ursachen und ihre Auswirkung werden geprüft. Dies ergibt neue Erkenntnisse über die lebensmäßige Gestaltung der Gewährleistungspflicht durch Garantieabreden, über Nebenzahlungsklauseln, den Ersatz von Bauhypotheken durch Sicherungsübereignung, eine stufenweise erfolgende Vertragsabfassung u. a.

Aber Wüstendörfer sucht stets auch die Brücke zu schlagen zur dogmatischen Gestaltung des Rechtsstoffes und gerade dies tritt jetzt stärker hervor. Er tadelt bei aller Hochschätzung an *Nußbaums* Rechtstatsachenforschung den Mangel genügender methodologischer Vertiefung und Verkettung mit der konstruktiven Dogmatik. Darum bringt er zunächst zwar eine teleologische Gesetzesauslegung, -ergänzung und fortbildung, in zweckbewußter Interessenwägung, auch an der Hand ausländischen Rechtes, verwertet dann aber die Ergebnisse zur Gewinnung neuer Systembegriffe einerseits und neuer Rechtsprinzipien andererseits. So erarbeitet er die Lehre vom Anspruch auf Neuherstellung als Sonderfall des Anspruchs auf Mängelbeseitigung, von der hinkenden Speciesschuld, über die er in der Festschrift für Cosack[10] monographisch gehandelt hat, die Lehre vom Nachvertrag, die Scheidung von Ersatzwerkgefahr und Vergütungsgefahr. Das Buch klingt aus in einem methodologischen Schlußkapitel.

Wüstendörfers Ruf war inzwischen so gefestigt, daß es Viktor *Ehrenberg*, als er die Stoffgebiete des von ihm geplanten Handbuchs des Handelsrechts verteilte, eine Selbstverständlichkeit erschien, ihm die Be-

[9] ZHR 58 S. 133 ff.

[10] ZHR Bd. 88, 241 ff.

arbeitung des Seerechts zu übertragen. Und das Ergebnis zeigte, in welchem Maße Wüstendörfer jetzt, noch dazu durch die Hamburger Möglichkeiten begünstigt, die vollste Herrschaft über den gesamten Stoff gewonnen hatte. Von dem Werk erschien 1923 im 7. Band Abteilung II des Handbuchs unter der Überschrift „Das Seeschiffahrtsrecht" zunächst der erste Teil. Man kann diese Darstellung, die Wüstendörfer in seinem 48. Lebensjahr veröffentlichte, wohl unbedenklich schon als klassisch bezeichnen. Das Werk umfaßte in der für das Handbuch vorgesehenen, systematische Gliederung mit kommentarhafter Fülle (700 Seiten) vereinigenden Weise neben der Einleitung, die Charakter, geschichtliche Entwicklung und seerechtsgeschichtliche Quellen enthielt, die „Rechtsgrundlagen der Reedereiunternehmung", ein Titel, in dem schon die von Wüstendörfer durchgeführte Betonung des Unternehmens gegenüber dem Schiffseigentum im Reederverhältnis zum Ausdruck kam. Auch dieses Werk schöpft aus tiefgehender umfassender rechtstatsächlicher Kenntnis, auch hier ist die methodische Behandlung mustergültig, und eine Fülle von neuen Gedanken wird gerade auch aus der Methode heraus gewonnen. Rechtstatsachen, Rechtsvergleichung und rechtspolitische Erwägungen stehen überall neben der dogmatischen Entwicklung. Seine kritischen Bemerkungen haben im Verlaufe der Zeit zu so mancher Änderung sowohl herrschender Meinungen als gesetzlicher Bestimmungen geführt. Vor allem fördert das Werk die Lösung der Probleme, die der Reeder- und Ausrüsterbegriff stellen, die Fragen der beschränkten Reederhaftung und des Schiffsgläubigerrechtes, die er unter Vermeidung unfruchtbarer formalbegrifflicher Streitigkeiten, aber durchaus in echtbegrifflicher dogmatischer Schärfe und unter Heranziehung ausländischen Rechtes besonders aufschlußreich behandelt. Die rechtstatsächlichen Wandlungen der Partenreederei führen zu vielen rechtsfortbildenden Gedanken und zur Aufdeckung bisher nicht gesehener Sondergestaltungen wie insbesondere der stillen Reederei.

Die Arbeitsteilung im Reedereibetrieb und die Schiffsbesatzung insbesondere sind Gegenstand von Ausführungen, die namentlich für die Stellung des Kapitäns, insbesondere seine Vertretungsmacht, und für die Schiffsmannschaft, bei der Wüstendörfer die sozialen Gesichtspunkte stark in den Vordergrund rückt, viel Neues bieten.

Leider mußte Wüstendörfer von der Bearbeitung weiterer Teile Abstand nehmen, so daß dies Werk ein Torso geblieben ist.

Aber ein glückliches Geschick schenkte der Rechtswissenschaft, wennschon in anderer Form, auch das, was noch ausstand. Im 67. Lebensjahr, in dem Wüstendörfer seine Schaffenskraft noch voll erhalten geblieben war, begann er, noch dazu unter den schwierigen Lebensumständen der damaligen Zeit, eine Gesamtdarstellung des Seehandelsrechts, der er den Titel gab: „Neuzeitliches Seehandelsrecht mit besonderer Berücksichtigung des anglo-amerikanischen und des internationalen Rechts, ein Grundriß für Studierende und Praktiker.“ Das 1946 in erster, schon 1950 in zweiter Auflage erschienene Werk, der Sache nach von ihm mit Recht als *Alterswerk* bezeichnet, trägt diesen Charakter *nur*, sofern es die übergroße Fülle der Forschungen und Erfahrungen eines langen, in unermüdlicher Arbeit diesem Rechtsgebiet gewidmeten Lebens ausschöpft und eine einzigartige Kenntnis allen tatsächlichen, rechtlichen und literarischen Stoffes sowie eine vollendete Reife des Urteils, feinste didaktische Kunst und eine ästhetisch formschöne Darstellungsweise zeigt, in all diesem nun wahrhaft klassisch — in noch höherem Maße als der Handbuchbeitrag!

Aber diese Klassizität hat keinen Hauch von Erstarrung oder formaler Kälte, sondern bleibt auch in diesem Alterswerk sprühendes Leben, wie er selbst immer geprägte Form, die lebend sich entwikkelt, gewesen ist. Er erzählte mir gelegentlich, daß die erste Fassung des Werkes nach seiner Auffassung Altersspuren in Stil und Gestaltung aufgewiesen habe: er habe darum durch Lektüre literarischer Werke ausgezeichneten Stils, insbesondere auch Goethes, eine innere Umstellung zu erreichen gesucht und das Werk dann noch einmal in großen Teilen umgeschrieben: und wie es nun vor uns steht, haftet ihm in seinem Schwung und seiner Lebendigkeit, der Treffsicherheit und Plastik der Darstellung, dem Reichtum an Bildern, der immer mitschwingenden inneren Bewegung und temperamentvollen Beteiligung nicht die geringste Spur des Alters an. Welch ein Beweis war solche Umarbeitung des im hohen Alter vollendeten Werkes zudem für die Pflichttreue gegenüber seiner Aufgabe! Wenn Wüstendörfer das Werk als einen *Grundriß* bezeichnet, so bleibt das weit hinter dem, was es enthält, zurück. Das Wort ist vielleicht nur insofern gerechtfertigt, als die Fülle des Stoffes in schärfster Weise gegliedert ist, aber, wenn man den Ausdruck gebrauchen darf, in einer dynamischen Systematik, einer Systematik aus der Idee des Rechts heraus, nicht aus seiner Form, die m. E. manches, was er methodologisch vielleicht noch nicht bewußt erkannte, jedenfalls nicht gesagt hatte, tatsächlich verwirklicht; auch insofern, als die den Gehalt aufs äußerste zusammendrängende, aber doch immer anschauliche und lebendige Darstellung in didaktischer Meisterschaft überall die Grundlinien hervortreten läßt. Aber das Buch geht über einen Grundriß weit hinaus, da kaum ein wichtiges Problem des Seerechts unberührt bleibt und so manches fast handbuchmäßig tiefgehend erörtert wird, wie z. B. die Fragen um Reeder und Ausrüster, die beschränkte Haftung und das Schiffsgläubigerrecht, die Partenreederei, die Haftung aus Frachtvertrag und Konnossement — was in früheren Werken zum Teil erst angelegt war, konnte Wüstendörfer in diesem Werk der Reife vollenden. Auch bietet er, wie kaum je ein Grundriß, fast in allen Fragen Ergebnisse selbständiger Forschung. An vielen Stellen durfte er das heute geltende Recht oder die heute geltende Meinung als Wirkung seiner gesetzesvorbereitenden Arbeit im Seerechtsausschuß oder seiner wissenschaftlichen Anregungen kennzeichnen.

Neben den bisher genannten großen Werken stehen zahlreiche kleinere Bücher, Abhandlungen und Aufsätze, die jene meist in einzelnen Punkten vorbereiten oder ergänzen. Insbesondere begleitete Wüstendörfer mit seiner Feder die Entwicklung der internationalen Vereinheitlichung des Seerechts, namentlich die Arbeiten des Comité Maritime International und der International Law Association, so in der Abhandlung über die Brüsseler Vorentwürfe zum internationalen Übereinkommen über die beschränkte Haftung des Schiffseigentümers und über die Schiffshypotheken und Schiffsprivilegien[11], in der Schrift über The Hague Rules (1922), dem Vortrag über die kommende Reform des deutschen Seerechts[12], dem Aufsatz „Tatsachen und Gedanken zum künftigen deutschen Seerecht“[13]. Das Schwergewicht lag stets auf dem Gebiete des Seerechts, aber in einzelnen Arbeiten griff er auch auf den Luftverkehr und auf den Überseekauf über[14]. In den Erörterungen zu der Vereinheitlichung des Seerechts zeigt sich stets eine verantwortungsvolle, sorgfältige Kritik der Entwürfe, die meist auf Auswirkungen eigener Ausführungen und Vorschläge in ihnen hinweisen konnte, aber auch das grundsätzliche Bestreben, die Vereinheitlichung zu fördern. Wo allerdings die Entwürfe in ihrer meist notwendigen Kompromißnatur unklar, unpraktisch oder lebensfremd waren oder wertvolle deutsche Rechtsgedanken zugunsten schlechterer ausländischer verdrängten, sprach er auch ein energisches „unannehmbar“ aus, stand aber andererseits von vornherein ohne nationale Überheblichkeit dem deutschen Recht objektiv kritisch gegenüber und befürwortete die Aufnahme besserer ausländischer Rechtsgestaltungen stets aufs wärmste. Im Seerechtsausschuß sind gerade die in diesen Arbeiten vertretenen Gedanken sehr fruchtbar geworden.

Ein schönes Vermächtnis wandte Wüstendörfer der Rechtswissenschaft in dem grundsätzlichen, sorgsam und reif abwägenden Vortrage über die Leistungen und Grenzen der internationalen Vereinheitlichung des Seehandelsrechts, den er auf seiner letzten Reise gehalten hatte

[11] ZHR 71, S. 1 ff. (1912).

[12] Veröffentlichungen der Vereinigung der Handelsrechtslehrer deutscher Hochschulen, 1928.

[13] Annuario di Diritto Comparato XIII.

[14] Rechtsgestaltung des überseeischen Luftverkehrs in Arch. f. Luftrecht I, 1931; Zwischenstaatliche Rechtsangleichung des Überseekaufs in ZHR 104 S. 225 ff. (1937); Zur internationalen Vereinheitlichung des Cifgeschäfts in HansRZ 26 S. 501 ff.

und der nach seinem Tode veröffentlicht worden ist[15], zu: in ihm läßt er noch einmal alle Grundgedanken seiner wissenschaftlichen Arbeit anklingen und greift in den grundsätzlichen Erwägungen, namentlich über die Grenzen der Rechtsvereinheitlichung und die Möglichkeiten ihrer Erweiterung, etwa durch einen internationalen Gerichtshof, weit über das Gebiet des Seerechts hinaus.

Seine *Buchbesprechungen* befleißigen sich stets größter Objektivität und suchen nicht allein zu kritisieren, sondern die betreffenden Probleme auch selbst zu fördern.

Nicht nur als Forscher und Gelehrter ragte Wüstendörfer hervor, er war auch ein ausgezeichneter *Lehrer* und *Erzieher*. Seine Vorlesungen gaben in ihrem Gedankenreichtum und ihrer stets fein gefeilten Form starke Anregung. Er bereitete sie sehr sorgfältig vor, aber eben nicht als *Vorlesungen*, sondern als *Vorträge*, wie er den Unterschied zwischen Schreibe und Rede gern zu betonen pflegte. Dabei legte er Wert auf größte Klarheit und verwandte besondere Mühe auf die systematische Gliederung, stets auch auf didaktische Einprägsamkeit bedacht. Immer von Stoff und Aufgabe innerlich bewegt, sprach er eindringlich und plastisch, unter Verwendung von treffenden, fein ausgeführten Bildern und wohl ausgewählten Zitaten aus der großen Fülle seiner Belesenheit. Von den Studenten verlangte er viel, förderte aber solche, die etwas leisteten, wissenschaftlich und persönlich gern und energisch. Mehrere seiner Schüler haben selbst die akademische Laufbahn eingeschlagen oder sonst wissenschaftliche Arbeiten von Wert veröffentlicht, und in seinen Seminaren verstand er ausgezeichnet zu selbständiger wissenschaftlicher Arbeit anzuregen; den vorgetragenen Referaten pflegte er meist ein völliges Korreferat beizufügen. Seine Ehrlichkeit und verantwortungsvolle Gewissenhaftigkeit, seine große Arbeitsenergie und die innere Beziehung zu seiner Arbeit sowie die hohen Anforderungen, die er stets an sich selbst stellte, ließen ihn vielen seiner Schüler zum Vorbild werden.

Unter seinen Kollegen hat Wüstendörfer als Mensch und Forscher stets große Achtung genossen und seine Stimme galt in Fakultät und Universität viel. Sein Gesundheitszustand zwang ihn oft zu einem etwas zurückgezogenen Leben, und er schloß sich nicht leicht enger an, war aber ein äußerst lebendiger, interessanter und liebenswürdiger Gesellschafter, der dem Gespräch stets geistige Höhe zu geben verstand. Seine starke Sensibilität machte ihm das Leben nicht leicht. Was er als richtig erkannte, suchte er mit Energie auch gegen Widerstände durchzusetzen. Im Grunde war er ein gütiger Charakter von feinster Herzensbildung. Wem er freundschaftliche Zuneigung geschenkt hatte, der fand in ihm

---

[15] MDR 1951 S. 449 ff.

den treuesten, fürsorglichsten und teilnahmsvollsten, mit starkem Einfühlungsvermögen begabten Freund.

Er besaß künstlerische Veranlagung und künstlerisches Verständnis, auch eine feine kunsthistorische Bildung. Seine große Belesenheit in deutscher und auch ausländischer Literatur trat in Werk und Gespräch oft hervor, und in Goethe, darf man sagen, lebte er geradezu. Musik gab ihm sehr viel; seine besondere Liebe galt Wagner, dessen Meistersinger er immer und immer wieder hörte.

Einer unserer bedeutendsten Forscher ist so von uns gegangen: für unsere Wissenschaft, der seine schaffenskräftige Reife, seine bis ins höchste Alter rege Arbeitsenergie noch viel hätte geben können, ein kaum zu verwindender Verlust, für seine Freunde und Kollegen ein tiefer Schmerz. Aber es mag uns ein Trost sein, daß er es hat erleben dürfen, wie sein wissenschaftliches Werk die Theorie und Praxis aufs reichste befruchtet und die Methode, der er als einer der Ersten die Bahn gebrochen hatte, sich in den wichtigsten Grundzügen immer mehr durchgesetzt hat, wie aber vor allem durch seine Arbeit auch das Recht selbst umgestaltet worden ist. So hat er sein Leben in tiefem Sinne vollenden können.

Die deutsche Rechtsprechung am Wendepunkt*

Versuch einer positiven Methode soziologischer Rechtsfindung

Einleitung

Wenn die stillen, bewegungslosen Wasser einer altgewordenen wissenschaftlichen Methode endlich wieder ein frischer Morgenwind kräuselt, wenn junge Kräfte sich bemühen, den hochbeladenen Wagen der Wissenschaft aus tief eingeschnittener Gleisspur herauszuziehen, um ihn auf neuen Wegen dem von fern geschauten Ideal entgegenzuführen, dann gewahrt man wohl ein ergötzliches Schauspiel, das in der Veranlagung des Menschen begründet zu sein scheint: Zuerst versuchen die Wortführer des Alten, die Unruhstifter totzuschweigen, sie mit geringschätziger Handbewegung abzutun. Müssen sie dann erfahren, daß die neue Bewegung trotzdem mächtig aufstrebt und sich nicht mehr zertreten läßt, dann ändern sie geräuschlos ihr taktisches Verfahren: Sie übernehmen insgeheim dies und jenes aus der neuen Lehre und erklären nun mit Würde: Was wollt ihr eigentlich? Was an der neuen Methode gut und brauchbar ist, das haben wir von jeher auch geübt, und was sie sonst noch bietet, ist Dilettantismus. Allmählich aber schwillt die Zahl derer, die dem Neuen anhangen. Es mehren sich die Überläufer, die Abtrünnigen. Mancher zuerst nur als geheimer Renegat — denn wer möchte seine Karriere aufs Spiel setzen? —; dann finden sich Zünftige, die den Mut haben, laut von einer „neuen Schule", einer „absterbenden Methode" zu sprechen. Heftige Fehden folgen; die Kompromißanleihen der Alten bei den Jungen werden immer größer, und schließlich ist der Sieg entschieden.

In diesem Übergangszustand von einem alten Glaubensbekenntnis zu einem neuen leben wir Juristen heute. Anfänglich war das Neue als „Freirechtslehre" arg verschrien. Doch sah im Lauf des verflossenen Dezenniums auch die offizielle Doktrin sich gemüßigt, der „Lückenausfüllung", der „sozialen Interessenabwägung", dem „Zwecke des Gesetzes" einen offiziellen Platz im Kataloge ihrer Rechtsfindungsmittel einzuräumen; sie tat es, um dem Ansturm der Freirechtler besser zu wehren, und feierlich verkündet sie nunmehr: Die alte und die neue Methode der Rechtsprechung sind in Wahrheit identisch! Daß der Richter derjenigen Auslegung den Vorzug geben soll, die zu einem praktisch brauch-

* Archiv für die Civilistische Praxis 110 (1913), S. 219 - 380.

baren Ergebnis führt, das haben auch wir „stets festgehalten“, nur die Handhabung unserer richtigen Methode ließ bisher „vielleicht“ „in manchen Fällen“ zu wünschen übrig[1].

Es ist aber stets das Schicksal solcher verstohlenen Kompromiß-Eklektik gewesen, daß sie sich in Halbheiten, Widersprüche und Mißverständnisse verstrickte. Dem entging auch nicht die juristische Doktrin.

Es war eine Halbheit des Prinzips[2], wenn *Brütt*[3] den Richter zwar bei der Lückenausfüllung zu völlig freier Rechtsschöpfung berief, bei der Auslegung aber an „immanente Werturteile“ des Gesetzes binden wollte. Es ist ein Widerspruch in sich, wenn *Vierhaus* den Willen des Gesetzgebers verwirft und gegenüber dem Gesetz „noch mehr als beim Rechtsgeschäft“ die Erklärungstheorie gelten lassen will, mit demselben Atemzug aber behauptet, aus der Aussage der an der Gesetzgebung beteiligt gewesenen Personen sei oft „das wirklich Entscheidende“ der Auslegung zu entnehmen, der „Zweck des Gesetzes“[4]. Und es verrät eine irrige Auffassung der Angriffe, die auf die konstruktive Jurisprudenz von freirechtlicher Seite gerichtet wurden, wenn *Vierhaus* auf die Notwendigkeit der Tatbestandskonstruktion hinweist und daraus folgert, die konstruktive Jurisprudenz sei also doch die richtige, die „alte Methode der Rechtsprechung“ habe „ihre Lebensfähigkeit noch nicht eingebüßt“[5]. Gleich als ob die Notwendigkeit der Tatbestandskonstruktion jemals ernstlich bestritten worden wäre!

Angesichts solcher Verwässerung des Theorienstreites ziemt es, in kritischer Selbstprüfung zu erkennen und mit Klarheit auszusprechen, was eigentlich das Neue vom Alten scheidet. Der Versuch einer positiven Methode der Rechtsfindung hätte von modernistischer Seite längst unternommen werden sollen, denn das Ansehen der jungen Schule fordert gebieterisch diese Feuertaufe. Was *Danz*[6] in dieser Beziehung bisher brachte, bietet, so verdienstlich es ist, doch nur eine Skizze, die der Vervollständigung bedarf. Da aber das Neue richtig nur gewürdigt werden kann, wenn man es als Reliefbild auf dem Hintergrunde des Alten schaut, so ist es notwendig, Grundlinien und Gipfelpunkte der alten Methode noch einmal zu zeichnen, auf die Gefahr hin, dem Wissenden Bekanntes zu sagen. Dabei fasse ich nur die bürgerliche Rechtsprechung ins Auge, nicht die Strafjustiz und die anderen Zweige. Wenngleich die Grundlinien zum großen Teil gemeinsame sind, so spielen doch namentlich beim

---

[1] Statt vieler vgl. *Vierhaus*, Über die Methode der Rechtsprechung (1911), 21, 49; *Neukamp* in DJZ 1912, 46, 50.

[2] *Bierling*, Juristische Prinzipienlehre IV, 417, Anm. 28 deutet dies an.

[3] Die Kunst der Rechtsanwendung (1907), 185.

[4] *Vierhaus*, 43.

[5] S. 43.

[6] Auslegung der Rechtsgeschäfte 3 (1911); Richterrecht (1912); Einführung in die Rechtsprechung (1912).

Strafrecht besondere Gesichtspunkte modifizierend hinein. Daß es nicht angängig sein sollte, die Auslegung des Gesetzesinhalts im Strafrecht und im Bürgerlichen Recht nach zwei verschiedenen Methoden vorzunehmen[7] — genauer: nach der gleichen, nur für das Strafrecht in einigen Punkten modifizierten Methode —, ist eine petitio principii. Im Gegenteil! Da die sozialen Funktionen des Strafrechts durchaus andere sind als die des Bürgerlichen Rechts, so ist es ein naheliegender Gedanke, daß angesichts der sozialen Aufgabe der Rechtsprechung diese Verschiedenheit auch den Richter methodologisch beeinflussen muß, z. B. hinsichtlich der Zulässigkeit der Analogie. *Neukamps* gegenteilige Behauptung ist typisch für eine fomalistische Denkweise, die nur die Gleichartigkeit der äußeren Gesetzesform sieht und sich um die Ungleichartigkeit des sozialen Gehaltes der Norm nicht kümmert.

I. Kapitel

Zur Kritik der alten Rechtsfindungsmethode

I. Der Grundzug

In Wahrheit handelt es sich heute beim Kampf der Geister doch, wie mir scheint, um zwei verschiedene Methoden der Rechtsfindung[7a]. Spiegeln sich in der alten die geistigen Strömungen des Historismus und des Dogmatismus wieder, so in der neuen die geistigen Kräfte, die unser heutiges Leben beherrschen. Dort weltabgewandte Deduktion aus abstrakten Begriffen und formale Logik des Prinzips, hier weltzugewandte Induktion aus den sozialen Tatsachen des Lebens, dort Alleinherrschaft des Intellektualismus, hier voluntaristische Realpolitik der Rechtsfindung.

Kernpunkt der alten Methode war:

Vor der Logik, Philologik und Historik von Tatbestandssubsumtion und Gesetzesauslegung tritt das Rechtsgefühl des Richters als ein unterwertiger Faktor der Rechtsfindung in den Hintergrund.

Kernpunkt der neuen Methode ist:

Vor die Logik, Philologik und Historik von Tatbestandssubsumtion und Gesetzesauslegung tritt als überwertiger Faktor der Rechtsfindung das sozialwissenschaftlich geklärte Rechtsgefühl des Richters.

Nach dem Extrem der alten Anschauung war bekanntlich die Rechtsfindung ein logischer Prozeß der Tatbestandssubsumtion unter den gram-

[7] So *Neukamp* in DJZ 1912, 47.

[7a] Vgl. *Gmelin*, Quousque? (1910), 57 ff. und in Z. f. Rechtspflege in Bayern 7, 453 f.

matisch, logisch und entstehungsgeschichtlich ermittelten Tatbestandsbegriff des Gesetzes. Aus der Vollziehung dieses logischen Prozesses ergab sich, daß die vom Gesetz an den Tatbestandsbegriff geknüpfte Norm auch über den konkreten Tatbestand entschied — unerbittlich, mit logischer Konsequenz, ohne Rücksicht auf das praktische Ergebnis. Kam diese Methode der Rechtsfindung in voller Reinheit zur Anwendung, so blieb es eine Zufallssache, ob man im konkreten Fall zu einem sozial brauchbaren oder unbrauchbaren Ergebnis gelangte; denn Formalismus und Logik unterdrückten dann alle diejenigen Momente der Rechtsfindung, von deren richtiger Einstellung die praktische Brauchbarkeit des Ergebnisses abhängt: Vergleichung des sozialen Tatbestandstypus des Gesetzes mit dem Tatbestandstypus des konkreten Falles, Prüfung des sozialen Zweckes der Norm, zielstrebige Interessenwägung. Nun hat bekanntlich das Extrem dieser Methode stets einen gesunden und zähen Widerstand gefunden, in der Theorie wie in der Praxis, namentlich in den letzten Jahrzehnten des verflossenen Jahrhunderts. Ließ im Gebiet des gemeinen Rechts der eigenartige Zustand des Justinianeischen Gesetzbuchs dem Richter großen Spielraum für Subsumtion und Normfindung und somit für die Entfaltung seines Rechtsgefühls, so tat das am Rheinufer die weise Selbstbeschränkung des Code Civil auf weitgefaßte, ausbaufähige Leitsätze. Dennoch vermochte das Rechtsgefühl nicht, sich in der deutschen Rechtsprechung als ein gleichwertiger Faktor der Rechtsfindung zu allgemeiner Anerkennung durchzusetzen. *Es fehlte ihm der feste, legitime Platz innerhalb der Methode der Rechtsfindung.* Und dieser Mangel, schon vor dem Jahre 1900 gegeben, ward durch die Einlieferung alles gestaltungsfreien Rechtes in die Gefängniszellen des Bürgerlichen Gesetzbuchs zunächst nicht gerade gebessert.

Blieb auch in der unteren Instanz der Typus des Richters keine Seltenheit, der seinen Bauern schlecht und recht nach subjektivem Rechtsgefühl und ohne viel wissenschaftliches Beiwerk Recht sprach, so traf man doch in den oberen Instanzen häufig auf den Richter, der nach wissenschaftlicher Methode, unter Ablehnung aller vagen Gefühlsmomente, Recht zu weisen unternahm. Daß durch die Konstruktion tunlichst auch das Rechtsgefühl befriedigt werden müsse, und daß bei zweifelhafter Auslegung des Gesetzes möglichst diejenige Auffassung zu bevorzugen sei, die zu einem praktisch brauchbaren Ergebnis führe, das erkannte man zwar in thesi bereitwillig an. Allein das Schwergewicht des methodischen Prinzips der Logik, der unerbittlichen Logik, drückte solche Anwandlungen nur allzu leicht zu Boden. Dem in erster Linie logisch verfahrenden Richter erschien eben deshalb *seine* Auslegung leicht als die logisch allein haltbare; es hieß also, ihm Unlogisches zumuten, wollte man verlangen, daß er seine Auslegung mit anderen, logisch ihm unhaltbar dünkenden auf praktische Brauchbarkeit hin verglich. Vor der wissenschaftlichen Exaktheit logischer Zergliederung blieb das Rechtsgefühl, der vage Instinkt, doch immer nur ein illegitimer Halbbruder. Dort ein mit allen Garantien des Intellektualismus umgebenes Verfahren geistiger Erkenntnis, hier ein laienhaft grobes Gefühl, daß in die zarte Feinarbeit wissenschaftlicher Konstruktion so gut hineinpaßte, wie eine Negerfaust in den Handschuh der Pariserin. Sehr bezeichnend hieß es in den Motiven zum Entwurf eines Bürgerlichen Gesetzbuchs, es sei bei der Rechtsfindung durch Analogie die Berücksichtigung der sog. Natur der Sache „nicht ausgeschlossen", doch dürfe die Entscheidung nicht aus Momenten genommen werden, die außerhalb des positiven Rechts lägen, sie müsse sich vielmehr aus den *„Prinzipien"* des Gesetzes *„mit logischer Konsequenz"* ergeben[8]. Das bedeutete soviel als: Das Rechtsgefühl — denn das ist die „Natur der Sache" — soll zwar nicht ganz unterdrückt werden, aber die Entscheidung liegt doch bei der logischen Konsequenz des Prinzips, auch wenn das Rechtsgefühl dem widerspricht. Ein leises Bedauern, daß im konkreten Fall das Ergebnis unerfreulich sei, ein achselzuckender Hinweis darauf, daß die juristische Konstruktion jedenfalls richtig, ja elegant erscheine und das Gesetz ein anderes Ergebnis eben nicht zulasse — und das Urteil war gesprochen.

Geniale Juristen freilich, wie *Otto Bähr,* sprachen andres Recht. Sie fanden intuitiv die Entscheidung nach ihrem Rechtsgefühl und beschritten dann erst, mit innerlich gebundener Marschroute, den Weg der Konstruktion. Aber sie bildeten doch wohl kaum den Normaltypus; ihr Beginnen galt eher als die Regelwidrigkeit eines Großen, für dessen geniales Können die Schablone, das methodische Verfahren der wissenschaftlichen Konstruktion, nicht mehr nötig sei. Und selbst solche Regelwidrigkeit genialer Intuition blieb oft auf halbem Wege stehen. Mochte sie im Ergebnis recht haben, so kam sie doch in der Begründung oft über oberflächliche Schlagworte von naturrechtlichem oder formalistischem Gepräge nicht hinaus. Daß die „Natur der Sache" diese oder jene Entscheidung erfordere, oder daß sie durch das „Verkehrsbedürfnis" geboten sei oder aus dem „Geiste des Gesetzes" sich ergebe, solche und ähnliche Formulierungen waren typisch für den Versuch, einem intuitiven Rechtsgefühl zum Siege zu verhelfen.

II. Ursachen und Wirkungen

So sehr nun auch die alte Methode der Rechtsfindung heute auf dem Abmarsch begriffen ist, so häufig treten doch ihre charakteristischen Auswüchse noch in der neuesten Rechtsprechung und Doktrin immer wieder hervor.

---

[8] Motive I, 17.

Geschichtlich und psychologisch lassen sich dafür wohl drei Wurzeln bloßlegen: Wie die historische Schule von Einfluß war durch ihre Neigung zu silbenstecherischen Philologismen, ihre Ehrfurcht vor dem „Willen des Gesetzgebers", ihre rückschauende Ignorierung aller Gegenwartswerte, so war es eine Fortwirkung mittelalterlicher Scholastik, wenn der Begriffsrealismus und Begriffsschematismus die Tatsachen des Lebens vergewaltigte, die Logik zum allmächtigen Despoten erhob und eine spitzfindige Dialektik als technisches Hilfsmittel in den Dienst solcher Rechtsfindung stellte.

Dazu traten als drittes Moment Nachwirkungen altpreußischer Richtergebundenheit. Wie einst *Justinian,* von absolutistischen Neigungen erfüllt, der freien Auslegung seiner Gesetzgebung durch den Richter zu wehren suchte[9], so hatte das friderizianische Preußen bekanntlich *Montesquieus* Gewaltenteilungslehre[10] in den Dienst des Absolutismus gestellt: Dem Könige allein stand es zu, neues Recht zu schaffen, dem Richter nur, das gegebene Recht anzuwenden. Ganz eng, mißtrauisch eng, ward ihm der Weg vorgezeichnet, den er als pflichttreuer Beamter zu gehen hatte[11]. Es war der Geist beamtischer Gehorsamspflicht, pedantischer Buchstabentreue gegenüber dem Willen des Staatsoberhauptes[12], der dadurch im preußischen Richtertum genährt ward, und dieser Geist wirkte auch auf unsere höchstrichterliche Rechtsprechung fast bis zur Schwelle der Gegenwart ein. Die Spuren, die seinen Weg bezeichnen, heißen: Gehorsam vor dem Buchstabenwillen des Staates, ängstlicher Verzicht auf jede freiheitliche Initiative.

Aus dieser dreifachen Wurzel nun wuchs dreifaches Unheil hervor: der Materialienkultus, der Formalismus und die konstruktive Begriffsjurisprudenz.

Über den Materialienkultus brauche ich kein Wort weiter zu verlieren. Er ist als Irrung allseitig anerkannt; das Reichsgericht beginnt, ihn zu überwinden[13]. Beim Formalismus und der konstruktiven Begriffsjurisprudenz muß ich ausführlicher verweilen. Es ist unleugbar: Die Gefahr formalistischer Rechtsprechung wird zu einem Teil schon durch das Wesen des Rechtes selbst geschaffen. Jede Rechtsordnung ist als solche gleichsam ein Outsider; sie knüpft ihre Normen an *äußere* Erscheinungsformen sozialer Geschehnisse als Tatbestände an, und von ihren Normen tritt wiederum nur der *äußerliche Effekt* in die Erscheinung, während der soziale Gehalt, die wirtschaftlichen oder ethischen Funktionen der

---

[9] Const. Deo Auctore § 12, Tanta § 21.

[10] Vgl. *Radbruch* im Arch. f. Sozialwissenschaft 22, 357 ff.

[11] Publikationspatent zum Allg. Landrecht v. 5. Februar 1794, am Ende; Allg. Landrecht, Einleitung § 46 f.

[12] Vgl. *Adickes,* Stellung und Tätigkeit des Richters (Gehestiftung 1906).

[13] Vgl. z. B. RG 78, 278; 319 f.

Normen unausgesprochen bleiben. Dementsprechend haften auch die Tatbestandsbegriffe und die Normbegriffe, welche die Wissenschaft aus dem Gesetzesmaterial abstrahiert, am Äußerlichen. Ist nun der Richter nur im logischen und philologischen Denken geschult, nicht aber im soziologischen Erkennen, so wird auch sein Auge unfehlbar an der Außenseite von Tatbeständen und Normen haften bleiben, auch er wird, gleich der Rechtsordnung, ein Outsider sein, und damit ist dann der Formalismus geboren. Unter Formalismus verstehe ich die einseitige Betonung der äußeren juristischen Erscheinung von Tatbeständen und Rechtsgeboten, das Übersehen ihres sozialen Inhalts, ihrer wirtschaftlich-ethischen Bedeutung. Unzählig sind bekanntlich die verhängnisvollen Lebensäußerungen dieses Formalismus im materiellen Recht wie im Prozeßleben. Nur auf die Auswüchse des materiell-rechtlichen Formalismus möchte ich an dieser Stelle noch einmal in Kürze hinweisen.

1. Falsche Tatbestandskonstruktion

a) Nichtbeachtung des Interessenzwecks der Parteien

1. Der Formalismus äußert sich in der Art, wie Parteiabreden ausgelegt, d. h. die von den Parteien selbst geordneten Rechtsfolgen ihrer Rechtsgeschäfte gedeutet werden. Es geschieht nach dem Buchstaben, statt nach dem Interessenzweck der Parteien.

Beispiel: Eine Firma war mit dem Handelsgeschäft unter der Bestimmung übertragen, daß sie nur dem Erwerber persönlich zustehen und von ihm weder auf andere übertragen noch vererbt werden sollte. Nach dem Tode des Erwerbers übernahm indessen die ursprüngliche Firmeninhaberin, die bei der Übertragung jene Beschränkung ausbedungen hatte, das Geschäft mit der Firma aufs neue, um beides später an einen Dritten zu veräußern. RG. 76, 263 ff. wies die Klage gegen den Dritten auf Bezahlung des käuflich erworbenen Handelsgeschäfts ab. Es führte aus: Durch den Tod des ersten Erwerbers sei die Firma vertragsgemäß erloschen. Die frühere Firmeninhaberin habe also kein Recht zur Fortführung der Firma gehabt, sondern die Firma rechtswidrig fortgeführt; sie sei somit auch nicht imstande gewesen, die Firma rechtmäßig an den Dritten zu veräußern.

Richtig ausgelegt, wollte jene Klausel aber nur verhindern, daß die Firma als ein wirtschaftliches und soziales Gut in die Hände Dritter geriete, weil dann die Möglichkeit bestanden hätte, daß kaufmännische Untüchtigkeit und moralische Unzuverlässigkeit den Glanz des alten Namens verdunkelten. Den Rückfall der Firma an die frühere Inhaberin auszuschließen, unter deren Leitung der Name Klang und Ansehen erhalten hatte, das lag vollkommen außerhalb des sozialen Zweckes jener Abmachung. Hätte das Reichsgericht diesen Zweck beachtet, statt am

Buchstaben zu kleben, so würde seine Entscheidung nicht zu einer Verletzung des Rechtsgefühls und einer Kränkung schutzwürdiger Interessen geführt haben. Das Vertragswort allein genommen hat keinen Sinn an sich, nur aus dem Zusammenhalt mit allen Begleitumständen, also vor allem mit dem Parteizweck, erschließt sich sein konkreter Sinn[14].

2. Oft sind nicht alle Rechtsfolgen rechtsgeschäftlicher Tatbestände in den Gesichtskreis der Parteien getreten. Die Verkehrssitte oder die ergänzend-zwingende Norm in erster Linie, die ergänzend-nachgiebige Norm in zweiter Linie — hinter der Verkehrssitte — greifen dann ein. Diese gesetzlichen Normen sind allemal an den gesetzlichen Tatbestandsbegriff eines Rechtsgeschäfts geknüpft. Um sie zur Anwendung zu bringen, muß also der Richter zunächst den konkreten rechtsgeschäftlichen Tatbestand subsumieren unter einen Tatbestandsbegriff des Gesetzes, er muß seinen Tatbestand „konstruieren".

Diese Tatbestandskonstruktion ist notwendig; ihre grundsätzliche Berechtigung bestreitet niemand; wer, wie *Vierhaus*, für sie eine Lanze bricht[15], rennt offene Türen ein. Aber sie will allerdings richtig gehandhabt sein, und daran fehlt es oft: Die logisch-formalistische, die philologisch-pedantische Art ihrer Durchführung zeitigt nicht selten falsche, sozial schädliche Ergebnisse; und damit haben wir den ersten Haupttypus konstruktiver Begriffsjurisprudenz vor uns: *die falsche Tatbestandskonstruktion*.

Das Wesentliche der falschen Konstruktion rechtsgeschäftlicher Tatbestände liegt bisweilen wiederum in der Nichtbeachtung der privatwirtschaftlichen Parteizwecke.

Beispiele:

a) Der heutige Seefrachtenmarkt kennt Fälle der Schiffscharterung, in denen sich der Chartervertrag seinem erkennbaren Parteizwecke nach nicht als entgeltliche Beförderung von Waren über See in der Obhut des Reeders, sondern als entgeltliche zeitweilige Beschaffung von fremdem Schiffskapital für die Zwecke der eigenen Seefahrtunternehmung darstellt[16]. Den Chartervertrag in solchen Fällen als Frachtvertrag werten, den Reeder demgemäß ex recepto für die Schicksale der Ladung haften lassen, ist formalistisch und falsch[17]. Richtig gewertet, ist der Chartervertrag hier ein Schiffsmietvertrag, oft: eine locatio navis et operarum magistri.

b) Der Tarifvertrag will eine soziale Friedensordnung zwischen Arbeitgebern und Arbeitnehmern sein. Diese seine soziale Funktion vermag er

[14] *Danz*, Auslegung, 82 ff., Einführung 30, 47 f. und mehrfach sonst.

[15] Vgl. oben S. 32.

[16] Näheres *Wüstendörfer*, Studien zur modernen Entwicklung des Seefrachtvertrags I (1905 - 1909), 99 ff.

[17] Vgl. die Entscheidungen bei *Wüstendörfer*, 167 Anm. 1; 168 Anm. 1.

nur dann voll zu erfüllen, wenn er unabdingbar ist, d. h. auch die einzelnen Fabrikanten, die einzelnen Arbeiter bindet, nicht nur die beiderseits abschließenden Verbände. Sofern also der Wortlaut des Vertrages nicht geradezu entgegensteht, wird der Tarifvertrag richtig nur so konstruiert, daß man als Vertragssubjekte sowohl die (rechtsfähigen) Verbände, wie die einzelnen Verbandsmitglieder ansieht. Was die Rechte der einzelnen Verbandsmitglieder angeht, würde zu diesem Ende die Konstruktion als Vertrag zugunsten Dritter ausreichen. Da es sich aber auch um Pflichten der einzelnen Verbandsmitglieder handelt, ist im Zweifel eine Willenserklärung in unmittelbarer Stellvertretung anzunehmen. Jede andere Konstruktion führt in dem Maße zu falschen Ergebnissen, als sie das Zweckmoment, die Sicherung des sozialen Friedens, außer acht läßt[18].

Das Charakteristische beider Beispiele liegt darin, daß die Nichtbeachtung der privatwirtschaftlichen Parteizwecke zu einer unrichtigen Einschätzung des rechtsgeschäftlichen Tatbestands und damit zu dessen vorschneller Identifizierung mit einem unzutreffenden gesetzlichen Tatbestandstypus führt. Es gibt andere Fälle falscher Tatbestandskonstruktion, bei denen der Fehler mehr in der unrichtigen Einschätzung des gesetzlichen Tatbestandstypus zu suchen ist. Irreführend wirkt hier nicht sowohl die Außerachtlassung des sozialen Parteizwecks, der ja ohnehin nur bei rechtsgeschäftlichen Tatbeständen denkbar ist, als die Außerachtlassung des sozialen Gesetzeszwecks.

b) Nichtbeachtung des sozialen Gesetzeszwecks

Zwei entgegengesetzte Erscheinungen heben sich besonders deutlich ab, und beide hängen in ihrem Wesen mit der Scholastik zusammen. Gemeinsam ist ihnen: Unterordnung der Lebenstatbestände, ohne Rücksicht auf Gleichheit oder Ungleichheit ihrer sozialen Elemente, unter ein festgegebenes Begriffsschema, in dessen Bereiche nur die Logik herrscht.

1. Da die Zahl der von der Rechtsordnung anerkannten abstrakten Tatbestandstypen im Interesse der Rechtssicherheit nicht ins Ungemessene steigen kann, diese Tatbestandstypen aber, wie wir sahen, im Gesetz nur von ihrer Außenseite her gekennzeichnet sind, so geschieht es nicht selten, daß Tatbestände von materieller (wirtschaftlicher oder ethischer) Verschiedenheit, aber Gleichheit der Außenseite, vom Gesetz nicht ausdrücklich geschieden und daher auch vom Richter fälschlich nicht getrennt werden:

Was der Materie nach ein Verschiedenes ist, wird juristisch als ein Gleiches gewertet. Der Wortlaut des Gesetzes erleichtert dies Verfahren,

---

[18] RG 73, 105 f. ist auf dem Wege zum Ziel. Im übrigen vgl. *Zimmermann*, Verh. des 29. Juristentages III, 205 ff.

da er die Begrenzung des sozialen Gesetzeszwecks nicht erkennen läßt. Nun hat aber jede Norm, wenn anders sie sozial brauchbar sein will, die Regelung eines sozialen Interessenkonflikts von bestimmtem Inhalt zum Gegenstand. Ziehen wir unter den Wortlaut der Norm soziale Interessenkonflikte von anderem Inhalt, so fällt die Entscheidung formalistisch richtig, materiell unrichtig aus[19].

Beispiel:

Die frühere Rechtsprechung des Reichsgerichts zum alten Tierhalterparagraphen, die den gefälligen Bauern zum Schadensersatz an den bittweise mitgenommenen Fahrgast verpflichtete[20]. Das Reichsgericht ließ hier den sozialen Zweck des § 833 BGB außer Augen: Wer den Nutzen vom Gebrauch eines Tieres hat, sei es wirtschaftlicher oder komfortlicher Nutzen, der soll auch das Risiko einer Schädigung Dritter tragen, das mit dem Gebrauch des Tieres angesichts der Unberechenbarkeit tierischer Instinkte nun einmal verbunden ist. In jenem Falle war es aber nicht der Fuhrherr, der allein den Nutzen des Pferdes hatte, es war der geschädigte Fahrgast, der den Nutzen in wesentlicher Weise mitgenoß. Die Interessenlage war also hier eine andere, als die vom Gesetz in § 833 unterstellte. Daher verbot sich die Subsumierung dieses Falles unter den gesetzlichen Tatbestandstypus des § 833.

2. Die Gewöhnung, nur die Außenseite der Dinge, nicht aber ihren sozialen Lebensinhalt zu sehen, und nur von der Außenseite her die Tatbestände und die Normen des Gesetzes aufzubauen, hat den Gesetzgeber in manchen Fällen dazu verführt, nur die eine ihm zufällig geläufige juristische Erscheinungsform eines bestimmten sozialen Tatbestandes zum gesetzlichen Tatbestandsbegriff zu erheben, dagegen die übrigen, nur unwesentlich abweichenden juristischen Erscheinungsformen des gleichen sozialen Tatbestandes zu ignorieren. Die Folge davon ist, daß der rechtsanwendende Jurist, auch seinerseits nur im formalen Denken und in der Ehrfurcht vor dem Worte groß geworden, *das, was materiell gleich ist, juristisch als ein Verschiedenes behandelt.* Da haben wir die Umkehrung des soeben erörterten Formalismus.

Beispiel:

Als „Gründer" einer Aktiengesellschaft haften nach § 187, 202 f. HGB nur solche Erstaktionäre, welche 1. das Statut feststellten oder 2. Sacheinlagen machten. Wenn nun im Fall der Simultangründung eine Bank alle Fäden der Vorverhandlungen in ihrer Hand hält, alle formlosen Vorverträge unter ihrer Kontrolle abschließen läßt, aber von der formellen Feststellung des Statuts nach § 182 HGB sich fernhält, auch auf ihre

[19] Vgl. *M. Rümelin*, B. Windscheid und sein Einfluß auf Privatrecht und Privatrechtswissenschaft (1907), 46 f.

[20] RG 54, 73 ff.

Aktien nur Geldkapital hergibt, wer wollte zweifeln, daß diese Bank dennoch zu den Gründern der Aktiengesellschaft im sozialen Sinne des Wortes gehört[21]? Gleichwohl wird ein formalistischer Jurist die Gründerhaftung dieser Bank gemäß § 187 HGB argumento e contrario verneinen, sofern nicht § 202 Abs. 4 oder 203 eingreift[22].

2. Falsche Rechtssatzkonstruktion

Zur falschen Tatbestandkonstruktion gesellt sich als zweiter Haupttypus konstruktiver Begriffsjurisprudenz die falsche Rechtssatzkonstruktion. Die Dinge liegen hier ähnlich wie dort: Die Rechtssatzkonstruktion ist an sich nützlich und notwendig. Es ist eine unabweisliche Aufgabe der Rechtswissenschaft, aus der Fülle des gegebenen Rohstoffes beherrschende Tatbestandsbegriffe und Normbegriffe herauszuarbeiten und die so gewonnenen Oberbegriffe als erleichternde Denkform und als Mittel der Rechtsdarstellung zu verwenden. Nur durch die Verknüpfung abstrahierter Oberbegriffe in senkrechter und in waagerechter Linie entsteht ein gedankliches System, und ohne System keine Wissenschaft. Sobald indessen die Einordnung von Einzelrechtssätzen in das System nur von formalen logischen Gesichtspunkten beherrscht ist, die soziale Eigenart der konkreten Tatbestände des Lebens und der abstrakten Tatbestände des Gesetzes unbeachtet läßt, gerät die Rechtssatzkonstruktion auf Abwege. Gerade dieser Verstoß aber wird so lange fast unvermeidlich sein, als man auch den Aufbau des Rechtssystems selbst nur von der formalen Außenseite her betreibt und den sozialen Gehalt der beherrschenden Oberbegriffe für außerhalb der Rechtswissenschaft liegend erklärt.

Das Irrige der Rechtssatzkonstruktion bleibt so lange verhältnismäßig harmlos, als der gewonnene falsche Oberbegriff nicht dazu verwandt wird, praktische Folgesätze für die Beantwortung einzelner Rechtsfragen abzuleiten. Die bunten Seifenblasen solcher harmlosen, aber auch nutzlosen Konstruktionistik, die so gern mit Fiktionen arbeitet, hat bekanntlich schon *Jhering* zur Zielscheibe seines Spottes gemacht[23]. Sozial schädlich wird die falsche Rechtssatzkonstruktion erst, wenn sie aus den Sphären reiner Wissenschaft herabsteigt auf den steinigen Boden praktischer Rechtsanwendung.

Beispiele:

a) Zur systemgemäßen Konstruktion der Skripturhaftung des Reeders bedient man sich nicht selten der Vorstellung eines „fingierten Rezep-

---

[21] Vgl. auch *Schmalenbach,* Die Gründung der Aktiengesellschaft, in der Zeitschr. f. handelswissenschaftliche Forschung 6 (1912), Heft 10.

[22] Vgl. *Brand,* Handelsgesetzbuch (1911), 2 b zu § 187.

[23] Scherz und Ernst, I und II der „vertraulichen Briefe" und „Im juristischen Begriffshimmel".

tum". Diese Konstruktion ist insofern irrig, als sie die Verschiedenheit der sozialen Funktionen der Normen über die Haftung ex recepto einerseits, über die Skripturhaftung anderseits außer Augen läßt. Wird diese Konstruktion dazu verwandt, um die analoge Anwendbarkeit einzelner Vorschriften über das Rezeptum auf die Skripturhaftung kurzerhand zu bejahen, z. B. die Anwendbarkeit von § 609 HGB, ohne daß dabei die Frage nach der Gleichartigkeit der Interessenlagen aufgeworfen wird, so ist es dem Zufall überlassen, ob die so gefundene Entscheidung das sozialwissenschaftlich geklärte Rechtsgefühl befriedigt oder verletzt[24].

b) Die Grunddienstbarkeit des Bürgerlichen Gesetzbuchs wird voreilig unter dem Oberbegriff des „Rechtes an fremder Sache" eingereiht. Daraus entnimmt dann die in Theorie und Praxis herrschende Lehre, vor allem RG 47 S. 210, mit logischer Konsequenz, daß Grunddienstbarkeiten zwischen Grundstücken desselben Eigentümers begrifflich unmöglich sind, und die Folge ist: Es werden ohne zwingende Veranlassung Fälle sozialer Not geschaffen[25].

c) Der Darlehnsvertrag des Bürgerlichen Gesetzbuchs wird regelmäßig als ein Realvertrag konstruiert. Zieht man die Schlußfolgerungen dieser Konstruktion für den sog. Baugeldvertrag, d. h. den Vertrag des Bauunternehmers mit einer Bank auf ratenweise Gewährung von Baugeldern, so gelangt man zu sozial unhaltbaren Ergebnissen. Der Baugeldvertrag muß dann notwendig als ein bloßer Vorvertrag konstruiert werden, aus dem ein Anspruch erwächst auf Abschluß eines Darlehnsvertrages in Gestalt der Zahlung von Baugeldern. Dieser Anspruch könnte alsdann nach § 399 BGB vom Bauunternehmer nicht abgetreten werden; denn die Abtretung wäre so zu verstehen, daß der Zessionar statt des Bauunternehmers den Anspruch erhielte, Darlehnsschuldner durch Empfang von Baugeldern zu werden, und damit würde die Leistung der Bank eine inhaltliche Veränderung erfahren, da sie natürlich auf die persönliche Kreditwürdigkeit des Bauunternehmers abgestellt ist. Den wirtschaftlichen Parteizwecken des Baugeldvertrags geschieht indessen in aller Regel nur dann Genüge, wenn es dem Bauunternehmer möglich ist, den Anspruch auf einzelne Baugeldraten an Lieferanten, Handwerker und andere Personen mit der Wirkung abzutreten, daß er selber und nicht sein Zessionar der Schuldner dieser Raten wird. Um dies von den Parteien regelmäßig beabsichtigte, wirtschaftlich notwendige Ergebnis zu erzielen, hat man den Baugeldvertrag als ein Konsensualdarlehen anzusehen, aus welchem dann der Anspruch auf einzelne Ratenzahlungen abgetreten wird. Das Reichsgericht nähert sich in RG 68, 356 diesem richtigen Ziel, versucht aber, die alte Konstruktion, als sei das Darlehen ein

---

[24] Vgl. *Wüstendörfer*, Seefrachtvertrag I, 405, 436.

[25] Treffend *Regelsberger* in Jher. Jb. 58, 163; *M. Wolff*, Sachenrecht, 339 f.

Realvertrag, der Baugeldvertrag also nur ein Vorvertrag, durch scholastische Spitzfindigkeiten zu retten.

3. Falsche Prinzipienkonstruktion

Ihren Höhepunkt erreicht die konstruktive Begriffsjurisprudenz bekanntlich mit der Prinzipienkonstruktion, d. h. der Lückenausfüllung durch Rechtsprinzipien,die in der Tiefe des Gesetzes verborgen schlummern und von der Wissenschaft zum Leben erweckt werden. Erweist sich die Tatbestandskonstruktion und die Rechtssatzkonstruktion nur in ihrer jeweiligen Handhabung als fehlerhaft, so ist die Prinzipienkonstruktion neuerdings mehrfach für grundsätzlich verwerflich erklärt worden. Gegen sie vornehmlich richtet sich der Kampf der Freirechtsschule[26].

Auch die Lückenausfüllung durch Konstruktion entsprang geschichtlich und psychologisch aus zwei uns bekannten Quellen: der Einengung der Rechtsprechung durch absolutistische Neigungen der Staatsgewalt und dem scholastischen Glauben an die Realität der Begriffe. Die scholastische Technik der Rechtsergänzung aus latenten Begriffen und Prinzipien hatte den Stempel des Klassizismus dadurch erlangt, daß auch *Savignys* historische Schule sie auf den Schild erhob, befangen in dem Glauben an die Realität der Begriffe wie in der Ehrfurcht vor der Quellenautorität, und beeinflußt durch den eigentümlichen Zustand gerade des Corpus iuris civilis, das in seiner Vermengung von konkreten Einzelentscheidungen und abstrakten Rechtsideen diese Methode der Lückenausfüllung durch abstrakte Prinzipien nahe legte[27]. Kein Wunder, daß das deutsche Richtertum des 19. Jahrhunderts unter dem nachwirkenden Drucke absolutistischer Richtergebundenheit auf diese Technik einer scheinbar gesetzestreuen Rechtsfindung durch „Rechtsanalogie“ verfiel.

Wir wissen heute genugsam[28], daß diese Methode der Lückenausfüllung 1. unlogisch ist, insofern man aus einem abstrahierten Leitsatze immer nur diejenigen Einzelsätze wieder gewinnen kann, die vorher die Basis des Abstraktionsprozesses bildeten, nicht aber neue Einzelsätze, und daß die Methode 2. sozial schädlich ist, insofern sie sich nicht um soziale Interessenabwägung kümmert. Dennoch kehrt diese Technik der Lücken-

---

[26] Es ist indessen ein Irrtum, wenn *Fuchs*, Juristischer Kulturkampf (1912), 34 annimmt, der Kampf richte sich *nur* gegen die Gesetzesergänzung durch Prinzipienkonstruktion.

[27] *Stampe*, Unsere Rechts- und Begriffsbildung (1907), 31; *Heck*, Das Problem der Rechtsgewinnung (1912), 18 f., *Jung*, Positives Recht (1907), 8 Anm. 1.

[28] Überflüssig ist es, hier nochmals die oft zitierten Belegstellen bei *G.* und *M. Rümelin, Ehrlich, Heck, Stampe, Jung, Fuchs, Kantorowicz, Brütt, Carl Schmitt* usw. anzuführen.

ausfüllung auch in der neuesten Rechtsprechung des Reichsgerichts wieder.

Ein klassisches Beispiel liefert die Rechtsprechung zur Frage des Bordellkaufes. Einen Augenblick schien es, als wolle der erleuchtende Strahl gesunden Rechtsgefühls durch das Gewölk der Konstruktionistik hindurchbrechen[29], aber nur allzubald kehrte das Reichsgericht in das anfängliche Helldunkel seiner Begriffsrealistik zurück. Es führt aus[30]:

Wenn das Kausalgeschäft, der Verkauf eines Hauses zu Bordellzwekken, unsittlich und daher nichtig sei, und die Klage des Verkäufers aus dem Kaufvertrag auf Bezahlung des Restkaufgeldes somit abgewiesen werden müsse, so folge daraus noch nicht die Nichtigkeit des anschließenden sachenrechtlichen Erfüllungsgeschäftes, d. h. hier der Hypothekenbestellung für das Restkaufgeld. Der Klage aus der Hypothek auf das Restkaufgeld sei vielmehr stattzugeben. Denn die sachenrechtlichen Erfüllungsgeschäfte seien „nach dem System des Bürgerlichen Gesetzbuchs als Rechtsgeschäfte konstruiert, die die Macht, eine sachenrechtliche Wirkung hervorzubringen, in sich selbst tragen“[31].

Aus dem nämlichen Gesichtspunkt leitet das Reichsgericht zugunsten des Bordellkäufers die Gültigkeit seiner Eigentumserlangung am Bordellgrundstück her[32], und in der Vorschrift des § 817 BGB findet es eine Bestätigung dieser Selbständigkeit sachenrechtlicher Erfüllungsgeschäfte.

In der Tat enthält nun das Bürgerliche Gesetzbuch keinen Sonderrechtssatz über die Frage, inwieweit die Rechtsfolgen der Willensmängel des Kausalgeschäfts auch das anschließende sachenrechtliche Erfüllungsgeschäft ergreifen. Namentlich ergibt sich aus § 817 BGB nach Wortlaut, Entstehungsgeschichte[33] und subsidiärer Funktion der Kondiktionen nichts gegen eine etwaige Nichtigkeit sachenrechtlicher Erfüllungsgeschäfte wegen Unsittlichkeit des Kausalgeschäfts, noch gegen die über § 817 hinausgreifenden Folgen solcher Nichtigkeit. Das Bürgerliche Gesetzbuch hat sich vielmehr darauf beschränkt, die obligatorischen Kausalgeschäfte und die sachenrechtlichen Erfüllungsgeschäfte räumlich und redaktionell voneinander zu trennen, indem es die für Hypothekbestellung und Übereignung nötige „Einigung“ der Parteien im Sachenrecht normiert, dagegen die rechtsgeschäftliche Einigung des Kaufvertrags ins Recht der Schuldverhältnisse verweist. Das entsprach dem üblichen System der Rechtsdarstellung.

---

[29] In RG 68, 97 ff.; 71, 432 ff.

[30] RG 63, 184 f. und dazu mehrfach kritische Äußerungen, z. B. *Lenel* in DJZ 1907, 454; *Matthiessen* daselbst, 534 f.

[31] RG 63, 184.

[32] RG 75, 74 f.; 78, 285.

[33] Vgl. RG 63, 188.

Aus dieser Technik der Stoffgruppierung haben aber die Systematiker, und mit ihnen das Reichsgericht ein latentes Rechtsprinzip herauskonstruiert: Sie überspannten den systematischen Gegensatz von obligatorischen und von dinglichen Rechtsverhältnissen bis zum Dogma von der abstrakten Unabhängigkeit des dinglichen Erfüllungsgeschäfts. Statt also die wünschenswerte Rechtsergänzung durch soziale Interessenabwägung zu bewerkstelligen, machten sie das wissenschaftliche System der Rechtsdarstellung zum Regulator neuer Normsetzung! Statt die Frage der Unsittlichkeit von Übereignung und Hypothekbestellung psychologisch anzufassen, ließen sie den Schlagbaum begrifflicher „Abstraktheit" vor den sachenrechtlichen Erfüllungsgeschäften niederfallen, und — vergewaltigten das Leben!

Die Unsittlichkeit des Bordellkaufs liegt darin, daß die Parteien sich übereinstimmend einen Zweck setzen, der als objektiv unsittlich anzusehen ist, und der auf die inhaltliche Gestaltung des Kaufgeschäfts einen Einfluß ausübt. Psychologisch ist nun ein Doppeltes klar. Zunächst, daß in der Ideenwelt der Laien Kaufabschluß und Kaufvollziehung durch Auflassung und Hypothekbestellung ein einheitliches Gesamtgeschäft bilden. Wenn die Hineinziehung des Zweckmoments in das Kaufgeschäft diesem den Stempel der Unsittlichkeit aufprägt, so heißt das also, psychologisch richtig gewürdigt: Sie drückt diesen Stempel dem Gesamtgeschäft in allen seinen psychologisch untrennbaren Phasen auf, also auch der Auflassung und der Hypothekbestellung. Und ferner: Das Bewußtsein eines bestimmten Geschäftszweckes intensiviert sich nach einem einfachen psychologischen Erfahrungssatz um so mehr, je mehr das Rechtsgeschäft aus dem Stadium des bloßen Planens, der unbestimmten Absicht, der vorbereitenden Schritte heraustritt und der konkreten Zweckverwirklichung sich nähert. Die Energie des Zweckwollens steigert sich dann gleichsam. Die Auflassung des Bordellgrundstücks als Beginn der Ausführungshandlung ist also mindestens von gleichem, wenn nicht von intensiverem Zweckbewußtsein erfüllt, als die bloß vorbereitende Handlung des Kaufvertrags. Wenn daher dieser Kaufvertrag durch das Zweckmoment sittlich charakterisiert ist, so muß ein Gleiches um so mehr von der Auflassung des Grundstücks gelten. Noch anders ausgedrückt: Wie im Strafrecht die stärkere Schuld der Ausführungshandlung schärfere Ahndung findet als die schwächere Schuld bloßer Vorbereitungshandlung, müßte auch das Zivilrecht, wenn es psychologisch und moralisch richtig verfahren will, gegen die Unsittlichkeit der sachenrechtlichen Ausführungshandlung schärfer reagieren als gegen die Unsittlichkeit des nur vorbereitenden obligatorischen Geschäfts, zum mindesten: beides gleich scharf anfassen.

Und da kommt nun das Reichsgericht und will uns glauben machen, Eigentumserwerb und Hypothekbestellung am Bordellgrundstück hätten nichts sittenwidriges an sich! Wir sollen also gläubig hinnehmen, daß die Zwecksetzung der Parteien gleichsam nur in ihren obligatorischen Gehirnparzellen drinsteckt, die von den sachenrechtlichen Gehirnparzellen durch die Begriffsschranke der Abstraktheit physiologisch getrennt sind! Und auf dem festen Untergrunde solcher wissenschaftlichen Erkenntnis stehend, sollen wir es billigen, daß der Bordellverkäufer, der klug genug ist, aus der Hypothek statt aus dem Verkauf zu klagen, den Geldgewinn seines schmutzigen Geschäfts einstreicht, daß anderseits der Bordellkäufer im erlangten Eigentum geschützt wird und unter Umständen den unbezahlt gebliebenen Verkäufer unter reichsrichterlicher Assistenz prellen darf[34]! Selbst ein so konservativer Beurteiler wie *von Tuhr* bemerkt hierzu, das Reichsgericht füge zur Unsittlichkeit des Prozeßgegenstandes noch das Ärgernis einer vom Gericht gutgeheißenen Übervorteilung der einen Partei durch die andere hinzu[35]. Und das alles nicht etwa aus dem Zwange des Gesetzesworts[35a] heraus, sondern aus der Hypnose scholastischer Begriffsrealistik, aus der lebensfremden Konstruktion formaler Prinzipien! Kann man es *Ernst Fuchs* verargen, wenn er angesichts der moralischen und sozialen Schäden solcher Rechtsprechung von einer „Gemeinschädlichkeit" konstruktiver Jurisprudenz sprach?

III. Die Kryptosoziologie

1. Kryptosoziologische Rechtsprinzipien

Das Untauglichkeitszeugnis, das wir hiernach der Prinzipienkonstruktion auszustellen haben, bedarf indessen einer Einschränkung: Vollen Umfanges gilt es nur für die Lückenausfüllung durch *formale* Prinzipien, die mit angeblich *logischer Konsequenz* aus der Rechtsordnung geschöpft werden. Sieht man schärfer hin, so gewahrt man aber, daß unsere Rechtsprechung noch eine zweite Art der Lückenausfüllung durch latente Prinzipien kennt: Es werden allgemeine Rechtsgrundsätze von materiell-*soziologischem Inhalt* aufgestellt.

Beispiel:

Es entnimmt das Reichsgericht den Einzelvorschriften von § 904 BGB, § 25 preußisches Eisenbahngesetz vom 3. Nov. 1838, § 26 GewO folgenden „allgemeinen Rechtsgrundsatz": Wenn einem Grundeigentümer das Recht, Eingriffe Dritter in sein Grundeigentum abzuwehren, gesetzlich entzogen ist, so erhält er zum Ausgleich einen Anspruch auf Geldentschädigung, der von einem Verschuldensnachweis unabhängig ist[36]. Daraus folgert dann das Reichsgericht, daß der durch den Funkenflug einer rhein-

---

[34] RG 78, 282 ff.
[35] DJZ 1912, 1269.
[35a] Denn auch BGB 925 Abs. 2 ergibt höchstens eine partielle Abstraktheit.
[36] RG 58, 134 f.

preußischen Kleinbahn geschädigte Grundeigentümer vom Eisenbahnunternehmer zu entschädigen sei.

Hier stoßen wir auf die Ansätze zu einer neuen, zukunftsreichen Methode der Rechtsfindung: der soziologischen. Die soziale Interessenlage des konkreten Falles wird mit der sozialen Interessenlage anderer, im Gesetz ausdrücklich geregelter Tatbestandstypen verglichen, und aus ihrer Gleichartigkeit dann der Schluß gezogen, daß auch die normative Interessenregulierung die gleiche sein müsse. Auf diese Art der Rechtsfindung paßt also nicht mehr der eine Hauptvorwurf, den wir der Prinzipienkonstruktion machen mußten, daß sie sich nämlich nicht um soziale Interessenabwägung kümmere. Aber freilich: Die Interessenabwägung tritt hier noch in seltsamer Verkleidung auf. Das Reichsgericht stellt in der erwähnten Entscheidung die Sache so dar, als handle es sich um einen allgemeinen Rechtsgrundsatz, der, wie die Einzelvorschriften zeigen, auf den *„Willen des Gesetzgebers"* zurückgehe, und der daher im konkreten Fall mit *logischer Notwendigkeit* zur Anwendung zu bringen sei.

Das ist beides irrig. Der Gesetzgeber hat höchstwahrscheinlich an den Tatbestandstypus des konkreten Falles nicht gedacht — sonst hätte er ihn wohl geregelt —, und das Ergebnis der Rechtsfindung ist nicht die Folge eines logischen Zwanges — denn abstrahierte allgemeine Rechtssätze enthalten, wie wir wissen, niemals neue Einzelrechtssätze —, sondern es ist die Folge soziologischer Zweckmäßigkeitserwägung, die das sozial Gleichartige gleicher Norm zu unterstellen wünscht. Wir haben es also mit dem Produkt einer freien Rechtsschöpfung zu tun. Aber die Ehrfurcht vor der Autorität des Gesetzes, der Glaube an die Wirklichkeit latenter Rechtsprinzipien, die seelische Gebundenheit altpreußischen Richtertums brachten das Reichsgericht dazu, diesen Sachverhalt ängstlich zu verhüllen. So haben wir hier in Wahrheit ein Durchgangsphänomen der Rechtsentwicklung vor uns: die von *Ernst Fuchs* entdeckte und treffend sogenannte „Kryptosoziologie".

2. Parteiwille und Parteiverschulden als technische Hilfsmittel

Die Kryptosoziologie, die entwicklungsgeschichtliche Zwischenstufe zwischen konstruktiver Begriffsjurisprudenz und soziologischer Rechtsfindung, erscheint, wie bekannt, in vielfach wechselnder Gestalt und arbeitet zur Verschleierung ihres wahren Wesens mit allen möglichen technischen Hilfsmitteln. Wenn man mit *Fuchs* vier Arten kryptosoziologischer Methode unterscheiden kann[37], so genügt es doch für den Zusammenhang unserer Erörterung, den Blick auf ein besonders beliebtes technisches Hilfsmittel dieser Methode zu lenken, ein konstruktives Hilfs-

[37] Kulturkampf 39 ff.

mittel, dessen Verwendung mehrfach dazu verführt hat, den Wesensunterschied zwischen konstruktiver Kryptosoziologie und konstruktiver Begriffsjurisprudenz zu übersehen[38]. Die Rechtsfindung wird nicht selten begründet durch die Berufung auf einen fälschlich ankonstruierten Parteiwillen oder ein fälschlich ankonstruiertes Parteiverschulden. Der rechtsgeschäftliche oder deliktische Parteiwille soll die Entscheidung äußerlich rechtfertigen, während sie in Wahrheit auf dem sozialwissenschaftlich geleiteten Rechtsgefühl des Richters beruht. Es leuchtet ein, daß dieses Verfahren der Urteilsbegründung nicht ganz logisch und auch nicht ganz ehrlich ist, ein Überbleibsel der Scholastik und der Angst, der vererbten Angst vor dem Bekenntnis zu schöpferischer Rechtsfindung, angesichts der Warnung des absolutistischen Staates, der die freie Rechtsschöpfung mit „schwerer Ahndung" bedrohte[39].

Beispiele:

a) In späteren Entscheidungen zum alten Tierhalterparagraphen haben das Reichsgericht und andere Gerichte mehrfach den Ersatzanspruch des geschädigten Fahrgastes gegen den gefälligen Fuhrherrn abgelehnt auf Grund der Konstruktion: Die Parteien hätten einen stillschweigenden Vertrag abgeschlossen, gerichtet auf Haftungsausschließung für den Fall eines Tierschadens[40]. Mit Recht wurde diese Annahme als „reine Fiktion" gekennzeichnet und abgelehnt[41]. Aber zu einer soziologischen Würdigung des § 833 drang die Kritik bisher nicht durch[41a]; man blieb in Formalismen stecken, wenn man den Gesichtspunkt der Gefährdungsaufrechnung oder der vertraglichen Erfüllungshandlung usw. hervorkehrte, und die Folge war eine Fortdauer des Theorienstreites.

b) Das Reichsoberhandelsgericht hatte das stille Prokuraindossament als besonderen Rechtstypus zwischen Vollindossament und Vollmachtindossament nicht anerkannt. Das stille Prokuraindossament sei Vollindossament, lasse also Einreden aus der Person des Vormannes (des Inkassomandanten) gegen den Nachmann (den Inkassomandatar) nicht zu. Wer die stärkere Form des Vollindossaments wähle, der „hat auch die stärkere Wirkung rechtlich gewollt"[42]. In dieser Beweisführung lag eine unzulässige Fiktion, die Unterstellung eines in Wahrheit oft nicht vor-

---

[38] So z. B. bei *Stampe*, Freirechtsbewegung 17 unter b.

[39] Preußisches Publikations-Patent zum Allg. Landr. v. 5. Februar 1794, a. E.

[40] RG 65, 313 ff.; 67, 431; RG in Seuff. Bl. f. Rechtsanw. 73, 623 ff.

[41] Vgl. *Oertmann*, Schuldverhältnisse 3/4, 5 b zu § 833 und die dort Zitierten; *Müller-Erzbach* im AcivPr. 106, 356 ff.; *Jung*, Natürliches Recht (1912), 25 f.; *Hellwig*, Lehrbuch des CP.rechts II, 147 Anm. 27; *Krückmann*, Einführung (1912), 113 ff.; andererseits *Danz*, Einführung 56; Auslegung 3, 92 ff.; DJZ 1905, 384 ff.

[41a] Richtige Ansätze jedoch bei *Müller-Erzbach* a.a.O. 390, 411 und in Jher. Jb. 61, 376 f.

[42] ROHG 6, 54.

handenen Parteiwillens, und diese Fiktion sollte verdecken, daß hier die utilitas der Rechtsfindung aufgeopfert wurde zugunsten der logischen Reinheit der Begriffe.

Die neuere Rechtsprechung des Reichsgerichts vermeidet diesen Fehler. Sie läßt Einreden aus der Person des Inkassomandanten zu, berücksichtigt also ex aequo et bono die wahre Interessenlage. Aber da diese Entscheidung scheinbar im Gesetz nicht zu verankern ist, greift das Reichsgericht auf ein angebliches Parteiverschulden zurück und gibt dem Wechselschuldner die Einreden aus der Person des Inkassomandanten unter dem Gesichtswinkel einer exceptio doli, trotzdem der klagende Inkassomandatar vielleicht gar nicht dolos handelte, sondern die vorgebrachte Einredetatsache für nicht stichhaltig oder für nicht bewiesen hielt[43].

II. Kapitel

Das Wesen der soziologischen Rechtsfindungsmethode

I. Einführung

In dem Augenblick, wo die Kryptosoziologie in ihrem wahren Wesen durchschaut wird, wo die angeblich logische Konsequenz soziologischer Prinzipienkonstruktion und die Andichtung eines soziologisch zweckentsprechenden Parteiwillens oder Parteiverschuldens sich offenbaren als ein Versuch, guten neuen Wein in rissige alte Schläuche zu füllen, in diesem Augenblick steht die deutsche Rechtsprechung an einem Wendepunkt: Die Stunde einer neuen Methode hat ihr geschlagen.

Die Herrschaft des Bürgerlichen Gesetzbuchs hatte zunächst dazu beigetragen, die methodologischen Irrtümer der überkommenen Doktrin neu zu beleben. Die Gründlichkeit seiner gesetzgeberischen Vorarbeiten verführte zum Materialienkultus, die getifelte Genauigkeit seiner Sprache förderte den Buchstabendienst, die Prägnanz seiner feingeschliffenen Begriffe, die Schärfe seiner Systematik war ein guter Nährboden für scholastischen Begriffsrealismus und haarspaltende Distinktionistik, die kasuistische Zersplitterung der neuen Normen in pedantisch zugespitze Einzelvorschriften ließ den Richter leicht innerlich unfrei werden, indem sie ihm den Blick trübte für die großen inneren Zusammenhänge der ars aequi et boni, und die Tatsache endlich, daß manche Norm leider nicht aus bewußter sozialer Interessenabwägung, sondern aus historischem Quietismus oder konstruktiver Romanistik geboren war, erschwerte die innere Fühlungnahme mit den sozialen Funktionen der

[43] Vgl. *Staub-Stranz*, Wechselordnung [8], Anm. 8 zu Art. 17; *Müller-Erzbach*, Die Grundsätze der mittelbaren Stellvertretung, 62; *Wüstendörfer*, Seefrachtvertrag I, 347 f.; RG 41, 115.

neuen Rechtssätze. Waren doch die Motive zum Entwurf, die für die ersten Jahre des neuen Rechts der Rechtsprechung so oft voranleuchteten, erfüllt vom *Windscheid*schen Geiste der Formalistik, statt von den Eingebungen sozialwissenschaftlich geleiteter Interessenabwägung! So mochte das Bürgerliche Gesetzbuch bisweilen zum Unsegen werden, bisweilen zu einer kleinlichen Preisgabe wertvoller Errungenschaften des gemeinen Rechts führen[44], und manchen Zusammenbruch naiven Vertrauens auf die Gerechtigkeit deutscher Richter, manchen Triumph rabulistischer Anspruchsbegründung auf dem Gewissen haben.

Dann aber kam die Gegenflut. Je schärfer die Konsequenzen der alten Methode sich herausstellten, desto schneller und heftiger mußte die Reaktion einsetzen. Diese Reaktion ist heute da. Wir wissen heute, daß das Bürgerliche Gesetzbuch die in schnellem Fluß begriffenen Erscheinungen des sozialen Lebens mit altmodisch geformten Tatbestandsbegriffen zu meistern versucht, daß seine Anknüpfung an römische Rechtstypen, seine seltsame Verquickung großzügiger Rechtsgrundsätze mit kleinlicher kasuistischer Reglementierungssucht die Rechtssicherheit nicht erhöht, sondern Zweifel und Lücken allüberall aufreißt, echte Lücken, zu deren Ausfüllung der Richter schöpferisch vorgehen muß[45], wie unechte Lücken, zu deren Korrektur er wenigstens schöpferisch vorgehen *kann*[45]. Wir wissen ferner, daß die Rechtsfindung kein rein logisches Schlußverfahren ist, sondern dem Werturteil und der Willensentscheidung des Richters viel Spielraum läßt; und dank der völligen Umgestaltung unseres völkischen Seins seit dem 70er Kriege, dank dem Zusammenwirken oft geschilderter wirtschaftlich-sozialer, politisch-nationaler, kulturlich-wissenschaftlicher Einflüsse aus den verschiedensten Richtungen haben endlich auch wir Juristen angefangen, Realpolitiker von gesundem Tatsachensinn, exakter Beobachtungsgabe, sozialwissenschaftlichem Verständnis zu werden.

Der Niederschlag dieser Wesenswandlung ist die *soziologische Rechtsprechung*[46]. Darunter verstehe ich diejenige Rechtsfindungsmethode, welche basiert auf dem durch sozialwissenschaftliche Erkenntnis geläuterten Rechtsgefühl des Richters. Erfreulicherweise wächst von Jahr zu Jahr die Zahl der Reichsgerichtsentscheidungen, die den Hauch ihres Geistes spürten. Noch aber vermissen wir eine klare Aussprache dar-

---

[44] z. B. in RG 61, 207 ff. (Preisgabe der Haftung für den dolus in contrahendo des Vertreters).

[45] *Zitelmann*, Lücken im Recht (1903), 34 f. *A. M. Somlo* in Grünhuts Z. 38, 61 ff.

[46] Ich weiß sehr wohl, daß das Wort „soziologisch“ vieldeutig ist und gewöhnlich in anderem Sinne gebraucht wird. Das hindert nicht, es hier als terminus technicus zu gebrauchen für das, was der Ausdruck „teleologisch“ nicht ausreichend bezeichnet, da er nichts angibt über die *Richtung* der Zielstrebigkeit und über die *Mittel*, deren sie sich bedient. Treffend *Gmelin*, Quousque, 34 f.

über, in welchen Punkten das Neue vom Alten abweicht, wie die Grundlinien soziologischer Rechtsfindung zu ziehen sind. Kaum darüber herrscht bisher Einigkeit, inwieweit eine bewußte und offen auszusprechende Interessenabwägung an die Stelle von Materialienkultus, Formalismus, Konstruktionistik treten soll. Und wie solche Interessenabwägung im einzelnen auszugestalten ist, blieb bisher eine offene Frage.

Die Norm für die Entscheidung eines streitigen Tatbestandes ist entweder dem *Parteiwillen* zu entnehmen: so in manchen Fällen rechtsgeschäftlicher Tatbestände, oder dem *Gesetz* (einschließlich Gewohnheitsrecht): so in anderen Fällen rechtsgeschäftlicher sowie bei den außerrechtsgeschäftlichen Tatbeständen.

1. Die Parteien verfolgen mit ihren Rechtsgeschäften bestimmte Interessen, d. h. wirtschaftliche oder ethische oder wirtschaftlich-ethische (soziale) oder nationale Strebungen und Begehrungen aller Art, sie setzen sich einen Interessenzweck. Es kann sich dabei gleichzeitig um primäre, nächstliegende, und sekundäre, entferntere Interessen handeln. Für die Rechtsfindung in Betracht kommt in der Regel nur der primäre Interessenzweck, der bei allen kausalen Rechtsgeschäften bekanntlich unmittelbar zum Inhalt des Geschäftes selber gehört. Aufgabe soziologischer Rechtsfindung aus dem Parteiwillen ist es, *den tatsächlichen, primären, übereinstimmenden Interessenzweck der Parteien* zu ermitteln und aus ihm Rückschlüsse zu ziehen entweder auf die Subsumtion des rechtsgeschäftlichen Tatbestandes unter das Gesetz (mittelbare Rechtsfindung aus dem Parteizweck) oder auf den Inhalt der gesuchten Norm (unmittelbare Rechtsfindung aus dem Parteizweck)[46a].

2. Das Gesetz gibt mit seinen Normen eine Entscheidung von Interessenkonflikten, eine Interessenregulierung. Mit der konkreten Gestaltung dieser Interessenregulierung verfolgt es einen sozialen Zweck. Aufgabe soziologischer Rechtsfindung aus dem Gesetz ist es, *einen brauchbaren sozialen Zweck der Gesetzesnorm* zu ermitteln und aus ihm Rückschlüsse zu ziehen auf den Inhalt der gesuchten Norm[47]. Die Erhebung des sozialen Zweckes zum Regulator der Norm bedingt: Vergleichung der Interessenlage des konkreten Falles mit der Interessenlage des gedachten Tatbestandes der Norm. Die Setzung eines teleologisch brauchbaren sozialen Zweckes der Gesetzesnorm statt Unterwerfung unter den historisch gegebenen sozialen Zweck der Norm bedingt: Interessenabwägung zu dem Zweck und mit dem Ergebnis, dasjenige Interesse zu schützen, welches für den Kulturfortschritt, für das soziale Ganze als das wichtigere erscheint. Zwecksetzung und Interessenwägung geschehen aber

---

[46a] Vgl. namentlich *Danz*, Auslegung [3], 82 ff.

[47] Ähnlich mehrfach andere Schriftsteller, namentlich *Danz* in Jher. Jb. 54, 50 ff. und Richterrecht, 197; *Müller-Erzbach* in Jher. Jb. 61, 372 ff.

nicht nach freier Willkür des Richters. Rechtssicherheit und Rechtsstetigkeit fordern, daß sie geschehen in möglichster Anlehnung, äußerlich an Gesetz und Rechtsgewohnheit, innerlich an ein bestimmtes Werturteil.

II. Die Grenzfälle

Das sind die Grundgedanken soziologischer Rechtsfindung. Bevor wir den Versuch machen, sie methodologisch auszubauen und auf ihre Richtigkeit hin an praktischen Beispielen zu prüfen, ist eine Grenzbeschreitung nötig. Wir haben zunächst diejenigen Fälle der Rechtsfindung auszuscheiden, die sich aus inneren Gründen für die skizzierte Technik der soziologischen Methode nicht eignen.

1. Abstrakte Rechtsgeschäfte

Zu diesen Ausnahmen gehört nicht, wie man vielleicht bei flüchtiger Betrachtung glauben könnte, die Rechtsfindung aus abstrakten Rechtsgeschäften. Denn weder der tatsächliche primäre Interessenzweck der Parteien (die causa) noch der soziale Gesetzeszweck sind hier als Regulator der Norm völlig ausgeschaltet.

1. Der tatsächliche Interessenzweck der Parteien spielt unter Umständen eine entscheidende Rolle bei der Subsumtion des rechtsgeschäftlichen Tatbestandes, genauer: bei der Qualifizierung der vorliegenden rechtsgeschäftlichen Erklärung als einer abstrakten im Sinne eines bestimmten gesetzlichen Typus abstrakter Rechtsgeschäfte. So kann die Frage, ob eine schriftliche Schulderklärung sich als ein gewöhnlicher Schuldschein oder als ein abstraktes Schuldversprechen im Sinne des § 780 BGB darstellt, nur beantwortet werden im Zusammenhang damit, ob der primäre Interessenzweck, den die Parteien mit der Ausstellung der Schulderklärung verfolgten, auf abstrakte Sicherung der etwa vorliegenden Kaufschuld, oder auf eine Aufhebung derselben, oder auf eine Erleichterung ihrer Beweisbarkeit usw. gerichtet war.

2. Es verweist auch das Gesetz bei der Normgebung gerade für die wichtigsten Typen abstrakter Rechtsgeschäfte in gewissem Umfange auf den tatsächlichen Interessenzweck der Parteien zurück, indem es zwar nicht den Angriff des Gläubigers, wohl aber die Verteidigung des Schuldners gegen seinen ursprünglichen Gläubiger kausal gestaltet durch Zulassung solcher Einwendungen, die unmittelbar gegen den ursprünglichen Gläubiger erwachsen sind[48].

3. Die Zweifel, ob bei abstrakten Verpflichtungen, z. B. beim Wechsel, diese oder jene Einwendung des Schuldners, z. B. der Einwand arglistiger

[48] Vgl. für den Wechsel WO 82, für den kaufmännischen Verpflichtungsschein HGB 364, für die angenommene Anweisung BGB 784. Weiter geht noch 792 Abs. 3 S. 2. Vgl. im übrigen *Rümelin*, Civ.Arch. 97, 275 ff.

Täuschung, nur in personam oder in rem — auch gegen gutgläubige dritte Gläubiger — wirksam sein soll, können nur gelöst werden im Einklang mit dem sozialen Zweck der die Abstraktheit schaffenden Gesetzesnorm.

2. Verkehrssitte

Dagegen gelangt die Technik soziologischer Rechtsfindung nicht zur vollen Entfaltung in den rechtsgeschäftlichen Fällen, in denen gemäß § 157 (242) BGB, 346 HGB die objektive Verkehrssitte entweder zur Unterstellung eines bestimmten Interessenzweckes der Parteien führt — davon sogleich — oder zum Regulator der Norm wird. Die Verkehrssitte im Sinne einer allgemeinen Rechtsfolgevorstellung und einer ihr entsprechenden Tatbestandsverwirklichung (Übung) bindet auch den Richter, sofern sie mit Treu und Glauben harmoniert. Denn in dieser außerhalb der Juristenwelt entstandenen und geübten Verkehrssitte bestimmter Volksgruppen pflegt diejenige Lösung des Interessenkonfliktes der Parteien zum Ausdruck zu gelangen, die dem soziologischen Werturteil der betreffenden Volksgruppe am besten entspricht[49].

Beispiel:

Wenn im kaufmännischen Verkehr der Sinn der Klausel „fob Hamburg" unbestritten dahingeht, daß der Verkäufer außer den Kosten auch die Gefahr des Transportes der Ware bis an Bord des Seeschiffes Hamburg zu tragen hat, so bedarf es keiner weiteren soziologischen Erwägungen des Richters über die Bedeutung der Klausel. Er hat die Verkehrssitte zu achten. Die konstante gegenteilige Praxis unserer Gerichte verstößt gegen § 157 BGB und verkennt die soziologische Bedeutung der Verkehrssitte[50].

Entsprechendes gilt für die rechtliche Beurteilung außerrechtsgeschäftlicher Tatbestände, soweit hier die Verkehrssitte nach § 242 BGB entscheidend eingreift. Übertreibung aber ist es, wenn *Danz* in allen den Fällen, wo Schuldverhältnisse vorliegen, die Lücken des Gesetzes und der Parteiabrede durch die Verkehrssitte der §§ 157, 242 ausfüllen zu können glaubt[51]. Eine feste Verkehrssitte im Sinne einer allgemeinen Rechtsfolgevorstellung ist erst auf einer höheren Entwicklungsstufe des Verkehrs vorhanden. Ehe es soweit kommt, wird in den Meinungsäußerungen der Laien sehr oft ein gegensätzlicher Interessenstandpunkt, zum mindesten eine Unklarheit über die Rechtsfolgen, statt einer einheitlichen Rechtsfolgevorstellung zum Ausdruck gelangen. Das kann man namentlich bei dem Aufkommen neuer technischer oder wirtschaftlicher

---

[49] Vgl. *Danz*, in Jher. Jb. 54, 22; Auslegung[3], 118 ff.

[50] Vgl. zu dieser Rechtsprechung *Ritter* im ArchBürgR 37, 171.

[51] Mehrfach, z. B. Einführung 85.

Lebensverhältnisse beobachten, die zunächst im freien Verkehr um ihre rechtliche Gestaltung ringen müssen. Aus dem zeitweiligen Mangel einer Verkehrssitte in Verbindung mit der Gesetzeslücke hier allemal die Befugnis zur Klageabweisung zu entnehmen, wie *Danz* das anscheinend will[52], wäre ein unberechtigter Formalismus. Die nachfolgenden Erörterungen werden zeigen, daß in solchen Fällen die Interessenwägung den Ausschlag geben muß.

3. Neutrale Gesetzesvorschriften

Die skizzierte Technik soziologischer Methode ist gegenstandslos in gewissen Fällen der Rechtsfindung aus der Norm des Gesetzes.

1. Der zu beurteilende konkrete Tatbestand ist klar; er kann nur unter einen bestimmten eindeutig klaren Tatbestand des Gesetzes subsumiert werden, und die an diesen gesetzlichen Tatbestand geknüpfte Norm ist ebenfalls eindeutig und entweder

a) sozial neutral, d. h. ohne soziale Zielstrebigkeit, oder

b) sozial zielstrebig und, gemessen an den heutigen sozialen Lebenstatsachen und Kulturanschauungen, in ihrem sozialen Zweck nicht offensichtlich unhaltbar.

Im Falle a) liegen die Dinge so, daß ein bestimmter sozialer Zweck der Norm sich dem Richter weder als historisches Faktum noch als teleologische Unterstellung erschließt. So namentlich dann, wenn die Bedeutung des Gesetzes mehr darin liegt, überhaupt eine feste Norm zu schaffen, als gerade eine Norm von bestimmter sozialer Funktion. Hierher gehören vielfach zahlenmäßige Bestimmungen des Gesetzes[53], wie etwa § 195 BGB.

Im Falle b) kommt es zwar zu einem soziologischen Werturteil des Richters. Aber die kritische Nachprüfung des klarliegenden sozialen Zweckes der Norm hat einen negativen Ausgang. Sie ergibt vielleicht Zweifel an deren sozialer Angemessenheit, sie ergibt jedoch nicht die Erkenntnis ihrer sozialen Unhaltbarkeit. So mag der Ausschluß der Geldentschädigung beim Tatbestande nur moralischer Schädigung (BGB § 253) heute noch, trotz wachsender sozialer Bedenken, als haltbar erscheinen.

In beiden Fällen — a) und b) — wird das Gebot tunlichster Anlehnung an das Gesetz im Interesse der Rechtssicherheit und Rechtsstetigkeit den Richter veranlassen, den eindeutigen Tatbestand des Prozeßfalles der eindeutigen Norm des Gesetzes zu unterstellen.

---

[52] Einführung 84; Jher. Jb. 54, 67 ff.; Auslegung [3], 137 f.

[53] Mehrfach betont, so schon *Savigny*, System I, 36; *Adickes*, Zur Lehre von den Rechtsquellen (1872), 58; *Carl Schmitt*, Gesetz und Urteil (1912), 48 ff.

2. a) Der zu beurteilende Tatbestand ist eindeutig, läßt also nur *eine* Subsumtion zu, die an den gesetzlichen Tatbestand geknüpfte Norm aber ist *mehrdeutig* und ihre mehreren Auslegungen sind sozial neutral, reagieren also nicht auf unser sozialwissenschaftlich geleitetes Rechtsgefühl in bestimmter und verschiedenartiger Weise.

Oder b) der zu beurteilende Tatbestand ist *mehrdeutig*, läßt also die Subsumtion unter mehrere gesetzliche Tatbestände zu, und die an diese geknüpften (eindeutigen oder mehrdeutigen) Normen sind sozial neutral.

Hier versagt die Heranziehung des sozialen Zweckes als Regulator der Rechtsfindung. Die Ermittlung des zutreffenden gesetzlichen Tatbestandes und des Inhaltes der Norm kann daher hier nicht anders erfolgen als mit den unzulänglichen Mitteln grammatischer, logischer, entstehungsgeschichtlicher Auslegung. Ist die Norm eine lex imperfecta, insofern ihr eine klar erkennbare soziale Zielstrebigkeit fehlt, so muß notwendig auch die Methode der Rechtsanwendung eine methodus imperfecta sein, insofern sie mit unzulänglichen Rechtsfindungsmitteln arbeitet.

Indessen — in diesen Fällen neutraler Rechtsfindung steckt nicht das Problem der Stellung des Richters zum Gesetz. Gerichtliche Entscheidungen, die unser soziales Gewissen nicht berühren, die im Reagenzglas sozialwissenschaftlicher Analyse sich neutral verhalten, pflegen die öffentliche Meinung unter Laien wie Juristen nicht aufzuregen, das deutsche Richtertum nicht öffentlicher Kritik auszusetzen. Das soziale Problem setzt erst bei denjenigen Richtersprüchen ein, die einen, wenn auch oft versteckten, sozialen Kern haben. Das aber ist ein sehr beträchtlicher Prozentsatz. Die meisten berühmten Streitfragen des modernen Rechts gehören hierher, und meist verdanken sie ihre Berühmtheit, ohne daß man sich dessen stets bewußt wäre, nichts anderem als ihrer sozialen Bedeutung, die unser Gewissen aufrüttelt.

III. Die Einzelheiten der Methode

Die soziologische Rechtsfindung stützt sich entweder auf den Interessenzweck der Parteien, oder auf den sozialen Zweck des Gesetzes oder auf freie richterliche Interessenwägung.

A. Rechtsfindung aus dem Interessenzweck der Parteien

Um welche Technik es sich handelt bei der Rechtsfindung aus dem Interessenzweck der Parteien, und in welchen Fällen sie praktisch wird, das ergab sich bereits aus der Kritik der alten Methode. So unerschöpflich auch die Fülle neuer Konstellationen sein mag, die der Reichtum des Lebens dem rechtsprechenden Richter entgegenträgt, so heben sich doch in diesem Zusammenhang von dem Hintergrund der Einzelerscheinungen zwei oder drei Haupttypen genügend deutlich ab.

1. Subsumtion rechtsgeschäftlicher Tatbestände unter das Gesetz, das alsdann die anzuwendende Norm ergibt. Hier ist der von den Parteien tatsächlich verfolgte primäre Interessenzweck, bei vermögensrechtlichen Geschäften also der von den Parteien bezweckte Wertaustausch, entscheidend für die Auswahl unter den in Betracht kommenden rechtsgeschäftlichen Tatbestandstypen des Gesetzes. Denn den rechtsgeschäftlichen Tatbestandstypen des Gesetzes eignet ein bestimmter typischer Interessenzweck der Parteien, z. B. der Sachmiete die entgeltliche zeitweilige Gebrauchsüberlassung von stehendem Kapital zu Produktions- oder Konsumtionszwecken. Richtig konstruiert, d. h. subsumiert ist der konkrete rechtsgeschäftliche Tatbestand also nur dann, wenn der konkrete primäre übereinstimmende Interessenzweck der Parteien sich deckt mit dem typischen Interessenzweck des gedachten Tatbestandes im Gesetz.

Beispiel: Der Chartervertrag als Schiffsmiete[54].

Nicht unbedenklich ist es, wenn *Danz* ausführt[55], bei rechtsgeschäftlichen Tatbeständen seien Auslegung und Konstruktion zeitlich und sachlich zu trennen; erst müsse die Auslegung, dann die Konstruktion erfolgen. Ermittlung des Interessenzwecks der Parteien und Konstruktion sind oft geistige Parallelvorgänge, die sich gegenseitig ergänzen und stützen. Richtig ist freilich, daß die Interessenermittlung das logische Prius gegenüber der Konstruktion bildet. Und zu beachten ist auch dies:

Statt in der Ermittlungstätigkeit bis zur Feststellung des tatsächlichen konkreten Interessenzweckes der Parteien vorzudringen, darf der Richter sich damit begnügen, denjenigen Interessenzweck als Inhalt der Parteivereinbarung zu unterstellen, der bei Betrachtung aller sozialen Begleitumstände des Falles als der nach der Verkehrssitte normale Interessenzweck sich ergibt, sofern nicht eine ausdrückliche Parteierklärung auf einen abweichenden Interessenzweck hinweist. Insoweit beansprucht die Verkehrssitte wiederum den Vorrang vor der rein soziologischen Rechtsfindung[56]; insofern bildet dann die Auslegung aus der Verkehrssitte das logische Prius und die Richtschnur für die Konstruktion des rechtsgeschäftlichen Tatbestandes[57].

Es leuchtet ein, daß die Frage der richtigen Rechtsgeschäftskonstruktion unter Anpassung an den konkreten Interessenzweck der Parteien besonders brennend wird gegenüber den so wichtigen Typen sog. gemischter Verträge.

---

[54] Vgl. oben S. 38 und *Wüstendörfer*, Seefrachtvertrag I, 93 f., 154 f. und passim.

[55] Einführung 63 ff.; Auslegung [3], 144 ff.

[56] Vgl. oben S. 53.

[57] Beispiele hierfür bei *Wüstendörfer*, Seefrachtvertrag I, 178 (Teilcharter), 255 (Konnossementsausstellung).

2. In dem soeben erörterten Fall geschah die Rechtsfindung nur mittelbar aus dem Interessenzweck der Parteien. Dieser wies den Weg für die Tatbestandssubsumtion, das Gesetz selbst ergab alsdann die entscheidende Norm. Anders in den Fällen, wo die Rechtsfolgen rechtsgeschäftlichen Geschehens von den Parteien selbst nomiert sind und nur ihre Auslegung in Frage steht. Hier ergibt sich die richtige Auslegung und mit ihr die Feststellung der den Tatbestand entscheidenden Norm unmittelbar aus dem tatsächlichen, primären, übereinstimmenden Interessenzweck der Parteien.

Beispiel: Der oben erörterte Fall der Firmenveräußerung mit der Klausel der Unübertragbarkeit[58].

3. Verwandt mit den Fällen 1 und 2 ist ein Fall der Rechtsfindung, der heutzutage mit der zunehmenden Differenzierung des sozialen Lebens an Häufigkeit und an Bedeutung allmählich gewinnt: Zwei typische Tatbestände des rechtsgeschäftlichen Verkehrs sind zu entsprechenden Tatbestandsbegriffen des Gesetzes verdichtet, z. B. Prokuraindossament einerseits, Vollindossament anderseits, oder: Handlungsagent einerseits, Kommissionär anderseits.

Nun bildet sich allmählich im Leben ein neuer typischer rechtsgeschäftlicher Tatbestand in der Mitte zwischen jenen beiden, mit einem ihm eigenen typischen Interessenzweck der Parteien. Die soziologische Rechtsfindung wird Dasein und soziale Funktion, d. h. hier: den typischen Interessenzweck des neuen Gebildes und die dadurch nach außen hin geschaffene typische Interessenlage ermitteln, einen dementsprechenden neuen Tatbestandsbegriff formulieren, für den neuen Tatbestandsbegriff nach Normen suchen, die für das *Innen*verhältnis dem typischen Interessenzweck der Beteiligten entsprechen, für das *Außen*verhältnis der typischen neuen Interessenlage, und die zweckmäßig oft aus der Analogie der verwandten Rechtsinstitute zu entnehmen sind. Die soziologische Rechtsfindung wird ferner im konkreten Fall die Frage der Subsumtion davon abhängig machen, ob der konkrete tatsächliche Interessenzweck der Parteien sich deckt mit dem typischen Interessenzweck des neuen Tatbestandsbegriffes, und daher die diesem adäquate Norm zur Anwendung zu bringen ist. Eventuell aber wird sie die gesuchte Norm auch unmittelbar durch Auslegung des erklärten Parteiwillens unter Berücksichtigung des tatsächlichen Interessenzweckes zu gewinnen trachten.

Beispiele:

a) Das stille Prokuraindossement als neuer Tatbestandstypus. Die Zulassung von Einwendungen aus der Person des Inkassomandanten

---

58 Oben S. 37.

folgt dann aus der soziologischen Erwägung, daß sie der nach *außen* sich ergebenden typischen Interessenlage des neuen Tatbestandes adäquat ist: Der Schuldner, der auf dem Umwege über einen nur formal berechtigten Mittelsmann leistet, darf deshalb nicht ungünstiger dastehen, als wenn er unmittelbar an den materiellen Interessenten leisten würde. Es handelt sich also, wie *Müller-Erzbach* es ausdrückt, um einen „Durchbruch der Interessenlage" durch das formale Gläubigerrecht[59].

b) Der „Kommissionsagent" als neuer Tatbestandstypus ist von mir ermittelt[60] und vom Reichsgericht inzwischen aufgenommen worden[61]. Hier ergibt der typische Interessenzweck der Parteien für das *Innen*verhältnis, daß dem Kommissionsagenten nicht, wie einem Kommissionär, das Vertragsverhältnis vom Geschäftsherrn jederzeit gekündigt werden kann, sondern nur nach Analogie des Agentenrechts (HGB § 92 Abs. 1), also in der Regel nur auf den Schluß des Kalendervierteljahrs mit sechswöchiger Frist. Und das nämliche Ergebnis zeitigt bisweilen unmittelbar die Auslegung des erklärten Parteiwillens nach Maßgabe des tatsächlichen Interessenzwecks.

Die Rechtsfindung im Fall 3 wird namentlich auch dann praktisch werden, wenn es sich um die rechtliche Ausgestaltung neuartiger und verwickelter gemischter Vertragstypen handelt. Man denke etwa an den Stahlkammerfachvertrag, den Tarifvertrag, die Diskontierung von Buchforderungen. Solche Verträge sind als individuelle Tatbestandstypen in ihrer sozialen Eigenart zu erfassen und nach ihrem typischen Interessenzweck, nicht durch gedankenloses Auseinanderreißen ihrer formalen Elemente[62], unter Normenschutz zu stellen. Verglichen mit den einfachen Grundtypen 1 und 2, stellt sich die Rechtsfindung im Fall 3 als soziologisch komplizierter heraus. Sie weist gewisse Einzelzüge auf, die, wie die Verwertung der „Interessenlage" zur Rechtsfindung, bei der sogleich zu betrachtenden zweiten und wichtigsten Art soziologischer Rechtsfindung wiederkehren. Sie ist also selber gewissermaßen ein gemischter Typus und leitet als solcher über zur Betrachtung der Rechtsfindung aus dem sozialen Gesetzeszweck.

B. Rechtsfindung aus dem sozialen Zweck des Gesetzes

1. Erster Haupttypus

Zwei Haupttypen dieser Rechtsfindung glaube ich feststellen zu können, und diese Zweiung hängt zusammen mit dem Unterschied zwi-

[59] Stellvertretung, 61 f.; Jher. Jb. 53, 331 ff.; vgl. auch *Wüstendörfer*, Seefrachtvertrag I, 347 f.
[60] Goldschmidts Z. 58, 133 f.
[61] RG 69, 364 f. und RG in JW 1912, 73 f.
[62] *Danz*, Einführung, 66 f.

schen kasuistischer und abstrakter Gesetzesfassung. Der erste Haupttypus ist dann gegeben, wenn der konkrete Tatbestand *sich prima facie deckt mit einem speziellen Tatbestandstypus des Gesetzes.* Die Rechtsfindung vollzieht sich hier in folgender Weise:

1. Nach Feststellung des konkreten Prozeßtatbestandes sucht der Richter, den Weisungen der alten Methode folgend, denjenigen speziellen Tatbestandstypus des Gesetzes auf, der für die Subsumierung des konkreten Tatbestandes prima facie, d. h. grammatisch, logisch, entstehungsgeschichtlich betrachtet, in erster Linie zutrifft.

Beispiele:

a) Der Tatbestand des geschädigten Fahrgastes deckt sich prima facie mit dem Tatbestandstypus des ehemaligen § 833 BGB. Ein Anspruch des Fahrgastes gegen den gefälligen Fuhrherrn scheint danach gegeben.

b) Die Hamburg-Amerika-Linie chartert einen englischen Dampfer für zwei Rundreisen von Hamburg nach New York und stellt ihn in ihren Liniendienst ein. An wen halten sich dann ihre Kunden, Befrachter und Empfänger, wegen etwaiger Ladungsschäden oder Konnossementsunrichtigkeiten? Für die Beurteilung des Falles kommt prima facie § 662 HGB in Betracht. Ansprüche der Ladungsinteressenten gegen die Hamburg-Amerika-Linie als den Unterverfrachter scheinen nicht gegeben.

c) Im Großbetrieb einer Linienreederei wird ein Konnossement gezeichnet über angeblich verladene tausend Sack Mais, während in Wahrheit nichts verladen worden ist. Hat der konnossementsmäßige Empfänger aus dem Empfangsbekenntnis des Reeders dann einen skripturmäßigen Anspruch auf Geldentschädigung? Prima facie ist der Fall unter § 651, Abs. 1 HGB zu subsumieren. Der Anspruch des Empfängers erscheint danach zweifelhaft und umstritten.

Die Ermittlung aller dieser prima facie zutreffenden speziellen Tatbestandstypen des Gesetzes hat, sagte ich, getreu der alten Methode, auch unter Verwertung entstehungsgeschichtlicher Gesichtspunkte zu erfolgen. Die radikale Ablehnung aller entstehungsgeschichtlichen Momente bei der Ermittlung des Gesetzesinhalts, wie sie vereinzelt gefordert wurde, geht ersichtlich zu weit; sie schüttet das Kind mit dem Bade aus. Die Zeitströmungen bei Erlaß des Gesetzes, die damaligen sozialen Zustände, die Äußerungen einzelner mitwirkender Personen sind geeignet, Licht darüber zu verbreiten, nicht was „der Gesetzgeber gewollt" hat, wohl aber, was einzelne führende Mitglieder der gesetzgebenden Organe in den Wortlaut des Gesetzes hineinlegen wollten, insbesondere, welchen sozialen Zweck sie mit dem Gesetz verfolgten[63]. Die Ermittlung des histo-

[63] Mehrfach betont, z. B. *Regelberger* in Jher. Jb. 58, 147.

rischen sozialen Gesetzeszwecks ist aber, wie wir sogleich sehen werden, für die soziologische Gesetzesbetrachtung unter Umständen ein wichtiges Hilfsmittel.

2. Für den Richter der extremen alten Methode ist mit der Ermittlung des logisch, grammatisch, entstehungsgeschichtlich zutreffenden Tatbestandstypus des Gesetzes die Rechtsfindung im wesentlichen dann beendet, wenn die daran geknüpfte gesetzliche Norm eindeutig ist, also ihrerseits zu einer Auslegungstätigkeit keinen Anlaß bietet. Daß diese Norm dann zur Anwendung zu bringen ist, kann, wie in den Beispielen a und b, das Rechtsgefühl vielleicht unbefriedigt lassen. Aber der vermeintliche Zwang der logischen Subsumtion hilft über solche Bedenken hinweg.

Für den Richter der soziologischen Methode ist die Ermittlung des prima facie zutreffenden Tatbestandstypus des Gesetzes nicht das Ziel, sondern nur der Anfang der Rechtsfindung. Jene erste Anlehnung ans Gesetz dient ihm nur dazu, einen festen und bequemen Ausgangspunkt für seine Synthese der Norm zu schaffen. Alsbald aber setzt der zweite und wichtigere Teil seiner Rechtsfindungstätigkeit ein. Anstatt die scheinbar logisch sich ihm anbietende Norm unbesehen hinzunehmen und danach den Streitfall zu entscheiden, unterwirft er sie zuvor einer inhaltlichen Nachprüfung unter dem Gesichtswinkel ihres *sozialen Zweckes*.

In manchen Fällen wird ihn dabei ein instinktives Rechtsgefühl von vornherein auf ein bestimmtes, intuitiv geschautes Ziel hinführen, so in dem Beispiel a auf Abweisung der Ersatzansprüche des geschädigten Fahrgastes. Die Unbilligkeit des a priori sich aufdrängenden Ergebnisses deutet dem Richter hier bereits an, daß die Interessenlage des Gesetzes und die des konkreten Tatbestandes sich nicht decken. In anderen Fällen wird das instinktive Rechtsgefühl keinen sicheren Wegweiser bilden, so vielleicht in dem Beispiel c. Wie dem auch sein mag, auf jeden Fall hat im zweiten Stadium der Rechtsfindung das rein gefühlsmäßige Rechtsempfinden einem sozialwissenschaftlich geklärten und vertieften Rechtsgefühl Platz zu machen, und dieses tritt nunmehr ausschlaggebend in den Vordergrund.

Wenn die Norm des Gesetzes auf einen juristischen Tatbestandstypus abgestellt ist, so heißt das, sozial ausgedrückt: Eine Interessenregulierung von bestimmtem Inhalt ist angeknüpft an den Konflikt einer bestimmten sozialen Interessenlage der Parteien, und das ist geschehen um eines bestimmten sozialen Zweckes willen. Die Nachforschung nach diesem sozialen Zweck des Gesetzes muß deshalb Hand in Hand gehen 1. mit der Feststellung des positiven Inhalts jener Interessenregulierung, d. h. des *Norminhaltes*, 2. mit der Ermittlung der Interessenlage, anders ausgedrückt: des *sozialen Tatbestandes*, der sich in dem juristischen Tatbestandstypus des Gesetzes widerspiegelt. Interessenlage, Norminhalt und sozialer Gesetzeszweck sind oft so innig miteinander verwoben, daß die Ermittlung des einen dieser drei Elemente nicht ohne Rückschau auf die beiden anderen Elemente ausführbar ist. Es ergeben sich namentlich zwei Möglichkeiten und damit zwei Wege der Rechtsfindung:

Fall A: Der Norminhalt ist eindeutig klar; aber Tatbestandstypus und sozialer Zweck des Gesetzes sind zweifelhaft. Hier hat der Richter den Hebel der *Tatbestandsauslegung* anzusetzen, um zu einem sozial brauchbaren Ergebnis der Rechtsfindung zu gelangen.

Hierher gehören Beispiel a: § 833 BGB und Beispiel b: § 662 HGB.

Fall B: Der Tatbestandstypus des Gesetzes ist eindeutig klar; aber Norminhalt und sozialer Zweck des Gesetzes sind zweifelhaft. Hier wird der Richter den Hebel der *Normauslegung* ansetzen, um zu einem sozial brauchbaren Ergebnis der Rechtsfindung zu gelangen.

Hierher gehört Beispiel c: § 651, Abs. 1 HGB.

a) Soziologische Tatbestandsauslegung

Man könnte geneigt sein, zu glauben, die Aufgabe des Richters erschöpfe sich hier darin, den historisch nachweisbaren sozialen Zweck des Gesetzes zu ermitteln und aus ihm rückschauend die soziale Interessenlage zu umgrenzen, die für die Auslegung des juristischen Tatbestandstypus des Gesetzes maßgebend ist. In der Tat wird das ja oft behauptet. Allein die nähere Betrachtung wird uns zeigen, daß und warum diese Ansicht vom Standpunkt der soziologischen Methode unhaltbar ist: *Nicht* der *historische* Gesetzeszweck, sondern *ein brauchbarer Gegenwartszweck* hat dem Richter als Maßstab der Rechtsfindung zu dienen. Nehmen wir dies einstweilen als feststehend an, so rechtfertigt das als *ersten Leitsatz:*

Wir dürfen nur solche soziale Interessenlage als Tatbestandstypus des Gesetzes unterstellen, daß dieses im Hinblick auf seine feststehende Norm einen den heutigen Lebensverhältnissen und Kulturanschauungen angepaßten brauchbaren sozialen Zweck erhält.

Die richterliche Festlegung des gesetzlichen Tatbestandstypus ermöglicht es alsdann der Norm, ein geeignetes Mittel zur Erreichung dieses brauchbaren sozialen Zwecks zu sein. Durch dies methodische Verfahren wird die geschichtliche Gesetzesbetrachtung keineswegs ausgeschaltet. Es mag vielmehr von Nutzen sein, bei der Setzung eines brauchbaren sozialen Gegenwartszweckes von der Ermittlung des historischen Gesetzeszwecks auszugehen. Aber dieser historische Zweck ist nur Ausgangspunkt der Betrachtung. Möglich, daß die soziologische Nachprüfung des erkennbaren geschichtlichen Gesetzeszweckes zu seiner Billigung auch für die Gegenwart führt; möglich, daß sie zu seiner Ablehnung und zur

Setzung eines neuen Zweckes Anlaß gibt; möglich endlich, daß eine autonome Zwecksetzung von vornherein nötig ist, weil ein geschichtlicher sozialer Zweck nicht mit Sicherheit ermittelt werden kann.

Selbstverständlich ist ferner, daß die soziologische Betrachtung des gesetzlichen Tatbestandsbegriffes auch eine etwaige Verkehrssitte — Verkehrssitte diesmal im Sinne einer übungsgemäß allgemein übereinstimmenden inhaltlichen Fixierung eines Tatbestandsbegriffes — gebührend zu beachten hat.

Beispiele:

a) Der geschichtliche soziale Zweck des ehemaligen § 833 BGB kann aus seiner Entstehungsgeschichte mit ziemlicher Sicherheit entnommen werden. Der Tierhalter sollte, wie das Reichsgericht es in einer jüngeren Entscheidung treffend präzisiert, „für den angerichteten Tierschaden verantwortlich sein, weil er als Unternehmer um seines Interesses willen andere Personen den von dem Tiere ausgehenden Gefahren aussetzt, und weil er währenddessen allein von dem Tiere den Nutzen hat", . . . „weil er es schließlich ist, der in der gefahrbringenden Verwendung des Tieres seinen besonderen Nutzen sucht"[64]. Genuß des Tiernutzens und Tragung des Tierrisikos waren also als Korrelate gedacht; das Tierrisiko ward dem Tierhalter auferlegt zum sozialen Ausgleich für die wirtschaftliche oder komfortliche Nutzziehung aus einer Gefährdung anderer Menschen und Sachen. Die soziologische Nachprüfung dieser geschichtlichen Zwecksetzung führt m. E. zu ihrer Billigung. Und daraus ergibt sich als Projektion des sozialen Zweckes auf die Tatbestandsfläche des § 833: Juristisches Tatbestandsmoment für die Haftung des Tierhalters aus § 833 ist, daß das Tier zur Zeit der Schädigung aus der wirtschaftlichen oder komfortlichen Nutzungssphäre des Tierhalters *nicht ausgeschieden*, und daß anderseits der Geschädigte selber *nicht* an der Tiernutzung *beteiligt* war[65].

b) Der geschichtliche soziale Zweck des § 662 HGB ist mit Sicherheit nicht erkennbar[65a]. Also haben wir diese Norm nachträglich zu sozialisieren. Der Norminhalt steht fest: Haftung des Reeders statt des Unterverfrachters. Die zugrunde liegende soziale Interessenlage erforschen wir sozialwissenschaftlich unter Berücksichtigung der zur Entstehungszeit des alten Handelsgesetzbuches herrschenden Betriebstechnik und Wirtschaftsverhältnisse des Seeverkehrs. Wir erkennen dann: Man hatte

---

[64] RG 62, 83 f.; Prot. d. II. Komm. II, 647; *Mugdan*, Materialien II, 1405 ff. Vgl. auch RG 66, 3 f.; RG in JW 1911, 279.

[65] Aus dieser Auslegung ergibt sich die Überflüssigkeit der auf dem 28. Juristentag (1906) vorgeschlagenen Abänderungen des (alten) § 833, wonach die Haftung entfallen sollte, wenn der Geschädigte der Gefahr „infolge einer in seinem Interesse stattfindenden Verwendung des Tieres" ausgesetzt war. Vgl. Verhandlungen II, 158; III, 71 ff., 620 ff.

[65a] Näheres: *Wüstendörfer*, Seefrachtvertrag I, 108 ff.

damals, bei Schaffung des Gesetzes, wahrscheinlich charternde Schiffsmakler vor Augen, die den gecharterten Segler auf Stückgüter anlegten, und das Typische der Interessenlage dieser Unterverfrachtung war: *Einerseits:* Die Unterbefrachter (Kaufleute) hatten von vornherein Kenntnis von der Ausführung ihrer Frachtverträge durch einen fremden Reeder und nahmen darauf dem Schiffsmakler gegenüber ausdrücklich oder stillschweigend (durch Anpassung an die Verkehrssitte) Bezug. *Anderseits:* Dem Schiffsmakler war jegliche Kontrolle des Schiffsdienstes und der Transportausführung unmöglich, er überließ letztere völlig dem Reeder.

Als sozialen Zweck des § 662 entnehmen wir hieraus: Der völligen betriebstechnischen Abwälzung des entgeltlichen Warentransportes, die im Einverständnis mit allen Beteiligten, insbesondere auch mit der Kaufmannschaft, sich vollzieht, soll aus Billigkeitsgründen auch die völlige Überwälzung des Haftungsrisikos nachfolgen. Also ist das Ergebnis für die Tatbestandsauslegung des § 662 dieses: Nur Unterverfrachtungen von einer Interessenlage, die derjenigen des charternden Schiffsmaklers gleichartig ist, d. h. nur Unterverfrachtungen, bei denen es sich um völlige betriebstechnische Abwälzung der Transportausführung auf einen fremden Reeder handelt, und bei denen die verladende Kaufmannschaft hierauf ausdrücklich oder stillschweigend gelegentlich der Unterverfrachtung Bezug nimmt, fallen unter die Norm des § 662 HGB.

Ist in dieser Weise durch sozialwissenschaftlich geleitete Tatbestandsumgrenzung der Inhalt der prima facie zutreffenden Gesetzesbestimmung in seiner sozialen Funktion klargestellt, so ergibt sich daraus von selber als dritte Etappe soziologischer Rechtsfindung die Vergleichung der Interessenlage (des sozialen Tatbestandes) des konkreten Falles mit der ermittelten Interessenlage des gesetzlichen Tatbestandstypus.

Dabei muß ein naheliegender Irrtum sogleich zurückgewiesen werden: Nicht das Individuelle der konkreten sozialen Interessenlage wird in vergleichende Beziehung zum gesetzlichen Tatbestandstypus gebracht, sondern das Typische[66]. Anders ausgedrückt: Die konkrete Interessenlage der Parteien kommt nur in Betracht in ihrer sozialen Gesamtbedeutung, so wie diese sich darstellt auf Grund aller einschlägigen typischen Tatbestandsmomente von privatwirtschaftlichem, volkswirtschaftlichem, sozialethischem Gehalt. Die Berücksichtigung aller zufälligen individuellen Momente dagegen, z. B. der zufälligen wirtschaftlichen Notlage der einen Partei, würde subjektive Billigkeitsempfindungen, wie etwa die Empfindung des Mitleids, zum entscheidenden Faktor der Rechtsfindung erheben. Und damit wäre das wichtigste Grundgesetz aller Rechtsprechung preisgegeben, daß nämlich alle typisch gleichartigen Tatbestände

[66] *Stampe,* Freirechtsbewegung 31.

gleich entschieden werden müssen. Davon ist nicht die Rede. Der gesetzliche, gedachte Tatbestand abstrahiert von allem Individuellen; das ihm Eigene ist lediglich die typische Konstellation seiner sozialen Interessenlage. Kehren diese typischen Züge im konkreten Tatbestand des Prozesses wieder, so ist Kongruenz mit dem gesetzlichen Tatbestandstypus gegeben; fehlen sie, so liegt Inkongruenz vor.

Daraus folgt für die Normfindung als Ergebnis:

1. *Fall der Kongruenz:* Die eindeutige Norm des Gesetzes gelangt zur Anwendung: die soziale Brauchbarkeit des Ergebnisses wird dadurch gewährleistet, daß vorher der gesetzliche Tatbestandstypus vermittelst teleologischer Auslegung sozialisiert, d. h. auf eine bestimmte soziale Interessenlage eingegrenzt worden ist.

2. *Fall der Inkongruenz:* Die Subsumtion des konkreten Tatbestandes unter den prima facie zutreffenden Tatbestandstypus des Gesetzes verbietet sich dann, und eine andere, sozial brauchbarere Norm ist zu suchen. Wie finden wir diese? Materiell durch eine sozialwissenschaftlich geleitete Interessenabwägung, formell wiederum in tunlichster Anlehnung an das Gesetz. Diese Anlehnung wird sich oft darstellen als Subsumtion des konkreten Tatbestandes unter einem *allgemeineren* Tatbestandsbegriff des Gesetzes, statt des in erster Linie ins Auge gefaßten, aber durch einschränkende Auslegung eliminierten *speziellen* Tatbestandsbegriffes; zum Teil wird die Anlehnung ans Gesetz erfolgen unter Verwertung anderer spezieller Tatbestandsbegriffe desselben.

Beispiel:

a) Der Tatbestand des geschädigten Fahrgastes kann unter den speziellen Tatbestandstypus des § 833 nicht subsumiert werden, da dieser durch eine einschränkende Auslegung von uns zuvor eliminiert worden ist. Die Subsumtion unter die allgemeinen Rechtssätze deliktischer Haftung ergibt als sozial angemessenes Ergebnis: Der gefällige Fuhrherr haftet nicht.

b) Der Tatbestand der charternden Hamburg-Amerika-Linie ist besonders lehrreich. Er zeigt, daß die Rechtsfindung aus dem Interessenzweck der Parteien in manchen Fällen mit der Rechtsfindung aus dem sozialen Gesetzeszweck sich verbinden muß. Zunächst ist der rechtsgeschäftliche Tatbestand des Chartervertrags der Hamburg-Amerika-Linie darauf zu untersuchen, ob er nach dem Interessenzweck der Parteien als Schiffsmiete oder als echter Raumfrachtvertrag sich darstellt. Ergibt sich das erstere, so scheidet § 662 HGB für die Normfindung sofort aus. Denn zum sozialen Tatbestand des § 662 gehört: Entgeltliche Ausführung einer Güterbeförderung durch den Reeder, nicht aber entgeltliche Überlassung von Schiffskapital an andere. Ergibt sich dagegen die zweite Alternative — wie wir unterstellen wollen —, so entnehmen wir gleichwohl der vergleichenden Betrachtung des Typischen in der Interessenlage der Parteien mit dem Typischen im sozialen Tatbestande des Gesetzes, daß § 662 hier zu einer soziologisch falschen Entscheidung führen würde.

Denn einerseits: Die Unterbefrachter (Kaufleute) wollen nur mit der Hamburg-Amerika-Linie zu tun haben; oft wissen sie nichts davon, daß ihre Transporte im Routendienst dieser Linie aushilfsweise durch ein fremdes Schiff ausgeführt werden, zum mindesten nehmen sie hierauf bei Abschluß ihrer Frachtverträge in der Regel weder ausdrücklich noch stillschweigend Bezug. Und gesetzt selbst, sie werden auf die Verwendung eines fremden Schiffes hingewiesen, so ist doch anderseits klar: Die Transportausführung erfolgt hier im Rahmen des eigenen Liniendienstes und unter der eigenen Kontrolle der charternden Hamburg-Amerika-Linie. Also ergibt sich: Das Typische der Interessenlage des konkreten Falles weicht vom Typischen der gesetzlichen Interessenlage in den sozial entscheidenden Punkten ab, es sind geradezu diametrale Gegensätze vorhanden. Somit entfällt die Anwendbarkeit des § 662. Wir eliminieren ihn durch einschränkende Auslegung seines Tatbestandstypus, schaffen damit gleichsam eine künstliche Gesetzeslücke und füllen diese nunmehr aus durch eine rechtsschöpferische, sozialwissenschaftlich geleitete Interessenabwägung.

Diese Interessenabwägung zeigt uns: Die charternde Hamburg-Amerika-Linie muß haften, sowohl aus ihren Unterfrachtverträgen den Befrachtern, wie aus ihren Konnossementen den Empfängern. Aber zu gleicher Zeit entspricht auch der Rückgriff auf das fremde Schiff in Gestalt eines Schiffsgläubigerrechtes, namentlich für die Ladungsempfänger übersee, der schutzwürdigen Interessenlage der Ladungsbeteiligten.

Dieses Ergebnis, durch freie richterliche Interessenabwägung gefunden, fügt sich gleichwohl zwanglos dem Rahmen des Gesetzes ein; denn[67]

1. daß die Hamburg-Amerika-Linie als Verfrachter ihren Befrachtern haftet, folgt aus allgemeiner Rechtsregel;

2. daß sie auch aus den p. „Hamburg-Amerika-Linie" gezeichneten Konnossementen den Empfängern haftet, steht zwar der herrschenden Ansicht und wohl auch der Entstehungsgeschichte des Gesetzes entgegen, wonach nur ein Reeder konnossementsmäßig haften kann, nicht aber dem Wortlaut des Gesetzbuchs, und daß

3. der Rückgriff auf Schiff und Fracht[68] möglich ist, ergibt eine ausdehnende Auslegung von § 754, Ziffer 7 bis 9 in Verbindung mit §§ 485, 486 und eine analoge Anwendung von § 510 Abs. 2 HGB.

---

[67] Näheres *Wüstendörfer*, Seefrachtvertrag I, passim, namentlich 125 f., 134 f., 155 f., 268 ff. und dazu die Richtigstellung in „Nachträge" S. XVI.

b) Soziologische Normauslegung

Wir gingen bisher davon aus, daß bei eindeutig klarer Norm der Tatbestandstypus und der soziale Zweck des Gesetzes zweifelhaft sind. Das war die Domäne soziologischer Tatbestandsauslegung. Das Gegenbild liefert die Sachlage, daß bei feststehendem Tatbestandstypus des Gesetzes dessen Norminhalt soziologisch klargestellt werden muß. Wir haben es hier mit zwei Hauptmöglichkeiten zu tun:

1. Auch die Norm ist an und für sich eindeutig klar. Dann wird es nach dem, was ich oben ausführte[69], in vielen Fällen zu einer soziologischen Rechtsfindung überhaupt nicht oder nicht in vollem Umfange kommen. Aber die Formulierung der dort erörterten beiden Fälle a und b ließ bereits andeutungsweise erkennen, daß noch ein Fall c denkbar ist: Die Norm ist sozial zielstrebig und in ihrem historischen Zweck 1. billigenswert, aber vom Wortlaut ungedeckt, oder 2. in ihrem historischen Zweck wortgetreu, aber nur anwendbar unter erheblicher Verletzung unseres sozialwissenschaftlich geklärten Rechtsgefühls. Der soziologisch urteilende Richter steht hier vor der ernsten Frage, ob es zulässig, geboten und technisch möglich ist, dem Gesetzeswort die Gefolgschaft zu verweigern, und hiervon soll in anderem Zusammenhang gesprochen werden.

2. Näher liegt uns zur Zeit die zweite Hauptmöglichkeit: Norminhalt und sozialer Zweck des Gesetzes sind zweifelhaft. Dem soeben entwickelten ersten Leitsatz der Rechtsfindung reihen wir für diesen Fall als entsprechenden *zweiten Leitsatz* an:

Wir dürfen nur solchen Norminhalt unterstellen, daß das Gesetz im Hinblick auf die feststehende soziale Interessenlage seines Tatbestandstypus einen den heutigen Lebensverhältnissen und Kulturanschauungen angepaßten brauchbaren sozialen Zweck erhält.

War es nach dem ersten Leitsatz die richterliche Tatbestandsumgrenzung, die es der Norm ermöglichte, ein geeignetes Mittel zur sozialen Zweckerfüllung des Gesetzes zu sein, so fällt diese Aufgabe hier der soziologischen Normauslegung zu.

Hierher gehört Beispiel c. An die Feststellung des prima facie zutreffenden Tatbestandes von § 651 HGB schließt sich auch hier zunächst als zweite Etappe der Rechtsfindung die Ermittlung der sozialen Interessenlage des gesetzlichen Tatbestandstypus und die vergleichende Betrachtung des Typischen der sozialen Interessenlage im konkreten Fall. Wir erfahren: Das Gesetz hatte die patriarchalischen Betriebsverhältnisse der Segelschiffahrt vor Augen, in denen 1. dem Schiffer die Kontrolle von

---

[68] Wobei die Frage hier nicht erörtert werden kann, ob die Charterfracht (des englischen Reeders) oder die Konnossementsfrachten (der Hamburg-Amerika-Linie) dem Schiffsgläubigerrecht unterliegen.

[69] Oben S. 54.

Ladung und Konnossement bei durchschnittlichem Sorgfaltsaufwand noch möglich war, in denen 2. der Schiffer das Konnossement persönlich zu zeichnen pflegte, vielleicht gar persönlich ausfüllte. Dagegen erkennen wir durch sozialwissenschaftliche Ermittlung als typisch für die Interessenlage des konkreten Falles, daß 1. die Ladungsangaben des Konnossements aus dem Kontor des Abladers stammen, daß 2. die Zeichnung des Konnossements im Expeditionskontor der Reederei auf Grund der vom Ablader beigebrachten Steuermannsquittung erfolgt, und daß 3. die genaue Nachprüfung und Vergleichung der Ladungsangaben des Abladers mit den Verladungstatsachen dem Kapitän persönlich unmöglich, und für den Steuermann oder sonstigen Angestellten der Reederei ohne übermäßigen Aufwand von Zeit und Sorgfalt technisch kaum zu bewältigen ist. Trotz solcher Verschiedenheit der Interessenlagen werden wir indessen auch den konkreten Tatbestand moderner Konnossementsausstellung unter den Tatbestandsbegriff des § 651 Abs. 1 zu ziehen haben. Denn diese Fälle moderner Verfrachtungstechnik sind durch die ausdrückliche Bestimmung des § 642 Abs. 4 und 5 HGB den Vorschriften über die Konnossementshaftung mit unterstellt worden.

Um so zwingender tritt aber an den Richter die Verpflichtung heran, nunmehr die dehnbare Norm des § 651 Abs. 1 diesen Fällen moderner Verfrachtungstechnik inhaltlich anzupassen. Denn diese sind heute quantitativ und qualitativ, nach Zahl und wirtschaftlicher Tragweite, die bedeutsameren, sie bilden also den sozialen Haupttypus, und auf den sozialen Haupttypus eines Tatbestandes sind in der Regel Norminhalt und sozialer Zweck des Gesetzes abzustellen. Die soziologische Interessenabwägung zeigt uns aber folgendes:

Angesichts der betriebstechnischen, privatwirtschaftlichen und volkswirtschaftlichen Verhältnisse des heutigen Stückgutverkehrs werden durch eine absolute Skripturhaftung des Verfrachters, d. h. eine Skripturhaftung als Gewährleistungspflicht, schutzwürdige Interessen der Reederei verletzt, dagegen durch die Einschränkung der Haftung auf das Maß bloßer Verschuldungshaftung schutzwürdige Interessen der Ladungsempfänger nicht beeinträchtigt. Danach hat der Richter die unklare Haftungsnorm des § 651 tunlichst milde auszulegen, soweit in ihr mehr als die Anordnung einer bloßen Verschuldungshaftung erblickt werden könnte. Er wird in ihr also nicht die Statuierung einer absoluten Skripturhaftung für Merkzeichen, für Verladung auf falschem Schiffe und für Nichtsverladung finden — das letztere ist unser Fall —, sondern nur einen allgemeinen Rechtsgedanken, dessen Verdichtung zu positiven Haftungsnormen lediglich in den nachfolgenden §§ 652 ff. für die dort erwähnten speziellen Fälle erfolgt ist[70]. Als Ergebnis verzeichnen wir:

[70] Näheres *Wüstendörfer*, Seefrachtvertrag I, 401 ff., namentlich 462 f.

Nur bei kausalem Verschulden der Reedereiorgane haftet der Reeder skripturmäßig für das Fehlen der angeblich verladenen 1000 Sack Mais[71].

2. Zweiter Haupttypus

Der zweite Haupttypus soziologischer Rechtsfindung aus dem Gesetz bildet in seiner tatbestandlichen Voraussetzung die Umkehrung des ersten: Ein *spezieller* Tatbestandstypus des Gesetzes, der sich mit dem konkreten Tatbestande deckt, ist prima facie *nicht* vorhanden. Ihrem Wesen nach erscheint hier die Rechtsfindung als die gleiche, nur in der Technik weicht sie etwas ab.

1. Sie beginnt auch hier, nach Feststellung des konkreten Prozeßtatbestandes, der alten Methode gemäß, mit einer grammatisch-logisch-entstehungsgeschichtlichen Ermittlung, der Ermittlung negativen Inhalts, daß ein prima facie zutreffender kasuistischer Tatbestandstypus des Gesetzes nicht vorhanden, der Prozeßtatbestand vielmehr unter *allgemeinere Normen* zu subsumieren ist. Der geltendgemachte Anspruch erscheint danach entweder begründet oder er erscheint unbegründet.

Beispiele:

a) X kommt dadurch körperlich zu Schaden, daß das Luftschiff des Grafen Zeppelin bei einer Gewitterbö sich losreißt und ihn mit dem Kettenanker erfaßt. Ein Verschulden ist beiderseits nicht feststellbar. Ein spezieller Tatbestandstypus im Gesetz scheint für diesen Fall zu fehlen. Die Einordnung unter die allgemeinen Haftungsnormen der unerlaubten Handlungen, namentlich unter die §§ 823 und 831 BGB, ergibt prima facie: Ein Anspruch auf Schadensersatz ist nicht zu begründen. So in der Tat RG 78, 172.

b) X wird dadurch zur Pachtung eines Hotels bestimmt, daß der Vormund und gesetzliche Vertreter des minderjährigen Hoteleigentümers und Verpächters ihm vorsätzlich eine wesentlich zu hoch gegriffene Ertragsaufstellung für die letzten Jahre unterbreitet. Hat X gegen den Verpächter Anspruch auf Ersatz seines positiven Erfüllungsinteresses? Prima facie scheint ein spezieller Tatbestandstypus von inhaltlicher Kongruenz nicht vorhanden; insbesondere deckt der Wortlaut des § 278 BGB nicht die culpa in contrahendo, und § 166 Abs. 1 scheint nur „die Seelenzustände eines auf der passiven Seite handelnden Vertreters" zu betreffen[72]. Das Ergebnis wäre Versagung des Anspruchs. Ähnlich in der Tat RG 61, 207 ff.

c) Unter der Herrschaft des alten Börsengesetzes kauft der ins Börsenregister nicht eingetragene Privatmann X in der Hoffnung auf gewinn-

---

[71] *Wüstendörfer*, a.a.O., 464 oben.

[72] RG 76, 109.

bringende Wiederveräußerung per Ultimo Wertpapiere von einem Bankier nach Geschäftsbedingungen, die von den offiziellen Geschäftsbedingungen des Börsenterminhandels wesentlich abweichen. Da die Papiere alsbald im Kurse sinken, hat X nicht den Mut zu einem Gegengeschäft per Ultimo, will aber auch die gekauften Papiere am Ende des Monats nicht abnehmen. Kann der Bankier, wenn Ultimo herangekommen ist, Abnahme und Bezahlung verlangen? Der spezielle Tatbestandstypus der §§ 48, 66 des ehemaligen Börsengesetzes scheint nicht gegeben, ebensowenig derjenige des § 764 BGB, denn X spekulierte nur auf die Differenz zwischen seinem Einkaufspreis und dem erhofften Verkaufspreis, nicht aber auf die Differenz zwischen Einkaufspreis und Liquidationspreis. Der Anspruch des Bankiers scheint also begründet.

2. Diese vorläufige Ermittlung ist indessen auch hier nur der Anfang, nicht das Ziel der Rechtsfindung, wie sie das nach alter Methode war. Vielmehr schließt sich eine soziologische Nachprüfung an. In vielen Fällen mag auch hier zunächst ein instinktives Rechtsgefühl der Schrittmacher sein, indem es den Richter auf ein bestimmtes anderes Ergebnis als erstrebenswert hinweist, so in den Beispielen a und b auf Haftung des Luftschiffers bzw. des Hotelverpächters. Aber das vage Rechtsgefühl bedarf der sozialwissenschaftlichen Klärung und Vertiefung, und diese setzt hier ein mit der Ermittlung des Typischen der konkreten Interessenlage der Parteien. Dabei zeigt es sich, daß dieses Typische der Interessenlage in allen wesentlichen Momenten der typischen Interessenlage gleicht, die den Kern eines anderen, speziell im Gesetz geregelten Tatbestandes ausmacht.

Beispiele:

a) Die Körperverletzung durch ein losgerissenes Luftschiff gleicht hinsichtlich der typischen Interessenlage in mancher Beziehung der Körperverletzung durch andere, mit gemeiner Gefahr verbundene Maschinenbetriebe; besonders groß ist die Übereinstimmung mit dem Tatbestande einer Körperverletzung durch ein Kraftfahrzeug: Die technische Unzulänglichkeit der Beherrschung einer Naturkraft, die Unberechenbarkeit des Motors mit der nahen Möglichkeit gefahrbringender Defekte, die Wucht der schnellbewegten Masse, die Unmöglichkeit der Bindung an bestimmte, ausschließlich vorbehaltene Fahrwege, die durch alles dies bedingte ständige Gefährdung unbeteiligter Dritter, alle diese Momente treffen dort wie hier zu.

b) Die Vermögensschädigung, die jemand bei der Einleitung einer Wertbewegung durch das Verhalten des Gegners erfährt, gleicht in ihrer sozialen Bedeutung der Vermögensschädigung, die er durch die Art der Ausführung der Wertbewegung von seiten des Vertragsgegners erleidet. Ferner: Wer mit einem gesetzlichen Vertreter statt mit dem Vertragsgegner selbst zu verhandeln hat, ist gezwungen, sich der Verstandesreife und der moralischen Zuverlässigkeit des Vertreters geradeso anzuvertrauen, wie er sich andernfalls diesen Eigenschaften in der Person des Vertragsgegners hätte anvertrauen müssen.

c) Das Geschäft der Parteien gleicht, gemessen am Interessenzweck und an der sozialen Gesamtbedeutung der Interessenlage, dann und insoweit den „Börsentermingeschäften" des § 48 a.a.O., als der Wirtschaftstypus der gleiche bleibt, und die Rechtsform nur in *formell* belangreichen Punkten abweicht. Solange diese Abweichungen nicht auch das wirtschaftliche Wesen des Geschäfts verändern, ist Identität des konkreten Tatbestandstypus mit demjenigen sozialen Tatbestandstypus vorhanden, der den Kern der Definition des § 48 bildet.

3. Die ermittelte Gleichartigkeit der sozialen Interessenlage legt den Gedanken nahe, daß auch die Interessenwägung die gleiche sein müsse. Denn das entspricht dem Grundgesetz der Gerechtigkeit, Gleichartiges gleich zu behandeln. Also wird es die nächste Etappe soziologischer Rechtsfindung bleiben, daß der Richter für seinen Tatbestand die Norm sucht durch Interessenwägung in Anlehnung an das spezielle Vorbild von Interessenwägung, welches das Gesetz anläßlich eines sozial gleichartigen Tatbestandes gibt.

Wiederum geschieht diese Interessenwägung nicht ohne schöpferische Nachprüfung des sozialen Zweckes jener Norm, auf deren Vorbildlichkeit die Gleichartigkeit der Interessenlagen hinweist. Es kann sein, daß der historische Zweck jener Norm vom Richter gutgeheißen wird, oder daß er verworfen wird, z. B. daß die historische Absicht verworfen wird, jene Norm als eine Ausnahmeregel auf den vom Gesetz bezeichneten engen Tatbestand ängstlich zu begrenzen. Es kann auch sein, daß ein brauchbarer geschichtlicher Normzweck nicht erkennbar wird. Allemal ist es in letzter Linie der autonome, vom Richter festgestellte Gegenwartszweck der Norm, der als Richtschnur dient zur inhaltlichen Normgestaltung wie zur analogen Anwendung derselben. Denn hierauf, auf die Bejahung oder Verneinung einer *analogen Heranziehung* oder einer *ausdehnenden Auslegung* der speziellen anderen Gesetzesnorm, läuft technisch die Rechtsfindung bei diesem zweiten Haupttypus in der Regel hinaus.

Beispiele:

a) Die soziale Interessenlage, die dem Tatbestande des § 7 des Gesetzes über den Verkehr mit Kraftfahrzeugen zugrunde liegt, hat die Gesetzgebung veranlaßt, das Prinzip der Gefährdungshaftung voranzustellen, über eine gewisse Grenze hinaus aber dem Prinzip der Sorgfaltshaftung Geltung zu verschaffen. Der in diesem Kompromiß zutage tretende soziale Ausgleichszweck verdient Anerkennung. Wie er einen Fingerzeig gibt für die Auslegung der in Einzelheiten zweifelhaften

Norm des § 7 Abs. 2, so macht die Gutheißung dieses Kompromißgedankens, in Verbindung mit der Gleichartigkeit der Interessenlage des Luftschiffverkehrs, es dem Richter zur Pflicht, § 7 analog auf den konkreten Fall der Körperverletzung durch das Luftschiff zur Anwendung zu bringen.

Danach ist zu sagen: Die technische Eigenart des lenkbaren Luftschiffes liegt darin, daß es die elementare Gewalt des Windes überwindet, sei es im Fahren, durch die Kraft seiner Motore, sei es im Zustand der Ruhe, durch die jederzeitige Anstellbarkeit der Motore in Verbindung mit ausreichender Sicherung gegen Losreißen und Abtreiben. Ein Unfall, der auf die Nichtüberwindung der elementaren Gewalt des Windes zurückzuführen ist, kennzeichnet sich also als ein Versagen der technischen Einrichtungen und Verrichtungen des Luftschiffes. Gerade in diesem Versagen der Technik aber liegt das Moment der gemeinen Gefahr für alle Dritten; gerade hiergegen bezweckt § 7 des Automobilgesetzes den unentbehrlichen Schutz zu gewähren. Der Anspruch auf Schadensersatz kraft Analogie des § 7 Abs. 2 Satz 1 ist daher zu bejahen.

b) Die Vermögensschädigung, die der Hotelpächter durch die Täuschung bei Eingehung des Vertrages erleidet, ist rechtlich so zu behandeln, als sei sie ihm bei Ausführung des Vertrages durch den Hotelverpächter selber zugefügt. Demgemäß führt eine ausdehnende Auslegung vom § 166 Abs. 1 BGB in Verbindung mit analoger Anwendung vom § 278 Satz 1 und — gegebenenfalls — 276 Abs. 2 zur Bejahung der Haftung[72a], entgegen der noch immer herrschenden Ansicht, und ohne Rücksicht darauf, ob es vielleicht der historische Zweck der §§ 123, 166 und 831 BGB gewesen ist, die Haftung des Vertretenen für Arglist des Vertreters in contrahendo nur unter den dort näher bezeichneten Tatumständen und mit dem dort normierten Erfolg eintreten zu lassen[73]. Der geschichtliche Zweck hat einem sozial brauchbaren Gegenwartszweck zu weichen.

c) Historischer Zweck des § 66 BörsG war es, das Privatpublikum vom börsenmäßigen Terminhandel fern zu halten, und die begriffliche Umgrenzung des Börsentermingeschäftes im § 48 fiel nur deshalb so eng aus, weil man sie von der damals üblichen, allgemein gebrauchten Form des Termingeschäftes abstrahierte[74].

Wer diesen historischen Zweck des Gesetzes guthieß, mußte einer analogen Anwendung der § 48, 66 auf solche Geschäfte das Wort reden, die, als Termingeschäfte im wirtschaftlichen Sinn, lediglich die *Rechtsform* des § 48 verleugneten. Der Anspruch des Bankiers gegen X war danach unbegründet. So entschied in der Tat, vollkommen zutreffend, das Reichsgericht in seinen berühmten Erkenntnissen RG 42, 43 ff. und

---

[72a] Auch außerhalb des Tatbestandes von BGB § 538 Abs. 1, 581.

[73] Vgl. RG 61, 209 ff.; *Cosack*, Bürg. R. [6] I, 289.

[74] Vgl. RG 44, 106 ff.

44, 103 ff. Irrig war es nur, wenn das Reichsgericht in übertriebener Bescheidenheit erklärte, das sei keine „Verbesserung eines mangelhaften Gesetzes durch den Richter, zu der der Richter nicht berufen ist“[75], sondern entspringe dem „wahren Willen des Gesetzes“. Es war allerdings eine Verbesserung, ein Ausgleich der unzulänglichen Ausdrucksweise des Gesetzes.

Wer aber den historischen Zweck des § 66 BörsG nicht billigte, wer die versuchte Einschnürung des Terminhandels für volkswirtschaftlich schädlich hielt, der mußte sich gegen die analoge Erstreckung des § 48 aussprechen. Nur aus diesem soziologischen Zusammenhang heraus war es zu erklären, wenn *Staub*[76], *Rießer*[77] und andere die Rechtsprechung des Reichsgerichts heftig angriffen. Daß diese Kritiker ihre soziologische Gesetzesdeutung logisch und entstehungsgeschichtlich zu verbrämen versuchten, konnte nur auf Unkundige Eindruck machen. Dem Kundigen verriet es in drastischer Weise, wie leicht es von jeher möglich gewesen ist, Logik und Entstehungsgeschichte des Gesetzes in den Dienst der Teleologik zu stellen. Der von *Staub* konstruierte Gegensatz zwischen „apodiktischen Zweckgesetzen“ und „nicht apodiktischen Zweckgesetzen“ war eine scholastische Spitzfindigkeit. In Wahrheit handelte es sich um den Gegensatz zwischen technisch vollkommener und technisch unvollkommener Gesetzgebung.

3. Verbindung beider Haupttypen

Es bedarf kaum der Hervorhebung, daß die beiden soeben geschilderten Haupttypen soziologischer Rechtsfindung aus dem Gesetzeszweck in ihrer Technik oft Abweichungen und Varianten aufweisen, die durch die jeweilige Konstellation des Tatbestandes bedingt sind. Namentlich wird eine Verschmelzung beider Haupttypen zu einem einheitlichen Rechtsfindungsprozeß nicht selten vorkommen.

Beispiele:

a) Die Haftung der Hamburg-Amerika-Linie aus § 662 HGB. Wie dieser Rechtsfall sich dadurch auszeichnete, daß bei ihm die Rechtsfindung aus dem *Interessenzweck* der Parteien kombiniert werden muß mit der Rechtsfindung aus einem brauchbaren *sozialen Gesetzeszweck*[78], so zeigt er zugleich, daß für die Beurteilung desselben Tatbestandes in mancherlei Hinsicht ein prima facie zutreffender spezieller Tatbestandstypus des Gesetzes vorhanden sein kann — hier § 662 HGB —, daß es aber im weiteren Verlauf der Rechtsfindung klar werden kann, wie in einzelnen

---

[75] RG 44, 108.

[76] *Staub*, Der Begriff der Börsentermingeschäfte im § 66 des BörsG (1899) und Komm. zum HGB $^{6}/_{7}$, Anm. 2 ff. im Exkurse zu § 376.

[77] *Rießer*, Die handelsrechtlichen Lieferungsgeschäfte (1900).

[78] Vgl. oben S. 64 f.

Beziehungen ein prima facie kongruenter spezieller Tatbestandstypus im Gesetze fehlt. So hier für den Rückgriff der Ladungsinteressenten auf Schiff und Fracht.

b) Bei dem Verkauf eines ganzen Handelsgeschäftes wird eine bestimmte Rentabilität wahrheitswidrig zugesichert. Hier fehlt es für den Wandlungsanspruch des Käufers prima facie an einem deckenden Tatbestandstypus im BGB; denn ein Handelsgeschäft ist keine „Sache". Doch ergibt eine soziologische Betrachtung die Notwendigkeit analoger Heranziehung vom § 459 ff. BGB. Dafür tritt ja bekanntlich auch das Reichsgericht ein[79]. Ist der Wandlungsanspruch dem Käufer hiernach im Prinzip zuzubilligen, so scheint auch für die Frage der Verjährung eine analog heranzuziehende spezielle Norm im Gesetz auf den ersten Blick vorhanden zu sein, die Norm des § 477. Jedoch stellt sich bei soziologischer Nachprüfung dieser speziellen Rechtsfrage heraus, daß § 477 nicht in Betracht kommen kann, sondern daß insoweit allgemeinere Normen entscheiden müssen[80]. Hier sehen wir also den Haupttypus 2 der Rechtsfindung aus dem sozialen Gesetzeszweck kombiniert mit dem Haupttypus 1.

4. Das Gemeinsame beider Haupttypen im Gegensatz zur alten Methode

Wie schillernd im einzelnen die Technik der Rechtsfindung sein mag, gemeinsam ist allen Spielarten der Normermittlung aus dem sozialen Gesetzeszweck, daß der Richter

1. eine vergleichende Betrachtung ermittelter sozialer Interessenlagen ausführt,

2. eine soziale Interessenabwägung vornimmt durch inhaltliche Normgestaltung aus einem unterstellten brauchbaren Gesetzeszweck.

Zu einer vergleichenden Betrachtung von Interessenlagen kommt es beim ersten Haupttypus insofern, als die typische Interessenlage des konkreten Falles mit der typischen Interessenlage des prima facie zutreffenden speziellen gesetzlichen Tatbestandsbegriffes verglichen wird, im Falle des zweiten Haupttypus insofern, als die typische Interessenlage des konkreten Falles mit der typischen Interessenlage eines prima facie nicht zutreffenden speziellen gesetzlichen Tatbestandes als kongruent erkannt wird.

Eine soziale Interessenabwägung zum Zweck der inhaltlichen Normgestaltung ergab sich als notwendig:

1. Beim *ersten* Haupttypus

a) in der Form soziologischer Tatbestandsauslegung (Leitsatz 1),

---

79 RG 63, 57 ff.; 67, 86 ff.; 69, 432.

80 Vgl. *Danz*, Einführung, 86, und dagegen RG 63, 57 ff.

b) in der daraus sich eventuell ergebenden Ablehnung der Subsumtion des kontreten Tatbestandes unter den prima facie zutreffenden gesetzlichen Tatbestand und der Vollziehung der Subsumtion unter andere, generell oder speziell zutreffende Tatbestände des Gesetzes;

c) in der Form soziologischer Normauslegung (Leitsatz 2).

2. Beim *zweiten* Haupttypus: in der normativen Verwertung der speziellen Gesetzesvorschrift, die, prima facie gesehen, den konkreten Fall nicht deckt.

So gipfelt also die Rechtsfindung aus dem sozialen Gesetzeszweck in dem, was *Heck,* als einer der frühesten Vorkämpfer einer fortschrittlichen Rechtsfindungstechnik, die „Interessenjurisprudenz" genannt hat[81]. Irrig ist es, wenn *Kantorowicz* diese Interessenabwägung in das Gebiet der Tatfrage statt der Rechtsfrage verweisen will[82]. Es liegt am Tage, daß die Interessenabwägung in Wahrheit ein Akt der *Norm*findung ist. Nur geschieht diese Normfindung aus Gründen der technischen Gesetzesgestaltung bald so, daß zum Angriffspunkt der dehnungsfähige *Tatbestand* des Gesetzes, bald so, daß zum Angriffspunkt die dehnungsfähige *Norm* gemacht wird.

In ihren gemeinsamen Wesenszügen stellen sich nun aber alle Spielarten der Normermittlung aus dem sozialen Gesetzeszweck dar als eine bewußte Abkehr von der alten Methode der Rechtsfindung. Das Verständnis für die Gegensätzlichkeit der beiden Methoden ist heute noch so wenig verbreitet, oder hat, wo es vorhanden war, so manches Mal opportunistischer Schönfärberei weichen müssen, daß ich hoffe, den Leser nicht durch unnütze Wiederholungen zu verdrießen, wenn ich noch einmal zwei klassische Zeugen für die Wesensart des Alten und des Neuen vor unser Forum lade: als Zeugen des Alten das Reichsgericht, als Zeugen des Neuen den Reichsgerichtsrat *Düringer,* der über den Verdacht der Freirechtsketzerei wohl so erhaben ist, daß gerade sein Zeugnis auch auf den Mißtrauischen Eindruck machen muß.

Ein klassisches Musterbeispiel für das Wesen der alten Methode und zugleich für deren psychologische Wurzeln liefert das Reichsgericht in RG 61, 207 ff. Es verneint hier mit ausführlicher Begründung, daß nach dem Bürgerlichen Gesetzbuch der Vertretene wegen Arglist des gesetzlichen Vertreters bei Abschließung eines Vertrages dem geschädigten Vertragsgegner auf Schadensersatz hafte. Es gelangt zu diesem Ergebnis dadurch, daß es 1. zwischen „*Willen*serklärungen" und „*Wissens-*

---

[81] *Heck,* Vorwort zur Großen Haverei (1889); derselbe in Goldschmidts Z. 37, 277 ff.; 38, 306 ff.; im ArchBürgR. 4, 7 ff., im ArchcivPr. 1902, 438 ff.; in der DJZ 1905, 1140; 1909, 1457; Das Problem der Rechtsgewinnung (1912).

[82] Verhandlungen des 1. Deutschen Soziologentages 1910 (1911), S. 291 f., 332. Diesen Irrtum betont auch *Heck,* Rechtsgewinnung, 32, Anm. 1.

erklärungen" unterscheidet, 2. aus den Vorarbeiten zum Gesetzbuch, namentlich aus einem langen Zitat der Motive, die „Meinung des Gesetzgebers" destilliert, 3. Handlungen „innerhalb des Vertragsverhältnisses" scharf von Handlungen scheidet, die „nur bei Gelegenheit des Vertragsschlusses" begangen sind.

Das Reichsgericht verkennt bei alledem nicht, daß dieses Ergebnis eine Rückbildung gegenüber dem gemeinen Recht bedeutet. Denn dort sei, so führt es aus, insbesondere auch im Handelsrecht, nach anfänglichem Schwanken „zuletzt eine fast unbeschränkte Haftung des Vertretenen" zum Durchbruch gelangt. Aber für das Bürgerliche Recht sei in der Regel *nur* die Vertragsanfechtung als einziges Schutzmittel gegeben. Zwar scheint unserm höchsten Gericht ob der Härte und praktischen Unzulänglichkeit solcher Rechtsprechung ein wenig das Gewissen geschlagen zu haben, das Rechtsgefühl lehnte sich auf gegen solche Jurisprudenz. Aber diese Anwandlungen wurden mit einem kräftigen Ruck beiseite geschoben. Denn es „ändern derartige Erwägungen über Zweckmäßigkeit nichts an der in Vorstehendem dargelegten Meinung des Gesetzgebers, daß wegen arglistigen Verhaltens des Stellvertreters bei Vertragsschluß dem Geschädigten für gewöhnlich nur die Anfechtungsklage, nicht aber eine anderweitige Vertragsklage auf Schadensersatz in Geld gegeben ist".

Ich meine, es ist unmöglich, zu verkennen, daß das Irrige dieser Entscheidung auf methodische Fehler zurückführt, und nicht auf zufällige Umstände: auf methodische Irrungen, deren psychologische Wurzeln tief hineinreichen in das Erdreich der geschichtlichen Rechtsvergangenheit. Nicht Zufall, sondern Methode ist es, wenn das Rechtsgefühl in der Entscheidung des Reichsgerichts keinen erkenntnistechnisch gesicherten Platz einnimmt, sondern vor Logik, Philologik und Historik zurückweichen muß, ja sogar gegenüber der „Meinung des Gesetzgebers" feierlich hinausgewiesen wird aus dem Tempel der Justitia. Und Methode ist es, wenn Buchstabendienst und Silbenstecherei zu einer in *diesem* Zusammenhang durchaus abwegigen Scheidung von „Willenserklärungen" und „Wissenserklärungen" verleiten. Das ist die philologische Art historischer Rechtsquellenforschung in Verbindung mit der Distinktionistik der Scholastik und mit der Ängstlichkeit überkommener Richtergebundenheit, die sich hier widerspiegelt. Und Methode steckt auch im Materialienkultus, der aus der Geistesrichtung des Historismus wie aus der beamtlichen Gehorsamspflicht gegenüber dem Willen des Monarchen sich mit Notwendigkeit ergab. Und endlich ist es wiederum das methodische Verfahren der Scholastik, wenn das Reichsgericht begriffliche Schranken errichtet zwischen Treu und Glauben „innerhalb" des Vertragsverhältnisses und Treu und Glauben „nur bei Gelegenheit des Vertragsschlusses", gleich als wäre die Rechtsprechung im 20. Jahrhundert eine subtile Verteidigung päpstlicher Dekrete gegen den Ansturm der Vernunft! Wir sehen also: Für das Reichsgericht ward hier das Bürgerliche Gesetzbuch nicht aus zufälligen Gründen zum Unsegen. Das Rechtsgefühl erlag einer Methode, deren Wurzeln in den Tiefen von Historismus, Scholastik und absolutistischer Richtergebundenheit ruhen.

Und nun nehme man als Gegenstück hierzu die Ausführungen von *Düringer* zur Frage der analogen Anwendbarkeit von § 477 BGB auf den Verkauf eines Handelsgeschäftes. In einer kritischen Besprechung von RG 63 Seite 57 ff. legt *Düringer* dar[83], daß er die analoge Anwendbarkeit des § 477 verneinen würde mit folgender Begründung:

„Das Gesetz geht mit Recht davon aus, daß der Erwerber und Empfänger einer körperlichen Sache ihre Mängel regelmäßig innerhalb kurzer Frist erkennen kann; daher die 6monatige Verjährungsfrist. Der Käufer eines großen Handelsgeschäftes kann aber dessen Rentabilität nicht zuverlässig beurteilen, ehe er noch eine einzige Jahresbilanz, ehe er auch nur eine Halbjahresbilanz aufmachen konnte. Und er könnte namentlich bei Saisongeschäften den Anspruch nicht rechtzeitig geltend machen, wenn die Verjährungsfrist abliefe, ehe die Saison auch nur beginnt. Aus diesen Gründen usw."

Man beachte die Technik dieses Urteilsvorschlages, den schon *Ernst Fuchs* als mustergültig hingestellt hat[84]: Nach Ermittlung des prima facie analog heranzuziehenden § 477 stellt *Düringer* den Norminhalt, den sozialen Normzweck und die soziale Interessenlage des gesetzlichen Tatbestandstypus dergestalt fest, daß die Norm des § 477 als ein geeignetes Mittel zur Verwirklichung eines brauchbaren sozialen Zweckes erscheint. Daran reiht sich die Ermittlung des Typischen der konkreten Interessenlage, das in vergleichende Betrachtung mit der typischen Interessenlage des § 477 gebracht wird. Da zeigt sich dann die Inkongruenz der Interessenlagen. Also ist notwendige Schlußfolgerung, daß man die Analogie des § 477 abzulehnen hat.

Düringer wendet hier die von mir des näheren dargelegte Methode soziologischer Rechtsfindung an, und das charakteristisch Neue dieser Methode liegt darin: Das Rechtsgefühl hat seinen festen Platz innerhalb des Rechtsfindungsprozesses zugewiesen erhalten. Es wird nicht mehr geringschätzig beiseite geschoben gegenüber Logik und Entstehungsgeschichte; es hat aber auch aufgehört, als eine bloß schemenhafte Begriffsformel, als ein vages, instinktmäßiges Billigkeitsgefühl den Ausschlag zu geben, wie das allenfalls im Rahmen der alten Methode geschah. Aus einem tastenden Gefühl ward es zu einer *durch sozialwissenschaft-*

---

[83] Im „Recht" 1908, 262; Leipziger Z. 1907, 131; *Düringer-Hachenburg*, Kommentar zum HGB [2] I, 247. Vgl. auch *Isay*, Recht am Unternehmen, 155 f.

[84] Die Gemeinschädlichkeit der konstruktiven Jurisprudenz (1909), 23 f.

liche Ermittlung konkretisierten Vorstellung von typischen Interessenlagen und einer auf dieser Vorstellung beruhenden Interessenwägung. Und darauf kommt es an.

5. Die äußere Anlehnung an das Gesetz

a) Im allgemeinen

Wenn die soziologische Rechtsfindung aus dem Gesetz in einer Interessenwägung durch den Richter gipfelt, so folgt daraus mit nichten, daß diese Interessenwägung dem Richter völlig freien Spielraum ließe. Um eine „freie Rechtsfindung" im krassen Sinne des Wortes handelt es sich nicht. Vielmehr unterliegt der Richter sowohl äußerlich wie innerlich einer tunlichst großen Gebundenheit der Interessenwägung. Das erheischt das öffentliche soziale Interesse an möglichster *Voraussehbarkeit* und möglichster *Beständigkeit* der richterlichen Interessenwägung.

Die äußere Bindung wird dadurch hergestellt, daß der Richter sich soweit wie möglich an das Gesetz anlehnt. Seine Normfindung erscheint als dessen Auslegung[85]. Die Zweckmäßigkeit dieser Technik ergibt sich aus verschiedenen Gesichtspunkten:

1. Die Grenze zwischen Gesetzesauslegung im engsten Sinne des Wortes — Erkennen des schon vom Gesetzgeber Erkannten — und soziologischer Rechtsfindung ist flüssig und unbestimmt; auch die soziologische Rechtsfindung wird daher zweckmäßig sich als Auslegung geben, an die Auslegung anknüpfen.

2. Durch die Darstellung soziologisch neugewonnener Normen als einer bloßen „Auslegung" des geltenden Rechts wird es ermöglicht, daß diese neuen Normen auf den konkreten Prozeßfall zur Anwendung kommen können, ohne daß es zuvor nötig wäre, ihnen offiziell rückwirkende Kraft beizulegen. Neues Recht wird durch eine Fiktion zum geltenden Recht gestempelt.

3. Auf diese Weise ist es ferner möglich, den Vorzug der Revisionsfähigkeit den vom Richter neugeschaffenen Normen zukommen zu lassen[86].

4. Vor allem aber zwingt zur Anlehnung an das Gesetz das schon betonte öffentliche Interesse. Das Wesen des Rechtes ist Ordnung. Freie Rechtsfindung ohne Anlehnung an das bestehende Gesetz da, wo solche Anlehnung möglich wäre, liefe hinaus auf eine Störung der gesetzlichen

---

[85] Vgl. *M. Rümelin*, B. Windscheid und sein Einfluß, 26, Anm. 22; *Hellwig*, Lehrbuch d. deutschen CP.rechts II, 173, u. a. m.

[86] Soweit es sich nicht um Fragen des revisionsunfähigen Landesrechts handelt (CPO § 549). Vgl. *Hellwig*, Lehrbuch d. deutschen CP.rechts II, 173. Treffend bereits *Kohler* in Grünhuts Ztschr. 13, 58.

Ordnung, auf ein bewußtes Zersprengen der gesetzlichen Bande[87]. Und damit würde ein Chaos an die Stelle des Kosmos treten, den wir brauchen.

Aus diesen Gründen beginnt auch die soziologische Rechtsfindung mit der Nachforschung nach einem prima facie kongruenten speziellen Tatbestandstypus des Gesetzes; aus diesen Gründen hält sie daran fest, auch die Interessenwägung, die bei Ablehnung der speziellen Prima-facie-Subsumtion nötig wird, tunlichst unter die Schutzdecke anderer gesetzlicher Tatbestände zu ziehen: aus diesen Gründen forscht sie beim zweiten Haupttypus auf der Grundlage vergleichender Betrachtung der Interessenlagen nach anderen anknüpfungsfähigen Normen im Gesetz.

Und wie wird nun diese Anlehnung technisch vermittelt? Es sind die altbekannten technischen Hilfsmittel, die der Richter sich auch hier zunutze macht: die ausdehnende und die einschränkende Auslegung, der Analogieschluß und der Umkehrschluß, und erst durch ihre soziologische Nutzbarmachung treten diese technischen Hilfsmittel wieder in den Dienst einer objektiven Rechtsfindungsmethode, während sie subjektiver Willkür preisgegeben waren seit dem Augenblick, wo sie nicht mehr der Erforschung des wirklichen Willens des Gesetzgebers dienten. Durch die neue Methode der Auslegung wird diese „Auslegung" nun aber in Wahrheit zu einer *Hineinlegung von neuem Recht* ins Gesetz, und damit ist es möglich, das jeweils „richtige Recht" zu finden[88]. Das mehrfach erörterte Beispiel der Haftung der Hamburg-Amerika-Linie zeigt, wie zu diesem Zweck die restriktive Auslegung (662: „Unterverfrachtung") mit der extensiven Auslegung (754 Ziff. 7 bis 9) und mit der Analogie (510) in zielbewußtem, einheitlichen Zusammenwirken sich verbinden, und *Düringers* Urteilsvorschlag läßt erkennen, wie die Analogie und das argumentum e contrario soziologisch verwertet werden müssen.

Seltsam wird man berührt, wenn man heute liest, wie schon vor fast 100 Jahren *Jordan*[89] die soziologische Bedeutung von ausdehnender und einschränkender Auslegung ahnend vorausgeschaut hat, wenn er als Richtungslinien für die den Zweck des auszulegenden Gesetzes und die politische Notwendigkeit einer Hebung der Mangelhaftigkeit des Gesetzes angibt. Fast ein Jahrhundert hindurch hat die Übermacht der historischen Gedankenrichtung den Ausbau dieser gesunden Erkenntnis zu verhindern vermocht!

---

[87] Mehrfach erörtert, z. B. *Brütt*, Kunst der Rechtsanwendung (1907), 147; *Reichel* in ArchcivPr. 104, 139 und in Deutsche Richterzeitung 1910, 467.

[88] Dies gegen *C. Schmitt*, Gesetz und Urteil (1912), der die richtige Auslegung und die Findung richtigen Rechtes im Prozeß für grundsätzlich verschiedene Dinge hält (passim).

[89] Im ArchcivPr. 8, 223, und mit Bezug auf die Analogie 226.

b) *Im einzelnen*

Klar ist, daß die extensive und die restriktive Auslegungstechnik möglich sind sowohl gegenüber den gesetzlichen Tatbestandsbegriffen, wie gegenüber den gesetzlichen Normen, während die Analogie und das argumentum e contrario sinngemäß sich nur auf Normen beziehen. Im einzelnen gilt folgendes:

aa) Einschränkende Auslegung

Die einschränkende Auslegung ist dann gegeben, wenn, wie *Danz* sagt[90], „die gesetzliche Vorschrift zu weitreichend ist", genauer: wenn der Wortlaut des gesetzlichen Tatbestandes bzw. der Norm, grammatisch logisch und entstehungsgeschichtlich erklärt, *weiterreicht als die zu unterstellende soziale Interessenlage bzw. der anzunehmende soziale Normzweck*.

Häufige Fälle sind:

1. Ein sozialer Tatbestand, insbesondere ein konkreter Wirtschaftstypus (z. B. der charternde Schiffsmakler, der auf Stückgüter anlegt) hat im Gesetz eine formalisierende Bezeichnung erfahren, die ihrem Wortlaut nach über ihn und den zu unterstellenden Normzweck hinauszureichen scheint (Unterverfrachtung, Tierhalter). Hier ist restriktive Auslegung des gesetzlichen Tatbestandes geboten.

2. Die soziale Interessenlage, an die das Gesetz seine im allgemeinen angemessene Norm anknüpft, ist für gewisse Sonderfälle durch das Hinzutreten neuer sozialer Umstände so verschoben, daß die unveränderte Normsetzung als sozial unbrauchbar empfunden wird. Hier ist, je nach der Technik des betreffenden Gesetzes, entweder der gesetzliche Tatbestand oder die Norm einschränkend auszulegen.

Beispiel: Die soziale Interessenlage der §§ 119 und 123 BGB (Irrtum, Betrug oder Drohung) ist für den Fall der Gründung einer Aktiengesellschaft durch das Hinzutreten besonderer sozialer Gesichtspunkte so modifiziert, daß die Anfechtbarkeit der Aktienzeichnung bzw. der Aktienübernahme versagt werden muß[91]. Der Tatbestandsbegriff: „Abgabe einer Willenserklärung" in den genannten Paragraphen ist demgemäß einschränkend dahin auszulegen, daß er die Abgabe von Willenserklärungen für gewisse soziale Interessenlagen nicht mit umfaßt[91].

3. Der einer Norm zugrunde liegende soziale Tatbestand hat seit Erlaß des Gesetzes so tiefgreifende wirtschaftliche, technische oder ethische Veränderungen erfahren, daß die Norm nur dann noch ein sozial brauch-

---

[90] Richterrecht 197 f.; Einführung 89 f.

[91] Vgl. die konstante Praxis des RG, besonders RG 71, 99 (mit treffenden soziologischen Ausführungen) und *Leist* im ArchcivPr. 102, 278 f. Es handelt sich um eine „verantwortliche Erklärung".

bares Ergebnis liefert, wenn, je nach Lage des Falles, der gesetzliche Tatbestand oder der Norminhalt einschränkend ausgelegt wird.

Beispiele:

a) Der Ausnahmefall unbeschränkter Reederhaftung, den § 486 Ziff. 1 HGB dahin kennzeichnet, daß der Kapitän das Rechtsgeschäft der Konnossementszeichnung „mit Bezug auf eine besondere Vollmacht" vorgenommen hat, ist angesichts der heute üblichen Konnossementszeichnung „p." Name der Reederei einschränkend so auszulegen, daß er die Konnossementszeichnung tatbeständlich nur dann erfaßt, wenn sie mit Bezug auf eine Sondervollmacht geschah, die dem Kapitän Vertretungsmacht über den Rahmen seiner gesetzlichen Vollmacht hinaus verlieh[92].

b) Die Norm des § 651 Abs. 1 HGB ist angesichts der heute quantitativ und qualitativ überwiegenden Fälle der Verfrachtungstechnik in einschränkender Auslegung dahin abzuschwächen, daß sie nur eine allgemeine Rechtsidee andeutet, nicht eine absolute Skripturhaftung festsetzt[93].

bb) Ausdehnende Auslegung und Analogie

Die ausdehnende Auslegung und die Analogie sind dann gegeben, wenn, wie *Danz* sagt[94], „die gesetzliche Vorschrift zu kurz ist", richtiger: wenn der Wortlaut des gesetzlichen Tatbestandes bzw. der Norm, grammatisch logisch entstehungsgeschichtlich gewürdigt, nicht soweit reicht wie die darunter zu ziehenden sozialen Interessenlagen bzw. der anzunehmende soziale Normzweck. Reicht der Wortlaut sprachlich noch aus, um die soziologisch anzustrebende Normbedeutung wenigstens notdürftig zu decken, so sprechen wir von ausdehnender Auslegung; reicht er dazu nicht aus, so sprechen wir von analoger Anwendung (Gesetzesanalogie).

Häufige Fälle sind:

1a. Ein sozialer Tatbestand, insbesondere ein konkreter Wirtschaftstypus, ist vom Gesetz zwar als spezieller juristischer Tatbestand übernommen, aber nur in der einen oder anderen seiner verschiedenen formalen Erscheinungsarten, während das Gesetz die übrigen, nur in formalen Punkten abweichenden Erscheinungsarten absichtlich oder unabsichtlich übersah. Dies ist der Gegenfall zu Fall 1 der einschränkenden Auslegung, und hier ist extensive Auslegung des gesetzlichen Tatbestandes bzw. analoge Anwendung der Norm geboten.

---

[92] Vgl. *Wüstendörfer*, Seefrachtvertrag I, S. V (Vorwort) und 247 ff. *A. M. Pappenheim* in Leipziger Z. 1913, 10 ff.

[93] Vgl. oben S. 67.

[94] a.a.O.

Beispiele:

a) Das Börsentermingeschäft im §§ 48, 66 des alten Börsengesetzes[95].

b) Der Gründerbegriff im § 187 HGB[96].

Verwandt ist hiermit der Fall 1b.

1b. Für gewisse soziale Tatbestände fehlt es im Gesetz von vornherein gänzlich an entsprechenden gesetzlichen Sondertatbeständen mit angemessener Norm. Die Gleichartigkeit der Interessenlage veranlaßt aber den Richter zur analogen Verwendung anderer Sondernormen[97].

Beispiele:

a) Wenn § 394 BGB nur die Aufrechnung gegen die unpfändbare Lohnforderung unmöglich macht, so wird eine soziologische Gesetzesbetrachtung auch die Zurückbehaltung des unpfändbaren Lohnes analog dem § 394 verbieten.

b) Die Schadenshaftung des Hotelverpächters für dolus in contrahendo seines gesetzlichen Vertreters[98].

c) Das Rücktrittsrecht des geschädigten Vertragsteiles bei der sog. positiven Vertragsverletzung.

2. Die soziale Interessenlage, an die das Gesetz seine im allgemeinen angemessene Norm anknüpft, ist für gewisse Sonderfälle durch das Hinzutreten neuer sozialer Umstände so verschoben, daß die unveränderte Normsetzung als sozial unbrauchbar empfunden wird. Insoweit deckt sich dieser Fall mit Fall 2 der einschränkenden Auslegung. Aber zur Erzielung eines sozial brauchbaren Ergebnisses reicht hier nicht die einschränkende Auslegung hin, sondern es ist die analoge Heranziehung einer anderen Sonder-Norm nötig, wodurch zugleich eine einschränkende Modifikation jener ersten Norm bewirkt wird.

Beispiel: Die soziale Interessenlage, die dem § 1004 BGB zugrunde liegt, läßt im allgemeinen den Anspruch auf Beseitigung der Beeinträchtigung als sozial brauchbar erscheinen. Anders jedoch unter der besonderen Voraussetzung, daß die Beseitigung einen ganz unverhältnismäßig hohen Kostenaufwand erfordern würde. Entgegen RG 51, 411 wird hier der Anspruch des geschädigten Eigentümers auf eine Geldentschädigung beschränkt werden müssen[99]. Dies Ergebnis wird dadurch erzielt, daß die analoge Heranziehung der §§ 251 Abs. 2, 633 Abs. 2 BGB zu einer einschränkenden Modifikation von § 1004 führt.

[95] Vgl. oben S. 71.

[96] Vgl. oben S. 40 f.

[97] Vgl. *Staffel*, Der zweite deutsche Richtertag in Dresden, Stenogr. Ber. (1911), 33 f.

[98] Vgl. oben S. 71.

[99] So *v. Tuhr* in Jher. Jb. 46, 54 f. A. M. viele.

3. Das Aufkommen neuer technischer, wirtschaftlicher, ethischer Lebenstatsachen veranlaßt den Richter dazu, die Rechtsordnung dadurch den voranschreitenden Lebenstatsachen adäquat zu halten und immer wieder anzupassen, daß er eine ausdehnende Auslegung oder analoge Gesetzesanwendung vornimmt: Das Gegenstück zu Fall 3 der einschränkenden Auslegung.

Beispiele:

a) In § 486 Ziff. 1 HGB ist nicht nur der Tatbestand des Ausnahmefalles (Bezugnahme auf eine Sondervollmacht) einschränkend auszulegen, sondern auch der Tatbestand des Regelfalles der Rechtsgeschäfte „kraft seiner gesetzlichen Befugnisse" ausdehnend dahin zu verstehen, daß der Kapitän „kraft" seiner gesetzlichen Befugnisse handelt, wenn er zwar auf Grund einer Vollmacht p. Firma der Reederei, aber ohne Überschreitung seiner schon durch das Gesetz gewährten Befugnisse Konnossemente zeichnet[100].

b) Das Aufkommen des Staatsbahnbetriebes in Preußen mußte dazu führen, die Haftung der „Gesellschaft" nach § 25 des preußischen Eisenbahngesetzes von 1838 auf den Eisenbahnfiskus zu erstrecken[101]. Das Aufkommen der Luftschiffahrt muß heute dazu führen, den § 7 des Automobilgesetzes auf den Luftschiffsverkehr analog anzuwenden.

Für die Nutzbarmachung der Analogie im besonderen gilt nach dem Gebot tunlichst enger Anlehnung an das Gesetz der Satz, daß die näher liegende Analogie den Vorzug verdient vor der entfernteren. Eine Analogie liegt um so näher, je größer die Zahl der kongruenten Tatbestandsmomente ist.

Beispiel:

Für die Frage, ob im Fall der Schädigung durch nichtige Rechtsgeschäfte mit einem geisteskranken Bankier dem Dritten Schutz gewährt werden kann, liegt die Analogie vom § 122 näher als die von § 829 BGB.

6. Die neue Rechtsquellentheorie

Wie aber auch im Einzelfall die technische Anlehnung des Richterspruches an das Gesetz sich gestalten mag, eins haben wir uns einzugestehen: Da die Auslegung des Gesetzes sachlich eine Nachprüfung, oft eine Hineinlegung von neuem Recht ist, so läuft sie oft, gleich der Analogie, auf Ergänzung oder auf Änderung des geschichtlichen Gesetzesinhalts hinaus. Sie ist ein Verfahren der interpretatio, wie es in Rom die

---

[100] Vgl. *Wüstendörfer*, Seefrachtvertrag I, 249. A. M. *Pappenheim*, a.a.O.

[101] RG 23, 223.

Prudentes gegenüber dem Zwölftafelgesetz übten[102], und wie es *Puchta*[103] treffend mit den Worten gekennzeichnet hat:

„Als Unterhändler zwischen dem Buchstaben des Gesetzes und dem wirklichen Leben hatten sie nicht bei dem wörtlichen Inhalt desselben und dem ursprünglichen Willen des Gesetzgebers stehen zu bleiben, sondern ihn den Bedürfnissen des Lebens, den fortgeschrittenen Zuständen anzupassen und so seine Anwendung zu vermitteln."

Mit der Feststellung, daß die soziologische Rechtsfindung aus dem Gesetz interpretatio ist im Sinne einer Gesetzesnachprüfung, Gesetzesergänzung, ja Gesetzesänderung, gelangen wir zur Aufstellung einer neuen Rechtsquellentheorie.

a) Das richterliche Gewohnheitsrecht

Der soziologisch gewonnene Rechtssatz, den der Richter seiner Entscheidung aus dem Gesetz zugrunde legt, schafft zunächst nur Recht unter den Parteien, beansprucht Geltung nur für den konkreten Prozeßfall[104].

Er genießt dagegen nicht das Ansehen einer allgemein verbindlichen Norm. Indem jedoch einmal ausgesprochene richterliche Werturteile über typische Interessenlagen in anderen Prozeßfällen abermals unverändert der Entscheidung zugrunde gelegt werden, dank dem Schwergewicht ihrer Überzeugungskraft, entsteht allmählich ein fester Gerichtsgebrauch. Die diesem Gerichtsgebrauch zugrunde liegende rechtspolitische Überzeugung, daß die betreffende Norm wirtschaftlich oder ethisch notwendig sei, vermischt sich dabei allmählich mit der Überzeugung, daß sie bereits geltendes Recht ist. Dementsprechend wird der ursprünglich vorhandene Wille, die als sozial notwendig erkannte Norm in Gestalt eines *neuen* Rechtssatzes zur Tat zu machen, sich allmählich abschwächen zu dem Willen, die als *schon geltend* vorgestellte Norm auch fürderhin durch die Rechtsprechung zu verwirklichen. Und indem dieser Verwirklichungswille sich ausbreitet auf die von der Norm betroffenen deutschen Volkskreise, die unter dem Zwange der ständigen Gerichtspraxis nicht umhin können, die neue Norm zu befolgen, verdichtet sich der anfängliche Gerichtsgebrauch zu einem Satze des gemeinen Gewohnheitsrechtes. Aus dem Rechtssatz „minderen Grades"[105], der zunächst nur den einen, der Vergangenheit angehörigen Prozeßtatbestand regelt, wird so allmählich eine Norm, die den Anspruch erhebt, Verhaltungsvorschrift und Entscheidungsmaßstab zu sein für alle künftigen gleichliegenden Fälle.

---

[102] Dies betont *Kiß* in Jher. Jb. 58, 420; Arch. f. R.- u. W.-Philos. 3, 538.

[103] Kursus der Institutionen [10] (1893) I, 182 § 78.

[104] *Düringer*, Richter und Rechtsprechung (1909), 11 f.; *Wildhagen* in Leipz. Ztschr. 2, 485; *Hellwig*, Lehrbuch d. CP.rechts II, 173, u. a. m.

[105] *Gmür*, Die Anwendung des Rechts nach Art. 1 des Schweizerischen CGB (1907), S. 79.

Diese richterliche Neubildung von Gewohnheitsrecht wird in erster Linie und ganz überwiegend natürlich der Praxis des Reichsgerichts zufallen. Wenn sie aber, wie wir annehmen, sich in ihrer Wesensart mit Notwendigkeit aus der richtigen Methode zivilistischer Rechtsfindung herleitet, so wäre es ein Mangel an Folgerichtigkeit, ihre Zulässigkeit auf das Reichsgericht zu beschränken. Sie steht vielmehr nach Möglichkeit allen Instanzen offen. Ist doch die überragende Bedeutung des Reichsgerichts genugsam Bürge dafür, daß diesem die tatsächliche Führung verbleibt[106]. Auf diese Weise mag es kommen, daß ein neuer Rechtssatz als eine Erscheinung partikularer Rechtsgewohnheit sein Dasein beginnt und allmählich zu einem Satze des gemeinen Gewohnheitsrechtes emporwächst, indem er anfänglich vielleicht nur in der Praxis eines oder mehrerer Oberlandesgerichte auftaucht und dann vom Reichsgericht übernommen wird.

Das Charakteristische dieser Rechtsfindung ist: Die Rechtsquellen des Gesetzes und der Rechtsgewohnheit büßen ihre scharfe Grenzlinie ein, fließen ineinander über. Es kommt zur *gewohnheitsrechtlichen Fortbildung und Umbildung von Gesetzesrecht.* In diesem Sinne könnte man mit *Rolin* sagen: „Tout le droit est coutumier[107].“ Da jedoch das materiell neue Gewohnheitsrecht aus dargelegten Zweckmäßigkeitsgründen als geltendes Gesetzesrecht fingiert wird[107a], so gilt als *formelle* Rechtsquelle zunächst nach wie vor das Gesetz, aber das Gesetz mit einem Inhalt, wie ihn die teleologische Ausdeutung gewohnheitsrechtlich entwickelt hat. Bis endlich dieses immanente Gewohnheitsrecht sich so verselbständigt, daß es nun auch formell als Rechtsquelle erscheint. Dagegen ist Rechtsquelle im materiellen Sinne des Wortes die Vorstellung von der sozialen Angemessenheit einer bestimmten Interessenwägung, entwickelt entweder a) in Billigung des historischen Inhaltes der Gesetzesnorm, oder b) in Umbildung desselben, und vorhanden entweder a) zunächst in der Sphäre der Rechtswissenschaft oder der Verkehrssitte und von ihnen dem Richter unterbreitet, oder b) erstmalig in der Seele des Richters.

Nur vom Standpunkt formalistischer Betrachtungsweise, welche die Begriffe reinlich geschieden sehen möchte, kann dieses Ineinanderfließen von Gesetz und Rechtsgewohnheit Anstoß erregen. Für den sozialen Zweck der Rechtsordnung ist die Scheidung des Gesetzesrechtes vom

---

[106] Daß viele Fragen nicht vor das Forum des RG gelangen können, weil seine Zuständigkeit durch die CPO und das GVG beschränkt wird, vermindert natürlich den Wert dieser Bürgschaft in etwas. Aber die dadurch geschaffene Gefahr mangelnder Einheit der Rechtsprechung besteht in gleichem Umfang auch gegenüber der alten Methode der Rechtsfindung. Man denke z. B. an die sich widersprechenden Entscheidungen der Kaufmannsgerichte zu § 63 HGB.

[107] *Rolin*, Prolégomènes à la science du droit (1911), 116 ff., der dort freilich mit diesem Ausdruck mehr die soziale Tatsache der Rechtsgeltung als unsere Seite des Problems bezeichnet.

[107a] Oben S. 77 f.

Gewohnheitsrecht bedeutungslos, ihr Ineinanderfließen unschädlich. Ergänzen und durchkreuzen sich doch auch im Rahmen rechtsgeschäftlicher Normfindung Parteiwille und Gesetz in der mannigfachsten Weise!

Dabei darf nun aber die Antithese: Gesetz und Rechtsgewohnheit nicht zu einem naheliegenden Irrtum verleiten. Zum „Gesetz" im Sinne der neuen Rechtsquellentheorie gehört auch das überkommene Gewohnheitsrecht. Das will besagen: Nicht nur gegenüber dem Gesetz, auch gegenüber dem alteingewurzelten Gewohnheitsrecht fällt dem Richter die Aufgabe soziologischer Nachprüfung und eventueller Umbildung zu. Nichts würde es rechtfertigen, dem überkommenen Gewohnheitsrecht vom soziologischen Gesichtspunkt aus eine absolute Geltung zuzusprechen, während der Gesetzesinhalt nur kraft einer beständig geübten soziologischen Kontrolle unverändert weitergilt. Auch dem Gewohnheitsrechtssatz gegenüber hat also der Richter unter Feststellung der typischen Interessenlagen und unter nachprüfender Interessenwägung zu entscheiden, ob sein historisch überkommener Inhalt noch sozial haltbar ist oder aber einer neuen communis opinio necessitatis Platz zu machen hat. Dem Gewohnheitsrecht den unbedingten Vorrang einzuräumen vor der richterlichen Rechtsschöpfung, wie Ernst *Fuchs* das will, in Anlehnung an § 1 des schweizerischen Zivilgesetzbuchs[108], läuft hinaus auf eine Verkennung des Wesens soziologischer Rechtsfindung. Gerade gegenüber dem Gewohnheitsrecht ist soziologische Wachsamkeit des nachprüfenden Werturteils besonders angebracht, denn das Schwergewicht der Tradition pflegt hier der Anpassung an die neuen Lebensnotwendigkeiten besonders hinderlich zu sein.

Man wende nicht ein, daß ich der Verkehrssitte den Vortritt lasse gegenüber soziologischer richterlicher Rechtsschöpfung[109], also dem überkommenen Gewohnheitsrecht doch zum mindesten den gleichen Platz einräumen müsse. Verkehrssitte und Gewohnheitsrecht unterscheiden sich nicht quantitativ, sondern qualitativ, und gerade dieser Unterschied ist hier ausschlaggebend: Während die Verkehrssitte sich im freien Spiel der Kräfte *innerhalb der Laienwelt* bildet, mit den sozialen Notwendigkeiten daher von Haus aus Schritt zu halten vermag, ist eine Bildung von privatrechtlichem Gewohnheitsrecht heutzutage, angesichts der fast verschwundenen Laiengerichtsbarkeit, in der Regel nur so denkbar, daß im Wege der berufsrichterlichen Rechtsprechung, *im Kreise der Juristenwelt,* eine Normvorstellung allmählich durchdringt und unter dem Zwange des staatlichen Schutzes dann auch im Rechtsbewußtsein der betroffenen Volkskreise sich ihren Platz erobert. Diese Normvorstellung ist aber gerade dank ihrer spezifisch juristischen Entstehungsart der Gefahr der Lebensentfremdung ausgesetzt; sie ist nicht, wie die Verkehrs-

---

[108] Kulturkampf 6.

[109] Oben S. 53 f.

sitte, von Haus aus mit Garantien dafür umgeben, daß sie sozial brauchbar sei. Daher bedarf sie soziologischer Nachprüfung, während die Verkehrssitte deren nicht bedarf. War es aber gerade die Verkehrssitte, die zur Bildung eines richterlichen Gewohnheitsrechtssatzes geführt hat, so besteht wenigstens die Gefahr nachträglicher Nichtmehrübereinstimmung mit der gewandelten Verkehrssitte. Und insofern ist dann auch hier eine soziologische Nachprüfung am Platz.

b) Die rückwirkende Anwendung des richterlichen Neurechts

Wenn der Richter gegebenenfalls neues, bisher nicht vorhandenes Recht durch seinen Urteilsspruch unter den Parteien schafft, wie ist es möglich, daß dieses neue Recht auf den der Vergangenheit angehörigen Tatbestand des Prozeßfalles zur Anwendung gelangen darf? Ist nicht der Richter gehalten, nach geltendem Recht zu entscheiden, also nach Rechtssätzen, die nicht nur als schon geltend fingiert werden, sondern die wirklich galten, als der Tatbestand des Prozeßfalles sich verwirklichte[110]?

Jordan glaubte einst die Gesetzmäßigkeit richterlicher Umbildung des Gesetzes dadurch retten zu können, daß er darlegte[111]: Eine Gesetzgebung, die die Mängel der bestehenden Gesetze kenne und doch nicht reformiere, räume damit stillschweigend den Gerichten die Befugnis ein, die Gesetze den Lebensverhältnissen anzupassen; denn es sei anzunehmen, daß der Gesetzgeber das seinen Pflichten Entsprechende wolle; zu seinen Pflichten gehöre aber die Wahrung der Zweckmäßigkeit der Gesetze. Diese Ansicht berührte sich mit der für das Gewohnheitsrecht einst aufgestellten „Gestattungstheorie", die heute im wesentlichen als überwunden gelten kann.

Uns Modernen scheint folgende Erklärung näher zu liegen: Jede Rechtsordnung enthält ungeschriebene, aber dennoch allgemein anerkannte Rechtssätze[112]. An die Spitze unserer privaten Rechtsordnung haben wir so einen ungeschriebenen Satz von ehernem Klang zu stellen, welcher lautet: Der Inhalt der Rechtsordnung ist vernünftig[113]. Vernünftig aber — so dürfen wir hinzufügen — bleibt die Rechtsordnung nur dann, wenn sie, im Einklang mit den voranschreitenden Tatsachen des sozialen Lebens, durch die Rechtsprechung allmählich weiter- und umgebildet wird. Sonst wird Vernunft zum Unsinn, Wohltat Plage. Also ist es ein Satz *geltenden* Rechts, daß der Richter neues Recht unter den Parteien schaffen darf, und die gegebene Gelegenheit dafür ist: Anwendung des neuen Rechtssatzes mit rückwirkender Kraft auf den vorliegenden Prozeßfall.

---

110 Vgl. z. B. *Hellwig*, Lehrbuch d. deutschen CP.rechts II, 168, 173.

111 ArchCivPr. 8, 191 ff., besonders 209 f.

112 Oft erörtert. Vgl. z. B. *Zitelmann*, Lücken 26.

113 *Danz*, Richterrecht 189 f., 202.

Indessen — der Nimbus exakter Wissenschaftlichkeit, der von solchen Erklärungsversuchen ausstrahlen mag, verblaßt doch recht schnell, sobald man ihn dem Lichtschein kritischer Betrachtung aussetzt. Es ist klar: Die angebliche Gesetzmäßigkeit richterlicher Rechtsfortbildung ist, wenn man sie so begründet, eine nachträglich ad hoc zurechtgemachte Formel, ist der Versuch einer legitimatio per subsequentem constructionem. Es geht der Theorie hiermit ähnlich wie dem Verstandesmenschen mit dem Gottesglauben: Was zunächst zum persönlichen Erlebnis wurde, was sich als seelische Notwendigkeit mit Ungestüm Bahn brach, das sucht man nachträglich als verstandesgemäß vor dem Forum der Kritik zu rechtfertigen.

Neuere Theoretiker haben sich nicht der Erkenntnis verschlossen, auf wie schwachen Füßen der Versuch steht, die richterliche Rechtsschöpfung in der angedeuteten Weise aus dem Inhalt des Gesetzes selber herzuleiten. Und so folgerten sie: Wenn das vom Richter gesetzte Recht nicht im Gesetze selber wurzelt, kann es nur aus einer „höheren Rechtsordnung", einem „überpositiven" Recht, kurz — aus dem Naturrecht entnommen sein. Eine „Auferstehung des Naturrechts in veränderter Gestalt"[114], dieses Schlagwort schien der zündende Blitz, der das alte Gebäude konstruktiver Rechtsfindungsmethode in Flammen zu setzen drohte. Und es mochte den Glauben an die Richtigkeit und Wichtigkeit dieser Entdeckung zunächst verstärken, wenn man sah, wie das Reichsgericht in neueren Entscheidungen seine soziologischen Urteilsgründe bisweilen ungeschickt mit dem fadenscheinigen alten Mäntelchen von der „Natur der Sache" drapierte[115], geradeso, wie geniale Praktiker das wohl auch früher mit ihren intuitiv gefundenen Urteilssprüchen getan hatten.

Gegen die Wesensgemeinschaft von Naturrecht und soziologischer Rechtsfindung muß nun aber Verwahrung eingelegt werden.

1. Für das Naturrecht in seiner extremen Erscheinungsform ist bekanntlich wesentlich, daß es absolutes, von der Rechtsvergangenheit wie von dem jeweiligen Kulturmilieu unabhängiges Recht sein will. Das soziologische Recht knüpft umgekehrt an den geschichtlichen Werdeprozeß der Rechtsordnung an, lehnt seine Sätze äußerlich wie innerlich möglichst an das geschichtlich gewordene Recht an, äußerlich, indem es sie als Ergebnis von Auslegung und Analogie darstellt, innerlich, indem es von einer Ermittlung und Nachprüfung des historischen Gesetzesinhalts und

[114] *Gnaeus Flavius (Kantorowicz)*, Der Kampf um die Rechtswissenschaft (1906), 10 ff.; *Ehrlich*, Freie Rechtsfindung und freie Rechtswissenschaft (1903), 23; *Berolzheimer*, Die Gefahren einer Gefühlsjurisprudenz in der Gegenwart (1911), 12 ff.; *Jung*, Das Problem des natürlichen Rechts (1912); zu vergleichen ist auch *Stammlers* Lehre vom richtigen Recht und das Österr. ABGB § 7, Satz 2 (dazu *Wellspacher* in Festschrift zur Jahrhundertfeier des ABGB I, 173 ff.

[115] Vgl. z. B. RG 77 Nr. 97; 78, 313.

Gesetzeszwecks ausgeht. Das soziologische Recht schöpft ferner seine Ergebnisse aus den jeweiligen Kulturbedürfnissen des Landes, ist also weit entfernt, sich absoluten Wert, absolute Geltung für alle Zeiten und alle Länder beimessen zu wollen. In Wahrheit ist die soziologische Rechtsauffassung der gesetzliche Erbe historischer Rechtsauffassung: Sie nimmt den Grundgedanken aller historischen Erkenntnis wieder auf, die Vorstellung einer organischen Fortentwicklung, und sie spinnt gleichsam den Faden entwicklungsgeschichtlicher Betrachtung von der Vergangenheit über die Gegenwart in die Zukunft hinein, indem sie an das kausale Urteil über das geschichtliche Woher? ein teleologisches Urteil über das Wohin? und Wozu? anreiht. Dem absoluten Naturrecht steht also das soziologische Recht in schroffer Gegensätzlichkeit gegenüber.

2. Aber auch als ein Naturrecht mit wechselndem Inhalt darf es nicht gewertet werden. Dagegen spricht namentlich zweierlei.

a) Das Naturrecht ist in Mißkredit auch dadurch geraten, daß es seine Sätze auf aprioristische Spekulation, auf flaches rationalistisches Raisonnement zu stützen pflegte. Das scheint nun auch das Kismeth mancher heutigen Verfechter eines modernisierten Naturrechts werden zu sollen. Wenigstens liefert *Berolzheimer* ein Schulbeispiel dafür, wie man das Problem nicht angreifen darf.

Mit berechtigtem Kritizismus weist er hin auf das „induktive Mäntelchen, hinter dem sich (bisher) der konstruktive Apriorismus des Rechtsphilosophen, der mit vorgefaßten Meinungen an den geschichtlichen Stoff herantrat, nur notdürftig verbarg“[116]. Sehr schön! Ganz unserer Meinung. Aber leider spricht damit *Berolzheimer* auch sich selbst das Urteil. In die Netze *Hegel*scher Spekulation hoffnungslos verstrickt, will er aus einer die heutige Kulturwelt beherrschenden „Idee der Freiheit“ eine höhere Rechtsordnung, ein überpositives Recht herleiten. Aus der Freiheitsidee folge z. B. „unmittelbar“ die Rechtswidrigkeit des Boykotts[117]. Wie einfach und bequem! Wer hätte das gedacht! Da arbeitet nun das arme Reichsgericht seit 10 Jahren mit heißem Bemühen daran, die Rechtswidrigkeit des Boykotts soziologisch in exakter Tatsachenerforschung zu umgrenzen[118], legt auf das Ziel, legt auf die Mittel des Boykotts entscheidendes Gewicht, wägt Zweck und Mittel in ihrer sozialen Gesamtbedeutung gegeneinander ab, setzt die konkreten Wirtschaftsinteressen des Boykottierenden zu den bedrohten Existenzinteressen des Boykottierten in vergleichende Beziehung — und hätte sich das alles sparen können, wäre es nur rechtzeitig bei Dr. *Berolzheimer* in die Schule gegangen! Da hätte es erfahren, daß statt der mühseligen Abwägung typi-

[116] Gefahren 15.

[117] a.a.O. 19.

[118] Rechtswidrigkeit im Rahmen der Sittenwidrigkeit des § 826 BGB. Vgl. unten S. 131.

scher Interessenlagen für den wahrhaft philosophischen Kopf ein blutleeres Begriffsschema, eine inhaltlose Phrase die Wunderlampe bedeutet, die in die dunkelsten Winkel der Rechtsfindung hineinzuleuchten vermag! Die Behandlung des Boykottproblems durch *Berolzheimer* und durch das Reichsgericht zeigt den unüberbrückbaren Abgrund zwischen naturrechtlicher Philosophistik und soziologischer Rechtsfindung. Dort als wissenschaftliches Rüstzeug die Phrase und die Spekulation, hier die exakte Ermittlung sozialer Tatsachen.

b) Das „natürliche Recht", aus dem *Jung* die richterliche Normfindung außerhalb des Gesetzes herleiten will, ist oft in Wahrheit *vor* dem richterlichen Rechtsfindungsakte als Recht überhaupt nicht vorhanden. Existieren tut ein Rechtssatz als solcher nur dann, wenn er mindestens bei einer Gruppe sozial verbundener Menschen als Normvorstellung über die Schwelle des Bewußtseins emportritt und kraft eines Zwanges befolgt wird. Die Notwendigkeit für den Richter, neues Recht zu schaffen, hängt aber häufig grade damit zusammen, daß der zu ordnende soziale Tatbestandstypus ein allgemeines Bewußtsein vom Inhalt einer ihm adäquaten Norm noch nicht ausgelöst hat, weder innerhalb einer sozial verbundenen Interessengruppe, noch auch bei den gesetzgebenden Organen. In solchen Fällen ist der Richter der zeitlich erste Mensch, der sein Bewußtsein mit der Vorstellung von der Notwendigkeit und dem Inhalt einer bestimmten Norm erfüllt. Dieser Norm eine Präexistenz als natürliches Recht zuzuschreiben, wäre also ebenso metaphysisch, wie etwa die Behauptung einer Präexistenz Christi[119].

Wenn hiernach das soziologisch geschaffene Richterrecht weder aus dem geschichtlichen Inhalt der Rechtsordnung noch aus einem übergeordneten natürlichen Recht sich herleiten läßt, woher dann seine Zuständigkeit, seine Legitimität? Wie mir scheint, liegt der theoretischen Anerkennung soziologischer Rechtsfindung eine Tatsache von elementarer Gewalt zugrunde: ihre *soziale Unentbehrlichkeit*. Tatsächlich hat sich heute auch schon unsere höchstrichterliche Rechtsprechung in ihrer Praxis dieser Notwendigkeit mehr und mehr angepaßt. Entscheidungen des Reichsgerichts wie die oben erörterten zur Frage analoger Anwendung des § 904 BGB[120] oder der Haftungsfreiheit des gefälligen Fuhrherrn[121], oder zur Frage der exceptio doli generalis[122], der positiven Vertragsverletzung[123], der Nichtanfechtung einer Aktienzeichnung[124], tragen den

---

[119] Dies zugleich gegen *Hellwig*, Lehrbuch d. deutschen CP.rechts II, 169, Anm. 28.

[120] RG 58, 134 f. (Kryptosoziologisch).

[121] RG 65, 313 ff.; RG 67, 431 (Kryptosoziologisch); RG 62, 83 f. (echt soziologisch).

[122] Vgl. unten S. 96 f.

[123] Vgl. oben S. 81. Vgl. ferner *Krückmann*, Einführung 84 ff.

[124] Vgl. oben S. 79; RG 71, 99 (echt soziologisch).

Stempel soziologischer Rechtsfindung an der Stirn, mag auch das Reichsgericht bisweilen immer noch so bescheiden sein, den Willen des Gesetzgebers oder eine Parteiabrede vorzuschützen. Daß es aber eine soziale Notwendigkeit ist, in den Mittelpunkt der Rechtsfindung nicht die Logik und die Konstruktion, sondern das sozialwissenschaftlich geleitete Rechtsgefühl zu stellen, und daß diese sozialwissenschaftliche Orientierung des Rechtsgefühls im wesentlichen in den methodischen Einzelheiten gipfelt, die ich zu entwickeln versuchte, glaube ich, vorbehaltlich einiger Ergänzungen, schon jetzt nachgewiesen zu haben.

An ihren Früchten sollt ihr sie erkennen! Man summiere nur noch einmal alle die sozial beklagenswerten, das Rechtsgefühl verletzenden Entscheidungen alter Methode in ihrer Gesamtwirkung. Man vergegenwärtige sich noch einmal, welches Maß von Enttäuschung und Bitterkeit, von Zweifeln an der Gerechtigkeit deutscher Richter, ja von Haß gegen die bestehende Rechtsordnung diese Urteilssprüche wahrscheinlich erzeugt haben; man mache sich noch einmal klar, daß dies alles nicht auf jeweils zufällige Entgleisungen, sondern auf wiederkehrende methodische Irrungen zurückzuführen ist; man erwäge, daß diese methodischen Irrungen, soviel verzweigt auch ihr psychologisches Wurzelwerk sein mag, doch alle in der einen entscheidenden Tatsache sich zusammenfinden, daß sie *das Rechtsgefühl als Urteilsfaktor deklassieren* — und man wird mir Recht geben, wenn ich die soziale Unentbehrlichkeit soziologischer Rechtsfindung zum Ausgangspunkt und Angelpunkt der Frage nach der wissenschaftlichen Berechtigung der Methode mache.

Forschen wir nun aber weiter nach, wie es denn theoretisch zu erklären ist, daß der Richter neues Recht auf alte Tatbestände anwenden darf, so ist zu sagen: Es handelt sich hier um das *Durchlaufen einer Durchgangsphase.* Was zunächst nur als Rechtsgefühl, erst vielleicht in unbestimmten Umrissen, dann soziologisch fester umgrenzt, in das Bewußtsein des Richters eintrat, das soll nun, kraft seiner sozialen Unentbehrlichkeit, zum geformten Rechtssatz werden, soll in die Sphäre des objektiven Rechtes eindringen. An irgend einem Punkte, örtlich und zeitlich, muß dieser Eintritt in die Rechtssphäre einmal erfolgen. Wo der Punkt liegt, das zu bestimmen, ist mehr oder weniger Sache der Willkür. Ist es nicht das Machtwort staatlicher Gesetzgebungsaktion, das ihn bestimmt, so tritt ergänzend die Willensentschließung des Richters ein. Und da die Willensentschließung des Richters sich im Rahmen der heutigen deutschen Gerichtsverfassung nur als Entscheidung über vorliegende Prozeßfälle auszuwirken vermag, muß uns irgendwo und -wann die zunächst willkürlich anmutende Erscheinung entgegentreten, daß auf alte Tatbestände neues Recht rückwirkend zur Anwendung kommt. Aus Opportunitätsgründen wird dann das neue Recht offiziell so behandelt, als wäre es bereits geltendes Recht. Man möchte den Eindruck der Stetigkeit und Festigkeit des Rechtes nicht preisgeben, möchte in den Augen der Rechtsuchenden die Tatsache verschleiern, daß die Unzulänglichkeit menschlicher Einrichtungen auch den Richter vor die Notwendigkeit stellt, Durchgangsphasen vom Alten zum Neuen zu überwinden, möchte vor allem der oben erörterten praktischen Vorteile nicht entraten, welche die Behandlung des neuen Rechts als bloße Auslegung und Anwendung alten Rechts mit sich bringt. Es wird noch in anderem Zusammenhang darzulegen sein, daß diese Schaffung von richterlichem Neurecht mit § 1 GVG vereinbar ist[125].

Will man darin demnach einen Akt der Willkür, einen Mangel an Gesetzmäßigkeit erblicken, so hat dieser Mangel jedenfalls nicht die spezifischen Eigenheiten soziologischer Rechtsfindung zur Ursache. Er haftet jeder Bildung von richterlichem Gewohnheitsrecht an, auch wenn sie nicht bewußt soziologisch geschieht. Denn bei jedem durch die Rechtsprechung neu angebahntem Gewohnheitsrecht muß irgendwo die Durchbruchstelle feststellbar sein, wo das neue Recht zum erstenmal auf zurückliegende Tatbestände zur Anwendung gelangt. Mag das unbewußt geschehen, in der irrigen Meinung, das neue Recht sei schon geltendes Recht[126], mag es bewußt geschehen, wie wir vom soziologisch urteilenden Richter verlangen, das Phänomen der Durchgangsphase, der irgendwo unterbrochenen Rechtsleitung bleibt das gleiche. Es darf also nicht auf das Schuldkonto soziologischer Rechtsfindung gesetzt werden. Höchstens kann man sagen, daß bei soziologischer Rechtsfindung die Notwendigkeit, den Durchgang von der Sphäre des bloßen Rechtsgefühls zur Sphäre des positiven Rechtes zu vollziehen, häufiger und klarer über die Schwelle des richterlichen Bewußtseins tritt.

7. Die sachlichen Schranken des richterlichen Neurechts

Wenn es Zweckmäßigkeitserwägungen sind, die zur formellen Hineinlegung des Richterrechts in das Gesetz führen, so taucht die Frage auf, ob der äußeren Anlehnung an das Gesetz aus ähnlichen Gründen eine innere Anlehnung und Bindung des richterlichen Werturteils parallel läuft. Steht, das ist namentlich die Frage, die Befugnis zur Gesetzesänderung dem Richter in unbeschränktem Umfange zu oder stößt sie sich an unverrückbaren Schranken?

a) Bisherige Versuche

Vertreter der Freirechtsbewegung haben, eingeschüchtert vielleicht durch das Kriegsgeschrei ihrer Gegner, neuerdings bei der Forderung

---

[125] Unten S. 120 f.

[126] Das Problem des Irrtums im Gewohnheitsrecht ist bekanntlich mehrfach erörtert worden.

freier Rechtsfindung die Lückenausfüllung in den Vordergrund gestellt. Methodologisch ist das ersichtlich unvollständig. Wenn eine Methode — von unserem Standpunkt aus: die soziologische — überhaupt richtig ist, muß sie grundsätzlich für Nachprüfung, Ergänzung und Änderung des Gesetzes gleichermaßen den Ausgangspunkt bilden.

Abzulehnen ist daher *Stampes* Versuch, die „Auslegung" von der „Ergänzung" und der „Änderung" des Gesetzes zu scheiden. *Stampe* will dem Richter die Befugnis zur Ergänzung des Gesetzes unbeschränkt geben, die Befugnis zur Abänderung nur, wenn ein dringendes öffentliches Interesse, die Tatsache einer „Massenkalamität", und außerdem die mangelnde Eignung der Legislative das erforderlich machen. Dabei zählt er die extensive und restriktive Auslegung zu den Fällen der dem Richter meist entzogenen Gesetzesänderung[127].

Diese Scheidung halte ich für verfehlt. Erstens macht sie die Befugnisse des Richters von einer schwierigen Vorfrage abhängig. In vielen Fällen wird es sehr zweifelhaft sein, ob bloße Auslegung[128] oder Ergänzung (unter Ausfüllung echter Lücken) oder Abänderung (unter Schaffung unechter Lücken) vorliegt. Ist es Abänderung oder Ergänzung, wenn durch Richterspruch festgestellt wird, daß neben den ädilizischen Rechtsmitteln des Käufers die Irrtumsanfechtung nicht gegeben ist? *Stampe* erklärt es für Gesetzesänderung; ich halte es für eine Ergänzung des insoweit unklar und unvollständig gebliebenen Gesetzes, für ein Zuendeführen der unvollständigen Gesetzgebungsaktion[129].

Stampe gründet seine Theorie auf eine in der Praxis nicht mit Sicherheit ausführbare begriffliche Scheidung und verfällt damit in einen ähnlichen Fehler wie *Gény* in seiner Méthode d'interprétation[130]. Und hält sich schon dieser Versuch begrifflicher Scheidung nicht frei von engherzigem Formalismus, so vermag ich es noch weniger zu billigen, wenn *Stampe* die extensive und restriktive Auslegung deshalb dem Richter verwehrt, weil sie Fälle einer Gesetzesänderung seien. Es ist erkenntnistheoretisch vollkommen richtig, in der Auslegung oft die Schöpfung eines neuen Rechtssatzes zu sehen. Das hatte schon der alte *Thöl* begriffen[131]. Aber rechtfertigt das diese pedantische Einengung des Richters, die einen Rückschritt statt eines Fortschritts bedeutet, die dem Richter mit der rechten Hand viel von dem nimmt, was er heute schon hat, um ihm mit der linken Hand um so mehr Neues anzuvertrauen? Die sich so seltsam

---

[127] Unsere Rechts- und Begriffsbildung (1907), 20 ff.; Freirechtsbewegung 28. Gegen ihn ausführlich *M. Rümelin* im Arch. civ. Pr. 98, 333 f.

[128] Vgl. *Fuchs*, Kulturkampf 61, und oben S. 288.

[129] Vgl. *Hedemann*, Werden und Wachsen im Bürgerlichen Recht (1913), 45.

[130] *Gény*, De la Méthode d'interprétation et des sources en droit privé positif (1899) und dazu unter anderen *Rumpf*, Gesetz und Richter (1906), 21 ff.; *Kiß* in Jher. Jb. 58, 449 ff.; *Bierling*, Juristische Prinzipienlehre IV (1911), 419 ff.

[131] Einleitung in das Deutsche Privatrecht (1851), 144.

entgegenstemmt dem gerade von *Stampe* verkündeten Prinzip freier Rechtsfindung? Es ist doch nicht der Buchstabensinn, sondern der Geist des Gesetzes, zu dessen Ermittlung wir der Auslegung bedürfen. Das galt bisher für den Fall, daß Buchstabensinn und historischer Geist des Gesetzes zueinander in ein Spannungsverhältnis traten. Und wenn wir nun heute wissen, daß der historische Geist des Gesetzes einem fortschrittlichen, soziologisch urteilenden Geist zu weichen hat, ist es dann nicht das technisch einfachste, das geradezu gegebene Aussöhnungsmittel, daß wir die extensive und die restriktive Interpretation in den Dienst des neuen Geistes stellen? Wir würden einen Mangel an Augenmaß für die praktischen Möglichkeiten und Mittel des Rechtslebens verraten, wenn wir uns eigenwillig auf die Tatsache versteiften, daß „Auslegung" doch eben oft nur Neuschöpfung ist.

2. So wenig wir auf die einschränkende und die ausdehnende Auslegung als jederzeit zulässige technische Hilfsmittel soziologischer Rechtsfindung Verzicht leisten können, vermögen wir die analoge Anwendung sogenannter Ausnahmesätze der Rechtsordnung für unzulässig zu halten. Der altüberlieferte Satz, Ausnahmeregeln seien weder der ausdehnenden Auslegung noch der analogen Anwendung fähig, ist als irrig bereits oft verurteilt worden[132]. Die analoge Erstreckung eines Ausnahmesatzes auf gleichgeartete Interessenkonflikte ist gerade das Charakteristische des oben geschilderten zweiten Haupttypus soziologischer Rechtsfindung: Ein neuer soziologischer Gedanke wagt sich im Gesetz zunächst nur schüchtern in Gestalt einer Sonderregel hervor. Erst die Rechtsprechung bringt ihn dann im Wege der Analogie zur vollen Entfaltung, auf daß er zu einem beherrschenden Prinzip der Rechtsordnung werde.

b) Historisches Werturteil und teleologisches Werturteil

Die Frage der inneren Bindung des Richters an ein außer ihm liegendes Werturteil liegt auf anderem Gebiete. Wir gingen bisher von der Unterstellung aus, daß nicht der historische Normzweck, sondern ein brauchbarer teleologischer Normzweck dem Richter bei dessen Interessenwägung als Leitstern zu dienen habe, und wir behielten uns die nähere Begründung dieser These vor. Erst mit der Stellungnahme zu ihr rücken wir das Problem in seinen Brennpunkt.

Die richterliche Interessenwägung vollzieht sich auf Grund eines *Werturteils,* d. h. 1. auf Grund einer Höherbewertung der typischen Interessen der einen Partei gegenüber den typischen Interessen der anderen Partei um eines bestimmten sozialen Zweckes willen, und 2. auf Grund einer

---

[132] So *Kohler* in Grünhuts Ztschr. 13, 49 ff. und mehrfach: *Zitelmann,* Lücken 24; *Wurzel,* Das juristische Denken (1904), 76 ff.; *Regelsberger* in Jher. Jb. 58, 168; *Hellwig,* Lehrbuch d. dt. CP.rechts II, 166; *Brütt,* Kunst der Rechtsanwendung, 80 ff., 184; *Staffel,* Verh. d. 2. Richtertages, 34; u. a. m.

Inbeziehungsetzung dieser Vorstellung von Zweck und Interessenwert zur Vorstellung von einem normativen Mittel zum Zweck. Zu diesem Werturteil bedarf der Richter eines Maßstabes. Woher nimmt er den? Aus Momenten, die von außen objektiv an ihn herantreten, oder aus der Willkür seiner subjektiven Meinung?

Heck und andere Schriftsteller wollen zum Maßstab dasjenige soziale Werturteil machen, daß sich aus der Gesamtheit der positiven Rechtssätze des Gesetzes und der Entstehungsgeschichte als das historische Werturteil des Gesetzgebers erschließen läßt[133]. Andere stellen den Zweck des Gesetzes in den Vordergrund und treten, mit mehr oder weniger Klarheit und Bestimmtheit, dafür ein, diesen Zweck aus den Rechtsbedürfnissen der Gegenwart zu entnehmen[134]. *Kohler* ging schon früher soweit, für veraltete Gesetze eine Auslegung nach einem neuen, der Gegenwart angepaßten sozialen Zweck in Abweichung vom ursprünglichen Gesetzeszweck zuzulassen[135]. Neuerdings formulierte *Danz* den gleichen Grundgedanken dahin, der Richter sei gebunden an diejenige Auslegung, die sich ergebe aus der „Anschauung der Allgemeinheit der verständigen Volksgenossen seiner Zeit", aus der Anschauung des „Normalmenschen" der Jetztzeit[136].

So sehr diese Theorien in ihrem Ergebnis auseinanderstreben, gemeinsam ist ihnen allen der gesunde Grundgedanke, nach Möglichkeit *objektive* Maßstäbe des Werturteils ausfindig zu machen, die subjektive Willkür des Richters einzuschränken. In der Tat verdient diese Erwägung, Ausgangspunkt und Ziel der Betrachtung zugleich zu sein. Wertvolle Kulturgüter wären bedroht, wenn die Gefahr zu einer brennenden würde, daß subjektiv als gerecht empfundene, von der Rechtsgemeinschaft aber verworfene Maßstäbe in Übung kommen.

aa) Unzulänglichkeit des historischen Werturteils

Eine kritische Betrachtung enthüllt uns nun aber die Unzweckmäßigkeit, ja die Unmöglichkeit des Festhaltens am historischen Gesetzeszweck.

---

[133] *Heck* mehrfach, zuletzt DJZ 1909, 1460 und Rechtsgewinnung, 28, 38; *Oertmann* in Holdheims Monatsschrift 1911, 8 f.; *Oertmann*, Gesetzeszwang und Richterfreiheit (1909), 27 ff.; *Bierling* IV, 256 ff.; *Staffel*, Zweiter Richtertag, 36 f.; *Brütt*, 185 f.; u. a. m. Extrem: *W. Jellinek*, Gesetz, Gesetzesanwendung u. Zweckmäßigkeitserwägung (1913), 162 ff.

[134] *Wieland*, Die historische und die kritische Methode (1910), 29 ff.; *Düringer*, Richter und Rechtsprechung, 19 ff.; *Kantorowicz*, Verh. d. ersten Soziologentages, 281 ff., u. a. m.

[135] *Kohler* in Grünhuts Ztschr. 13, 58 f.: „duplex interpretatio"; derselbe in Jher. Jb. 25, 277 ff.; daselbst S. 270, Anm. 10 nannte er bereits, seiner Zeit weit vorauseilend, die Rechtsprinzipien, nach denen die Neubildung erfolgt, „soziologische Zeitprodukte".

[136] Mehrfach, so in Jher. Jb. 54, S. 48 ff.; Richterrecht 199; Einführung 79 ff.

1. Zunächst stößt schon die Ermittlung des geschichtlichen Zweckes oft auf Schwierigkeiten. Der Wortlaut unserer Gesetzes enthüllt diesen Zweck fast niemals; er verbirgt ihn meist hinter Normen. Die Entstehungsgeschichte aber, namentlich des Bürgerlichen Gesetzbuchs, versagt gerade nach der Seite der Zweckforschung hin in vielen Fällen. Oft ist ein historischer Zweck nicht erkennbar, z. B. deshalb nicht, weil man früheres oder fremdes Recht ohne neue Interessenabwägung kritiklos übernahm[137], oder deshalb nicht, weil ein formales logisches Prinzip, eine konstruktive Idee statt vernünftiger sozialer Interessenabwägung als Taufpaten an der Wiege der Norm gestanden haben. Wir wissen ja, wie bei den Verfassern des ersten Entwurfes der Geist des Windscheidismus umging! Das Festhalten am Grundsatz der Gesetzesfortbildung nach dem geschichtlichen Gesetzeszweck führt also dazu, daß neben dieser legitimen Methode der Rechtsfindung notgedrungen noch eine unlegitime Methode für alle die zahlreichen Fälle bestehen muß, in denen die geschichtliche Zweckforschung schlechterdings versagt. Also gleichsam ein Zustand heimlicher Methoden-Bigamie! Daß dies wünschenswert sei, vermag ich nicht anzunehmen.

2. In anderen Fällen läßt sich als geschichtlicher Zweck einer Norm oder einer Gruppe von Normen wenigstens die Zweckvorstellung von Personen ermitteln, die an der Entstehung des Gesetzes einen hervorragenden Anteil hatten[138]. Hier wäre also ein Festhalten am historischen Werturteil des sog. Gesetzgebers — sit venia verbo — technisch möglich. Aber auch hier muß es m. E. als methodologisch unzulänglich verworfen werden: Es *unterbindet den gesunden Rechtsfortschritt.*

Bekanntlich unterliegen auch Gesetze dem psychologischen Erfahrungssatz, daß das Handeln nach ihnen zur Verwirklichung eines vorgestellten Zweckes oft allmählich noch andere Zwecke enthüllt, die mit jenem zugleich erreicht werden, die vielleicht sogar unmerklich in den Vordergrund treten, zum Nutzen des Gesetzes und seiner Handhabung, aber ohne Zusammenhang mit der historischen Zweckvorstellung der gesetzgebenden Faktoren[139]. Der Gesetzgeber des § 826 BGB hat z. B. nichts davon geahnt, welchen hohen sozialen Schutzzwecken dieser Paragraph im Wettbewerbskampf des Unternehmertums wie im Klassenkampf der Arbeiterschaft sehr bald zu dienen bestimmt sein würde[140]. Ihm lag es gleichfalls fern, zu erkennen[141], daß § 157 BGB dem Zwecke dienen könnte, das offiziell hinausgewiesene partikulare Gewohnheitsrecht in gewissem Umfange und in gewisser Eigenart durch eine Hinter-

---

[137] Dies verkennt auch *Heck* nicht: Rechtsgewinnung 34.

[138] Vgl. oben S. 59 f.

[139] *Staffel* 29 f.; *Wieland* 30 f.

[140] Vgl. *Hedemann*, Werden und Wachsen 15.

[141] Vgl. Prot. d. 2. Komm. I, 625.

pforte wieder hereinzulassen. Wer es mit dem Grundsatz der Bindung an den historischen Gesetzeszweck ernst nimmt, müßte solchem teleologischen Wachstum des Gesetzes sich entgegenstemmen, und das hieße Stillstand und Rückschritt anstelle von Vorwärtsstreben und Entwicklung.

3. Diese hemmende Wirkung der historischen Zwecktheorie tritt noch deutlicher zutage gegenüber solchen Normen, deren typischer Tatbestand durch die nie rastende Arbeit des Lebens eine langsame, aber unaufhaltsame Umgestaltung in verkehrstechnischer, privatwirtschaftlicher, volkswirtschaftlicher, sozialethischer Beziehung erfährt. Veränderte Tatbestände des sozialen Lebens, veränderte Kulturanschauungen heischen neue Werturteile, neue Zwecksetzungen. Sonst bleibt das Gesetz hinter dem Leben zurück und beginnt, eine lebensfeindliche, sozial schädliche Wirkung zu entfalten. Je enger sich die Tatbestandstypen des Gesetzes an konkrete Wirtschafts- und Kulturphänomene anlehnen, wie etwa im Handelsrecht, um so schneller vollzieht sich die Lebensentfremdung der Norm, falls sie sich starr und unabänderlich an den historischen Willen des Gesetzgebers hält. Und je älter das Gesetz wird, je unmoderner die Zweckvorstellungen des damaligen Gesetzgebers uns anmuten, je verblaßter ihre Überlieferung uns entgegentritt, oder je rückständiger ein Gesetz schon im Augenblick seiner Entstehung ist, insofern es seine Normen mehr auf die Verhältnisse der Vergangenheit zuschneidet als auf diejenigen der Gegenwart, desto zwingender empfinden wir die Notwendigkeit einer Anpassung des Gesetzeszweckes an die veränderten Zeitverhältnisse, desto selbstverständlicher erscheint sie uns[142].

Diese Erfahrung hat sich noch stets eingestellt, wenn es galt, ein aus versunkener Kulturperiode stammendes Gesetzbuch für die Rechtsprechung der Gegenwart am Leben zu erhalten. In Österreich z. B. ist durch die Umwälzungen des Lebens eine solche inhaltliche Wandlung des Allgemeinen Gesetzbuchs herbeigeführt, „daß heute wenige Bestimmungen mehr in ihrem ursprünglichen Sinne verstanden werden“[143]. Einem ähnlichen Schicksal verfiel in Frankreich bekanntlich der Code civil. Und ist es nicht bei uns in Deutschland auf die gleiche Ursache zurückzuführen, wenn wir heute keinen Mangel darin erblicken, daß unsere namhaftesten Kommentare zur Wechselordnung und zum Handelsgesetzbuch die Leipziger und die Nürnberger Protokolle kaum noch beachten? Selbst das Schicksal unserer jüngsten Kodifikation liefert bereits Beispiele dafür, daß auch die deutsche Rechtsprechung in wichtigen Fragen sich vom historischen Werturteil des Gesetzgebers in kurzer Zeit losreißt. Die Aufnahme der gemeinrechtlichen exceptio doli generalis ins Bürgerliche Ge-

[142] Darauf wies schon *Jordan* hin, ArchCivPr. 8, 209 ff.

[143] *Wellspacher*, Die Zukunft der österr. Privatrechtswissenschaft (Wiener akad. Antrittsrede), 9.

setzbuch ist bekanntlich von der zweiten Kommission ausdrücklich abgelehnt worden. Man befürchtete, durch ihre Zulassung werde „in höchst bedenklicher Weise anstelle der festen Rechtsnorm das subjektive Gefühl des Richters gesetzt und die Grenze zwischen Recht und Moral verwischt“[144]. Dennoch hat das Reichsgericht seit RG 57, 376 mit steigender Entschiedenheit[145] die Unentbehrlichkeit dieses Schutzmittels gegen Sittenwidrigkeit und Treulosigkeit anerkannt, und selbst ein Gegner solcher bahnbrechenden Initiative, wie *Oertmann*, muß bekennen, daß „das vorwärtsschreitende Verkehrsleben leicht Verhältnisse zeitigen kann, die durch die Sonderbestimmungen des Bürgerlichen Gesetzbuches zum Schutz von Treu und Glauben nicht genügend gedeckt werden“[146].

Dieser Abfall der Praxis vom geschichtlichen Werturteil des Gesetzgebers mag oft ein unbewußter gewesen sein. In solchen Fällen erscheint er nicht nur als soziale, sondern ebensosehr als eine psychologische Notwendigkeit. Treffend hat *Spiegel* darauf hingewiesen[147], daß mit psychologischer Notwendigkeit auch der Richter, wenn er unbewußt wertet, im Strome *seiner* Zeit schwimmt, daß er dann die Anschauungen *seiner* Zeit, nicht die Anschauungen der Entstehungszeit des Gesetzes seinem Urteil zugrunde legt. Die Bindung des Richters an das Werturteil des längst verblichenen Gesetzgebers bedeutet also eine willkürliche Rückwärtsrevidierung seiner Rechtsfindung *vom unbewußt Zeitgemäßen in das unbewußt Unzeitgemäße,* in krassen Fällen eine moralische und intellektuelle Selbstaufopferung.

Es gibt in der jüngsten Geschichte der deutschen Rechtspflege ein höchst markantes Beispiel dafür, daß selbst bei der Handhabung eines und desselben Gesetzes, und sogar auf dem Gebiete der Strafjustiz, der Richter von den wechselnden Kulturanschauungen seiner Zeit sich zum mindesten unbewußt leiten läßt. Es ist die Rechtsprechung zu § 153 GewO.

Die Auslegung dieses Paragraphen, namentlich durch die Strafsenate des Reichsgerichts, trug bis zur Schwelle der Gegenwart ein entschieden arbeiterunfreundliches Gepräge: Das Wort „andere“ wurde dahin verstanden, daß es auch den Gegner im Klassenkampf mit umfaßte, nicht nur die im Kampfe auf derselben Seite stehenden Berufsgenossen. Wenn also der Vertrauensmann der Arbeiter vom Unternehmer eine Lohnerhöhung forderte und für den Fall der Nichtbewilligung mit Streik oder Sperre drohte, so machte er sich eines Koalitionsvergehens schuldig[148], wenn

---

[144] Prot. I, 239 f.

[145] Vgl. namentlich RG 71, 435.

[146] Kommentar zum Allgemeinen Teil², 593 f.

[147] *Spiegel* in Grünhuts Ztschr. 36, 27 ff.

[148] RG bei *Reger* 16, 257; RG in Str. 30, 359; 36, 236, zwei Entscheidungen, die bekanntlich eine umfangreiche Polemik hervorgerufen haben. Vgl. *Landmann* in DJZ 1908, 265 ff. und die dort zitierte Literatur und Judikatur.

nicht gar eines Erpressungsversuches[149]. Und zu den gewerblichen Koalitionen im Sinne des § 152 GewO zählte das Reichsgericht auch die Tarifverträge. Also wurde auch die Androhung einer Betriebssperre wegen Nichtbeitritts zu einem Tarifvertrage als Koalitionsvergehen aus § 153 GewO bestraft[150]. Psychologisch wurzelten diese Erkenntnisse in jenem patriarchalisch-konservativen Rechtsempfinden, wonach ein Arbeiter, der um die Erlangung besserer Lebensbedingungen kämpft, sich auflehnt gegen Gott-gewollte Abhängigkeiten.

Das heutige Werturteil der kulturlichen Oberschicht des deutschen Volkes lautet anders. Es sieht in Kapital und Arbeit, in Unternehmertum und Arbeiterschaft gleichwertige Produktionsfaktoren, die im Streik, im Boykott, miteinander einen privaten Interessenkampf ausfechten, der nur unter gewissen Voraussetzungen die öffentliche Wohlfahrt unmittelbar berührt, wie z. B. bei einem Streik im Verkehrsgewerbe. Diese modernere Ansicht, von angeblichen Kathedersozialisten zuerst vertreten, und dann Gemeingut aller sozialpolitisch Gebildeten geworden, sofern sie nicht gerade als beteiligte Interessenten in parteiischen Anschauungen befangen sind, hat heute auch die Rechtsprechung des Reichsgerichts in ihren Bannkreis gezogen. Heute ist die Auslegung des § 153 GewO eine andere, eine mehr arbeiterfreundliche geworden. Das Wort „andere" wird nicht mehr auf die Bedrohung des Kampfgegners mit Streik und Boykott bezogen. Denn wenn das stärkere Kampfmittel des Streiks und des Boykotts nach § 152 GewO straflos sei, könne unmöglich das mildere Kampfmittel der bloßen Androhung bestraft werden[151]. Und der Tarifvertrag wird nicht mehr zu den Verabredungen des § 152 GewO gerechnet, sondern soziologisch richtig gewürdigt[152]. Und wenn den Arbeitern von ihren eigenen Berufsgenossen mit einer Maßregelung gedroht wird, so erblickt jetzt auch hierin das Reichsgericht nicht allemal den Tatbestand eines strafbaren Koalitionszwanges. Es verneint die Widerrechtlichkeit und Strafbarkeit solcher Drohung dann, wenn „dem Drohenden kraft besonderen Rechtstitels ein Zwangsrecht gegenüber dem Bedrohten zusteht"[153], z. B. das Recht auf Ausschließung aus der Arbeiterorganisation.

Was diese Rechtsprechung zum gewerblichen Lohnkampf klar herausstellt, das ist eine Wandlung des richterlichen Werturteils im Strom der Zeitanschauungen, die sich geändert haben dank einer Umgestaltung und Vertiefung unserer soziologischen Erkenntnis. Und so tritt uns hier zu-

---

[149] Auch davor ist das RG nicht zurückgescheut: RG in Str. 21, 114 ff. Vgl. auch RG in Str. 32, 335 ff.; 35, 206.

[150] RG in Str. 36, 236.

[151] RG 64, 59 f. Was die Strafsenate des RG anlangt, so beginnen auch diese einzulenken: RG in Str. 40, 226 ff., 41, 367 ff.

[152] RG 73, 100.

[153] RG 64, 59.

gleich wieder einmal die Wahrheit entgegen, daß Logik und Wortdeuterei doch nur Werkzeuge sind in der Hand einer höheren Rechtsfindung, der teleologischen.

bb) Objektivierung des teleologischen Werturteils

Die Notwendigkeit und Nützlichkeit einer allmählichen Umdeutung des Gesetzes im Einklang mit dem Kulturfortschritt wird gegenwärtig auch von Gegnern der Freirechtsbewegung anerkannt[154]. Das ist ein wertvolles Zugeständnis, das noch vor 10 Jahren unmöglich gewesen wäre. Aber um den Rückzug wenigstens zu maskieren, behauptet man jetzt wohl, diese Korrektur der Rechtsordnung dürfe sich nicht vollziehen durch „bewußten individuellen Einbruch" in die Rechtsordnung, sie vollziehe sich durch die „objektive Tatsache" einer dem Richter unbewußten gewohnheitsmäßigen Umbildung[154].

Daß solche unbewußte Umbildung vorgekommen ist, und daß sie da, wo sie vorkam, kraft gewisser psychologischer Gesetze nicht ausbleiben konnte, haben wir soeben gesehen. Aber daraus folgt noch nicht, daß nun auch rechtspolitisch nur die unbewußte, nicht die bewußte Umbildung zulässig sein soll. Wer das behauptet, stempelt die richterliche Umbildung der Rechtsordnung zu einer Sünde, die, wenn sie unbewußt geschieht, noch läßlich ist, wenn sie aber bewußt geschieht, eine Todsünde bildet. Das ist widerspruchsvolle Kompromißeklektik. Wenn die hohe Aufgabe einer Mitarbeit am Kulturfortschritt des Rechts dem Richter einmal zugewiesen wird, dann darf man nicht mit demselben Atemzug das Ansinnen an ihn stellen, daß er dabei die Augen schamvoll geschlossen halte und seine linke Hand nicht wisse, was seine rechte tut. Damit ehrt man nicht den deutschen Richter. Es ist von ihm im Gegenteil ein möglichst klares Bewußtsein der sozialwissenschaftlichen Zusammenhänge seines Werturteils zu fordern. Denn soziologische Bewußtheit des neuen Werturteils ist die höhere und reifere Form der Rechtsneubildung, verglichen mit der niederen Form des bloßen Sichtreibenlassens im Strom der Kulturentwicklung. Intellektuell hat sie alle Vorzüge, die der bewußten Erkenntnis vor dem unbewußten Instinkt zukommen, wozu auch ein größeres Maß von Objektivität gehört, moralisch genießt sie den Vorzug, die Persönlichkeit des Richters zu heben und zu entfalten.

Und zwar ist die Bewußtheit des neuen Werturteils nicht nur da zu fordern, wo schon das Gesetz selbst dem Richter Vollmacht zur Rechtsfindung aus den wechselnden Kulturanschauungen einräumte, indem es die Norm auf sein Werturteil über „gute Sitten", „Treu und Glauben", „fahrlässige" Handlungsweise, „unbillige Erschwerung des Fortkommens" usw. abstellte — der Fall des Blankettgesetzes —, sondern wir müssen dieselbe Forderung auch da erheben, wo die gesetzgebenden Fak-

[154] Vgl. z. B. *Oertmann*, Komm. z. Allgem. Teil², Einleitung XVIII.

toren dem Richter diese Freiheit nicht zu gewähren vermeinten. So gelangen wir zu dem Postulat:

Der soziale Normzweck ist nicht als geschichtliche Tatsache, sondern als bewußtes teleologisches Prinzip ausschlaggebend. Die Intuition eines autonomen Werturteils, nachgeprüft von der sozialwissenschaftlich gestützten bewußten Reflexion, enthüllt dem Richter den Normzweck, auf den er seine Rechtsfindung abzustellen hat.

Aus diesem Postulat folgt keineswegs, daß subjektive Willkür und isolierte Anschauung dem Richter gestattet wären. Das öffentliche Interesse an möglichster Vorhersehbarkeit, Beständigkeit und Volkstümlichkeit der Urteilsfindung greift vielmehr auch hier als ein wichtiger sozialer Faktor bestimmend ein. Und deshalb ist eine tunlichst große Objektivität bei der Anpassung des Werturteils an die Kulturverhältnisse der Gegenwart anzustreben. Wir formulieren diesen Gedanken zu dem Leitsatz:

In Rechtsfragen von allgemeinem Kulturgehalt hat der Richter seine Interessenabwägung *dem jeweiligen Werturteil der führenden Kulturschicht des Volkes* anzupassen, in Rechtsfragen von engerem sozialen Gehalt *dem Werturteil der führenden Kulturschicht innerhalb der betroffenen sozialen Volksgruppe.*

Nachzufolgen und sich anzupassen, nicht aber als Bahnbrecher dem bisherigen öffentlichen Werturteil sich entgegenzustemmen, das ist also seines Amtes. Als Pfadfinder voranzuschreiten im Widerspruch mit der zur Zeit herrschenden öffentlichen Meinung, das möge der Richter dem Volkswirt, dem Politiker überlassen. Ihn selber brächte es in die Gefahr der Isolierung gegenüber dem zurückgebliebenen allgemeinen Werturteil, seine Rechtsprechung in die Gefahr, hin und her zu schwanken. Erst im sozialen 20. Jahrhundert durfte das Reichsgericht dem § 153 GewO ein arbeiterfreundliches Gesicht geben; 20 Jahre früher, unter der Herrschaft des Sozialistengesetzes, hätte es mit solchem Versuch sich dem damaligen allgemeinen Werturteil entgegengestemmt und allgemeines Kopfschütteln hervorgerufen.

Leider ist das Problem der Objektivierung des richterlichen Werturteils mit dieser Feststellung noch nicht erledigt. Es quillt ringsherum von neuem auf, sobald wir schärfer hinsehen. Es stellt sich nämlich heraus, daß die angebliche Objektivität der Anlehnung an allgemeine Kulturanschauungen in Wahrheit unerreichbar ist. Wenn das Werturteil der führenden Kulturschicht als Richtschnur zu dienen hat, so heißt das nichts anderes als: Der Richter entscheidet nach dem, was er subjektiv, nach bestem Wissen und Gewissen, für das heutige Werturteil der führenden Kulturschicht hält. In seiner Rechtsfindung steckt also hier bereits eine gute Dosis subjektiver Meinung.

In manchen Fällen vollends ist ein Werturteil führender Kulturschichten überhaupt noch nicht feststellbar. Je spezieller und komplizierter die Rechtsfrage, desto leichter bleibt das Werturteil der Laienwelt aus[155], und da heutzutage die Rechtsprechungsfragen bei der Vervielfältigung unseres Wirtschaftslebens und der Verfeinerung unserer Kultur immer komplizierter werden, so wird das Ausbleiben eines Werturteils der Laienwelt immer häufiger zur Tatsache. Da stellt sich denn die *Danz*sche Formel vom „Normalmenschen" als eine inhaltlose Phrase heraus, nicht anders als seine „Verkehrssitte", nicht anders als die von *Kornfeld* ausgegebene Parole[156], der Richter habe zu entscheiden nach „Regeln eines rechtlich-sozialen Verhaltens, das von den — durch isolierte Interessen nicht beirrten — Rechtsgenossen . . . voraussichtlich in allen dem gegebenen Rechtsfall gleichartigen Lebensverhältnissen beobachtet werden wird"[157].

Beispiel: Ob ein Reeder aus seinem Konnossement wegen Nichtverladung der als verladen bescheinigten Güter nach § 651 HGB dem Empfänger auf Schadensersatz zu haften hat, oder ob durch solche Haftung schutzwürdige soziale Interessen verletzt würden, darüber haben die nicht am Seeverkehr beteiligten Volksgruppen heute überhaupt kein Werturteil, da dieser Tatbestandskomplex gänzlich außerhalb ihres geistigen Horizontes liegt. Innerhalb der beteiligten Gruppen der Kaufmannschaft und Reederei wird aber das Werturteil heute noch höchstwahrscheinlich vom subjektiven Interessenstandpunkt diktiert sein und obendrein von mangelnder Einsicht in die juristischen Zusammenhänge zeugen. Bei einer Befragung namhafter Laien würde der Richter höchstwahrscheinlich diametral verschiedene Urteile zu hören bekommen und außerdem noch die betrübende Erfahrung machen, daß die Laienwelt nicht scharf und klar genug denkt, um die Skripturhaftung begrifflich von der Haftung ex recepto, und den Seefrachtvertrag begrifflich vom Konnossementsverhältnis zu scheiden.

Was also tun in solchem Fall? Soll der Richter hier etwa auf den Versuch soziologischer Rechtsfindung verzichten? Soll er warten, bis innerhalb der betreffenden Volkskreise ein festes Werturteil sich herausgebildet hat? Dem kann ich nicht beipflichten. Denn damit wäre die soziologische Methode gerade für die wichtigsten Fälle kalt gestellt. Hier handelt es sich nicht darum, wie im Fall des § 153 GewO, einem vorhandenen allgemeinen Werturteil als Bahnbrecher entgegenzutreten,

---

[155] *Brütt* 106 ff.

[156] *Kornfeld*, Soziale Machtverhältnisse (1911), 100 ff. Ähnlich *Carl Schmitt*, Gesetz und Urteil (1912), 71: Eine richterliche Entscheidung sei heute dann richtig, „wenn anzunehmen ist, daß ein anderer Richter ebenso entschieden hätte". Der „andere Richter" sei der empirische Typus des modernen rechtsgelehrten Juristen.

[157] *Kornfeld*, 116.

sondern darum, als Wertbildner einzuspringen, wo die öffentliche Meinung noch keine Werte schuf. Diese Befugnis macht aber recht eigentlich das Wesen fortschrittlicher soziologischer Rechtsprechung aus und ist rechtspolitisch unentbehrlich. Daraus entnehmen wird als weiteren Leitsatz, entgegen der heute immer noch herrschenden Ansicht:

Wo der Anschluß an ein Werturteil führender Kulturschichten unmöglich ist, hat der Richter nach eigenem Werturteil seine normative Interessenwägung vorzunehmen.

So bewahrheitet sich hier das, was vor mehr als einem Menschenalter *Adickes*[158] in einer Schrift verkündet hat, die damals das Mißfallen aller rechtschaffenen Zunftgenossen erregte, weil sie ihrer Zeit weit vorauseilte: Es ist die subjektive Vernunft des Richters die in letzter Instanz entscheidende Rechtsquelle.

Man kann aber fragen: Gibt es wenigstens einzelne anerkannte Wertmomente, die für die Interessenwägung des Richters im Rahmen seiner subjektiven Vernunft richtunggebend sein könnten, gibt es ein erkennbares letztes Ziel, dem diese Interessenwägung zustreben soll? Darauf möchte ich antworten: Entscheiden muß nach meiner Auffassung die Vorstellung des Richters davon, durch den Schutz welcher der beiden in Konflikt geratenen Interessenlagen dem Zweck des Rechtes besser gedient wird; und als Zweck des Rechtes nehme ich mit *Kohler*[159] an: Förderung des Kulturfortschritts der im Staate organisierten menschlichen Gemeinschaft. Es hat hiernach dasjenige Interesse Anspruch auf den besseren Rechtsschutz, dessen Erhaltung für das soziale Ganze, für den Kulturfortschritt schwerer wiegt. Mit solchem Werturteil leistet der Richter Kulturpflege, und daß er dies tut, ist kein Zufall und keine Willkür; es entspricht der Tatsache, daß in Deutschland seit langem der Rechtsstaat sich zum Kulturstaat emporgearbeitet hat[160].

Aber seien wir ehrlich: Wenn die Richtung auf ein als Ideal vorschwebendes bestimmtes Endziel diese richterliche Kulturpflege auch mit dem Anschein einer gewissen Objektivität umgeben mag, in Wahrheit ist die Setzung eines letzten Zweckes der Rechtspflege selbstverständlich keine objektive Wissenschaft mehr, sondern subjektive Metaphysik. Wir berühren damit die letzten und tiefsten Fragen nach dem Woher? Wohin? Wozu? des menschlichen Lebens. Will man uns darob schelten? Wenn die Norm, die sich die Parteien im Rechtsgeschäfte selber setzen, nur dem

[158] *Adickes,* Zur Lehre von den Rechtsquellen (1872), 9 ff.; *O. Bülow,* Gesetz und Richteramt (1885); *Gmelin,* 60 ff.

[159] Mehrfach, so: Das Recht als Kulturerscheinung (1885); Lehrbuch der Rechtsphilosophie (1909), 38 ff.; Einführung in die Rechtswissenschaft[3], § 3; Enzyklopädie[7] I, § 3 u. 9; vgl. auch *Brütt,* 129 ff.; *v. Calker,* Ethische Werte im Strafrecht (1904); *M. E. Mayer,* Rechtsnormen und Kulturnormen (1903).

[160] Darauf macht *Vierhaus,* Methode und Rechtsprechung, 22, aufmerksam.

Interessenzweck der Parteien entnommen werden kann, wenn die Norm, die wir aus dem Gesetz schöpfen, nur durch den sozialen Zweck des Gesetzes inhaltlich erkennbar wird, so kann jene höchste Norm, die der Richter zum allgemeinen Maßstab seiner Interessenwägungen macht, nur aus dem Zweck des Rechtes selbst erschlossen werden. Daß wir dabei über aprioristische Maximen, über subjektives Wähnen nicht hinauskommen, ist mit der Begrenztheit menschlichen Erkenntnisvermögens nun einmal gegeben. Im Reich der Politik wie im Reich der Metaphysik suchen nur Toren nach objektiven Maßstäben. Der Richter aber ist Wertsetzer und Willensbildner, und daher letzten Endes auch Politiker, auch Metaphysiker.

c) *Die Formvorschriften des Gesetzes*

Während die uneingeschränkte Anwendung der entwickelten Methode gegenüber Ausnahmesätzen der Rechtsordnung, wie wir sahen, zu bejahen ist, geraten wir in Zweifel bei der Frage: Gilt die Methode ohne Einschränkung auch für die Behandlung der rechtsgeschäftlichen Formvorschriften des Gesetzes, oder sprechen hiergegen vielleicht innere, dem Wesen des Formzwanges entnommene Gründe? Es ist verdienstlich, daß *Danz*[161] die methodologische Behandlung der für Rechtsgeschäfte vom Gesetz verlangten Formen auf eine neue Grundlage gestellt hat. Diese Grundlage heißt: Rechtsfindung aus einem brauchbaren sozialen Zweck des gesetzlichen Formzwanges. Mit anderen Worten: Die soziologische Methode bewährt sich auch hier. Gerade bei Rechtsgeschäften widerstreitet der Formzwang so leicht unseren heutigen Kulturanschauungen, die auf Freiheit, Treue und Nüchternheit des rechtsgeschäftlichen Verkehrs abgestellt sind, daß nur ein erkennbar angemessener sozialer Gegenwartszweck den Formzwang uns erträglich macht. Zwecklose Formen empfinden wir als sinnlose Bevormundung, als Knebelung, richterliche Ungültigmachung eines Rechtsgeschäfts wegen Nichtbeachtung solcher zwecklosen Form als ein uns zugefügtes materielles Unrecht, als eine Erschütterung der moralischen Grundlagen unseres rechtsgeschäftlichen Verkehrs.

Wenn ich hiernach im Ergebnis im wesentlichen *Danz* beitrete, so scheint mir doch die methodologische Formulierung des Problems der Klärung zu bedürfen. Es sind m. E. drei Erscheinungen zu trennen.

1. Die rechtsgeschäftlichen Formvorschriften des Gesetzes, auch diejenigen über letztwillige Verfügungen, unterliegen der einengenden und ausdehnenden Auslegung sowie der analogen Anwendung auf soziologischer Basis. Ergibt sich, daß der Wortlaut des Gesetzes nicht so weit reicht wie der zu unterstellende historische oder autonome soziale Form-

[161] Jher. Jb. 54, 54 ff.; Richterrecht, 205 ff.; Auslegung[3], 174 ff., 292 ff.; Einführung, 92 ff.

zweck, so ist eine ausdehnende Auslegung bzw. analoge Anwendung, im entgegengesetzten Fall eine einschränkende Auslegung angezeigt. *Danz* führt treffend als Beispiele an[162]: Ausdehnende Erstreckung der Form des § 313 BGB auf Vorverträge[163], restriktive Auslegung der Form des § 766 BGB, so daß Abreden nicht der Schriftform bedürfen, welche die Bürgschaftsverpflichtung einengen oder abschwächen.

2. Man muß indessen einen Schritt weiter gehen. Wenn die soziale Berechtigung des Formzwanges lediglich darauf beruht, daß die Einhaltung der Form der Verwirklichung eines bestimmten sozialen Zweckes dient, so ergibt sich: Das Beharren auf dem Formzwang ist dann ungerechtfertigt, wenn im konkreten Fall die Form zwar von den Beteiligten nicht beachtet wurde, wenn es aber feststeht, daß der soziale Zweck der Form dennoch auf andere Weise als durch Formbeachtung erreicht worden ist[164]. Bei solcher Sachlage wäre das Festhalten an der Form zwecklos. Es liefe darauf hinaus, die Form zum Selbstzweck zu machen, und was das für das moralische Ansehen unserer Rechtsprechung heißen will, hat ein einsichtsvoller Laie in die bezeichnenden Worte gekleidet[165]:

„Unsere Juristen aber verfallen dem Fluch, jene Formalien zum Selbstzweck zu erheben, und geraten so in die Gefahr, das Recht nicht mehr zu sichern, sondern es jedem Advokatenkniff preiszugeben."

Der Richter hat hiernach rechtsgeschäftliche Formverstöße der Beteiligten je nach dem sozialen Zweck der Form verschiedenen zu beurteilen. Da, wo die Form infolge ihrer anderweitigen Zweckverwirklichung gegenstandslos ist, wird er auch das formwidrige Rechtsgeschäft aufrecht erhalten, sofern nicht schon die Schwierigkeit sich dadurch beheben läßt, daß die betreffende Formvorschrift an und für sich restriktiv auslegbar ist und bei genügend restriktiver Auslegung ein Formverstoß überhaupt nicht vorliegt.

Beispiele:

a) Steht bei einem eigenhändigen Testament die Echtheit, Ernstlichkeit, materielle Gültigkeit und inhaltliche Bestimmtheit des letzten Willens einschließlich Ort und Zeitpunkt der Errichtung genügend fest, so beeinträchtigt eine Ungenauigkeit der Form im Sinne des § 2231 Ziff. 2 BGB die Gültigkeit des Testaments nicht. Es schadet z. B. nichts, daß das Ortsdatum vorgedruckt ist statt eigenhändig geschrieben, oder daß das Zeit-

---

[162] Richterrecht 206 und dazu RG 67, 42 ff. einerseits, RG 71, 415 f. anderseits.

[163] Treffend hierzu *Biermann*, Bürgerl. Recht I (1908), 223.

[164] *Danz*, Richterrecht, 210.

[165] *Seeck* in den Grenzboten 1911, 131 ff. (zitiert von *Danz*, a.a.O., 214). Vgl. hierzu auch *Reichel* im ArchCivPr. 104, 148 f. und RG 51, 350: „Es kann nicht angenommen werden, daß im Rechtsverkehr zwecklose und überflüssige Handlungen gewollt sind."

datum falsch ist, oder daß es der Unterschrift nachfolgt. Die Zulässigkeit dieser Abweichungen vom Regelfall ergibt sich, richtiger Ansicht nach, schon aus einer restriktiven Auslegung der Formvorschrift des § 2231 Ziff. 2[166]. Aber selbst wenn sie im allgemeinen durch den Wortlaut dieser Norm nicht gedeckt wären, so folgte ihre Zulässigkeit im konkreten Fall doch aus der Erwägung, daß zwecklose Formen keinen Anspruch auf Rechtsschutz haben. Und Zweck jener Formalien des eigenhändigen Testaments ist lediglich, für die leichtere Beweisbarkeit sowie für die Echtheit, Ernstlichkeit, inhaltliche Bestimmtheit und rechtliche Unanfechtbarkeit des letzten Willens zu sorgen, und diese Umstände stehen hier, wie wir unterstellten, ohnedies fest.

b) Steht bei einem gezogenen Wechsel die Echtheit, Ernstlichkeit und inhaltliche Bestimmtheit des wechselmäßigen Verpflichtungswillens des Ausstellers einschließlich Ort und Zeitpunkt genügend fest, so ergibt sich daraus mitnichten die Wirkungslosigkeit der Weglassung der Wechselklausel, ein solcher Wechsel ist vielmehr nichtig. Denn hier gehört es auch zu den sozialen Aufgaben dieser Formvorschrift, daß sie eine Schutzwehr schafft gegen voreilige Übernahme wirtschaftlich tiefeinschneidender Verpflichtungen, daß sie ein „Warnungszeichen ist für unerfahrene Personen“[167], und daß sie den Tatbestand einer Wechselverpflichtung vom Tatbestand einer bloßen Zahlungsanweisung in einer auch für den späteren Papierinhaber äußerlich leicht erkennbaren Weise scharf scheidet, was angesichts der sehr verschiedenen Rechtsfolgen von Wechselausstellung und Zahlungsanweisung den Interessen der am Wechselverkehr beteiligten Handels- und Gewerbekreise entspricht.

Danz glaubt nun die Nichtbeachtung der im konkreten Fall zwecklosen Formvorschrift des Gesetzes methodologisch auf die nämliche Formel zurückführen zu können, wie die Nichtanwendung des § 766 BGB gegenüber Abreden, welche die Bürgschaftsverpflichtung einengen. Er spricht in beiden Fällen davon[168], daß der Richter einen „Ausnahmerechtssatz“ schaffe, der für seinen Fall die Nichtanwendbarkeit der sonst zutreffenden Norm feststellt. Dies ist nicht richtig. Die Nichtanwendung des § 766 auf jene Fälle wird dadurch erreicht, daß der gesetzliche Tatbestandstypus der Norm im Einklang mit ihrem Zweck durch restriktive Auslegung eingeengt wird. Dann ergibt sich, daß der konkrete Tatbestandstypus damit nicht kongruent ist, also außerhalb jener Sondernorm und ihres Zweckes steht, somit unter die übrigen Vorschriften des Gesetzes zu subsumieren ist, woraus sich die Formfreiheit ergibt. Im Falle des eigen-

---

[166] Vgl. *Hedemann*, Werden und Wachsen (1912), 57, Anm. 1; *Danz* in Jher. Jb. 54, 59 ff.

[167] *Thöl*, Protok. der Leipziger Wechsel-Konferenz, 16 f.

[168] Richterrecht, 210.

händigen Testaments liegt dagegen die Sache so, daß die Kongruenz des gesetzlichen Tatbestandstypus mit dem konkreten Tatbestandstypus durch keine noch so einengende Auslegung des Gesetzes beseitigt werden kann. Es handelt sich dort wie hier um Ausstellung eines privatschriftlichen Testaments. Die Fesseln der Form hier zu lockern, das heißt nicht, den konkreten Fall unter den Tatbestand einer anderen Gesetzesvorschrift subsumieren, sondern es kann ein Dreifaches bedeuten: Entweder 1. die allein mögliche Subsumtion unter § 2231 Ziff. 2 vornehmen und dann dem Wortlaut der dortigen Norm durch restriktive Auslegung die Spitze abbrechen; oder es heißt 2. eine Verletzung des § 2231 Ziff. 2 annehmen, aber diese Verletzung kraft einer restriktiven Auslegung der allgemeinen Vorschrift des § 125 Satz 1 BGB für unschädlich erklären[169]; oder endlich es bedeutet 3. eine Verletzung auch von § 125 zugeben und rechtsprechen *gegen den Wortlaut des Gesetzes*. Der „Ausnahmerechtssatz", mit dem *Danz* das Problem zudeckt, hat also in den beiden Fällen eine methodologisch durchaus verschiedene Bedeutung.

3. Wir berühren damit einen neuen Brennpunkt des Problems: Die Rechtsprechung gegen den Wortlaut des Gesetzes. Ist sie möglich, zulässig, unter Umständen sogar geboten? Oder wirft sie den Funken in das Pulverfaß, daß der feste Rechtsbau zerbersten und zusammenstürzen muß? Davon sogleich. Hier muß zunächst noch darauf hingewiesen werden, daß das gleiche Problem des Judizierens contra legem in unserem Zusammenhange noch bei einer anderen Konstellation wiederkehrt. Wenn nämlich die im konkreten Falle zwecklos gewordene Rechtsform nicht mehr Anspruch auf den Schutz des Richters hat, so muß das gleiche um so mehr gelten von der Formvorschrift, die *allgemein* und für alle Fälle vom Standpunkt unserer heutigen Kulturanschauung aus als eine Form ohne Sinn und Zweck, als zweckwidrig und sozial schädlich empfunden wird. Es nimmt hier das Problem die schon einmal berührte Gestalt an[170]: Wenn angesichts der sozialen Unhaltbarkeit des Normzweckes die Anwendung der inhaltlich feststehenden Gesetzesvorschrift nur unter erheblicher Verletzung unseres sozialwissenschaftlich geleiteten Rechtsgefühls möglich ist, darf dann der Richter vom Gesetzeswort abweichen?

---

[169] Indem nämlich § 125 eingeschränkt wird durch Hinzufügung des Vorbehalts: „es sei denn, daß der Zweck der Form auf andere Weise erreicht wird". Diese einschränkende Auslegung halte ich für zulässig. Aus dieser Auffassung ergibt sich zugleich meine Stellungnahme zu der von *Reichel* im ArchCivPr. 104, 1 ff. erörterten Frage, inwieweit die Formnichtigkeit eines Verpflichtungsgeschäftes durch Anerkenntnis des Klageanspruchs, Prozeßvergleich oder Verzicht geheilt werden kann: Ist der soziale Formzweck auch ohne Formeinhaltung gewahrt, so hat der Richter den Formmangel m. E. von Amtswegen zu ignorieren; die Frage der Heilung wird also dann überhaupt nicht praktisch. Ist der Formzweck aber bisher nicht gewahrt, so hängt die Heilkraft jener Prozeßhandlungen in erster Linie davon ab, inwieweit durch *sie* der Formzweck verwirklicht wird.

[170] Vgl. oben S. 66.

d) *Rechtsprechung gegen den Wortlaut des Gesetzes?*

Der große Kulturgewinn der soziologischen Rechtsfindungsmethode liegt darin, daß sie die Rechtsordnung befähigt, sich elastisch den neuen Tatsachen unseres so schnell voranschreitenden sozialen Lebens anzupassen. Lebensfortschritt und Rechtsfortschritt werden zu Parallelerscheinungen, die Gefahr einer Rechtsprechung, deren soziale Unhaltbarkeit die öffentliche Meinung erregt, die Gefahr einer dem Leben nachhinkenden Rechtsordnung ist verringert. Aber das Schritthalten mit dem Leben scheint doch eine äußerste Grenze haben zu sollen: Ist dem Wortlaut des Gesetzes wenigstens die Bedeutung einer Schranke der Rechtsfindung geblieben, nachdem er seine Rolle als Richtschnur für den Norminhalt seit langem ausgespielt hat[171]? Wenn nicht, dann hätten wir ein Judizieren contra legem für zulässig zu erklären.

Vielen gilt es heute noch als ein verderbenschwangeres Wagnis, dies Problem auch nur anzurühren. Ist es doch freirechtliche Ketzerei im schlimmsten Sinne, von einer Rechtsprechung gegen das Gesetz zu reden! Und doch muß die Frage herzhaft angefaßt werden[172].

Um jede Voreingenommenheit abzustreifen, geziemt zunächst folgende Feststellung: Bekannte Vertreter der Freirechtslehre wie *Kantorowicz* und Ernst *Fuchs* haben sich neuerdings ausdrücklich dagegen verwahrt, eine Rechtsprechung gegen den klaren Wortlaut des Gesetzes verteidigen zu wollen[173]. Es fehlt an ausreichenden Gründen, die Ehrlichkeit dieser Erklärung anzuzweifeln, mag sie sich vielleicht auch als eine Mauserung darstellen[174]. Dagegen wollen wir uns dessen erinnern, daß der Gedanke einer Rechtsprechung gegen den Wortlaut des Gesetzes von jeher auch bei einsichtsvollen Vertretern der alten Schule Anhänger gehabt hat. Wir scheinen recht gedächtnisschwach geworden zu sein! Wie es heute meist vergessen ist, daß *Heck* schon in seiner „Großen Haverei" die soziologische Methode zur Tat zu machen bestrebt war, so verschweigt man heute gern und gut, daß *Cosack* und *Kohler* sich am Problem der Rechtsprechung gegen das Gesetz seit langem versucht haben, ganz zu schweigen von dem, was schon *Savigny* ausführte.

Cosack will als selbständige Rechtsquelle, selbst im Widerspruch zu Gesetz und Gewohnheit, „das Bedürfnis des Rechtslebens" anerkennen[175]

---

[171] Vgl. hierzu *Mendelssohn-Bartholdy*, Das Imperium des Richters, 153: „Das Gesetz ist eine Fessel für den Richter, eine Schranke für sein Imperium."

[172] Vgl. außer *Kohler* und *Cosak* (unten S. 334) namentlich *Rumpf*, Gesetz und Richter (1906), 77 f. und im Arch. f. Rechts- und Wirtschaftsphilosophie II, 202; *Brie*, daselbst III, 532; *Carl Schmitt*, 111 ff.

[173] *Kantorowicz*, Die Contra-legem-Fabel, in DRZ 1911, 258 ff.; derselbe in Verh. d. ersten Soziologentages, 287; *Fuchs*, Kulturkampf, 116; Gemeinschädlichkeit, 129.

[174] Der Ausdruck fiel auf dem 2. Deutschen Richtertag. Vgl. Stenogr. Bericht, 14.

[175] Bürgerl. Recht[6] I, 21, 29 f.; Handelsrecht[7], 18.

und folgert daraus beispielsweise, daß ein aus Versehen durchstrichenes Wechselindossament gültig bleibe gegen den Wortlaut des Art. 36 WO; und *Kohler* hat schon vor Jahrzehnten ausgeführt, wie die allmähliche Wandlung des Zeitgeistes dahin führen könne, ein veraltetes Gesetz so restriktiv auszulegen, daß die ganze Vorschrift sich in nichts auflöst[176]. Er sprach es offen aus, daß hier unter dem Deckmantel der Auslegung eine gewohnheitsrechtliche Neubildung sich vollziehe[177].

Die Frage nach der Möglichkeit einer Abweichung des Richters vom Gesetzeswortlaut ist also keine diabolische Einflüsterung gottverlassener Modernisten, wie man uns so gern glauben machen will, sie ist ein sehr ernst zu nehmendes Problem von wesentlich höherem Alter als alle Freirechtsketzerei. *Kohler* deutete damals bereits an, daß man zwei Seiten der Sache zu scheiden habe: die entwicklungsgeschichtliche Tatsache und die normative, rechtspolitische Seite[178].

aa) Die entwicklungsgeschichtliche Tatsache

Man braucht in der Rechtsgeschichte nur um eine kurze Spanne Zeit zurückzudenken, um zu gewahren, daß mehrfach bei den Kulturvölkern Europas die Rechtsprechung über den Wortlaut des Gesetzes hinweggeschritten ist, ohne daß die Zulässigkeit und Ordnungsmäßigkeit dieses Verfahrens von der öffentlichen Meinung verneint worden wäre. So verschieden auch jeweils die nationalen Begleiterscheinungen dieser Tatsache sein mochten, *eine* Grundursache war doch stets gemeinsam: Die *Überalterung eines Gesetzes.* Je größer die zeitliche Entfernung vom Augenblicke der Emanation des Gesetzes, oder je größer die virtuelle Entfernung, indem das Gesetz schon im Augenblick seiner Entstehung technisch-wirtschaftlich rückständig war oder die Lebenserscheinungen sich besonders schnell veränderten, desto häufiger drängte die Gewalt der Tatsachen dazu, gegen den Wortlaut des Gesetzes Recht zu sprechen, damit kein Riß aufklaffte zwischen Rechtsübung und Kulturanschauung, zwischen Richterwort und Volksüberzeugung.

Oft zitiert ist das Beispiel der Peinlichen Gerichtsordnung. Sie blieb im Zeitalter des Naturrechts und der beginnenden Aufklärung nur dadurch erträglich, daß die Praxis des 18. Jahrhunderts von ihren drakonischen Strafdrohungen abwich. Um aber auf dem Gebiet des Zivilrechts zu bleiben, so wurden während des verflossenen Säkulums das Preußische Landrecht so gut wie das französische Recht zu einer Fundgrube für das Phänomen allmählicher Loslösung der Rechtsprechung vom Gesetzes-

---

[176] In Grünhuts Ztschr. 13, 59 f.; Ztschr. f. vergleich. RW 5, 325 f., 391 f.; Jher. Jb. 25, 288 ff.; *Müller-Erzbach* in Jher. Jb. 53, 340 f.

[177] a.a.O.

[178] Jher. Jb. 25, 288 ff.

wort. Das hat man bei Formvorschriften ebenso wie bei materiellen Normen beobachten können.

Beispiele:

a) Nach Art. 137 code de commerce bedarf das französische Wechselindossament zu seiner Gültigkeit der Hinzufügung von Datum, Valutaklausel und Orderklausel. Art. 138 fährt fort:

Si l'endossement n'est pas conforme aux dispositions de l'article précédent, il n'opère pas le transport; il n'est qu'une procuration.

Das formwidrige Indossament soll also die Rechte aus dem Wechsel nicht übertragen, sondern nur die Bedeutung einer Inkassovollmacht haben. Diese Formgebundenheit des Indossaments erklärte sich historisch aus der Tatsache, daß das Indossament ursprünglich als Ersatzmittel für die Ausstellung eines neuen Grundwechsels galt, daher auch ähnlichen Formerfordernissen wie ein Grundwechsel unterlag. Im Augenblick der Emanation des code de commerce war diese Tatsache freilich längst zu einer geschichtlichen Erinnerung verblaßt. Dennoch übernahm man die alte Vorschrift der Ordonnance[179], anstatt die Form des Indossaments in Anpassung an dessen geänderte soziale Funktionen zu vereinfachen. Das erwies sich als eine Unterwerfung des Wechselverkehrs unter Rechtsformen ohne berechtigten Zweck. Natürlich versuchte der französische Wechselverkehr, diesem drückend gewordenen Formzwang sich zu entziehen, namentlich die Vorteile des elastischen Blankoindossaments wollte oder konnte auch er sich nicht entgehen lassen. Und diesem dringenden Verkehrsbedürfnis vermochte die französische Rechtsprechung nicht zu widerstehen. Nachdem sie anfänglich in den Worten: „il n'est qu'une procuration" sprachgemäß eine unwiderlegliche Rechtsvermutung erblickt hatte, milderte sie die Strenge dieses Satzes später dahin, daß das Gesetz nur eine widerlegbare Rechtsvermutung für das Vorliegen einer Inkassovollmacht, eine bloße Auslegungsregel aufstelle. Wenigstens im Verhältnis zum unmittelbaren Vormann — nicht im Verhältnis zu Dritten — wurde es dadurch dem Indossatar eines formwidrigen Indossaments ermöglicht, wenn er auf Herausgabe der Wechselsumme belangt ward oder seinerseits Regreß zu nehmen wünschte, jene ihm ungünstige Vermutung zu widerlegen durch den Nachweis, daß er seiner Zeit bei Empfang des Wechsels seinem Vormann Valuta geleistet hatte. Gelang dieser Beweis, so verschaffte nunmehr auch das formwidrige Indossament dem Indossatar die Rechtsstellung eines Wechselgläubigers gegenüber seinem unmittelbaren Vormann[180]. Man sieht: Über den Wortlaut des Gesetzes ging hier die Rechtsprechung zur Tagesordnung über.

---

[179] Ord. tit. V, art. 23 ff., namentlich art. 25.

[180] *Thaler*, Traité élém. de droit commercial[4] (1910), Nr. 1492 - 1498; *Lyon-Caën* et *Renault*, Traité de droit comm.[5], IV, Nr. 147 ff.; *Sirey*, Le Code de

b) Daß ein gleiches Schicksal auch materiellen Normen in Frankreich widerfahren ist, dafür bildet das berühmteste Beispiel die schon früher von *Kohler*[181] ausführlich gewürdigte Beiseiteschiebung des alten Art. 340 code civil Satz 1:

In technisch interessanter Weise, auf dem Umwege über Art. 1382 code civil, ward die Bedeutung jener Norm mehr und mehr abgeschwächt und schließlich in ihr Gegenteil verkehrt. Der Alimentationsanspruch des Kindes trat jetzt auf in der Verkleidung einer Schadensersatzforderung der geschädigten unehelichen Mutter. Und wiederum lag das treibende Moment dieser Umgestaltung in dem Wunsche, das in seiner Grausamkeit rückständige Gesetz den veränderten sozialen Anschauungen und Zweckvorstellungen der Nachwelt anzupassen.

bb) Das normative Problem

Nun wäre es selbstverständlich voreilig, aus der geschichtlich häufiger feststellbaren Tatsache einer Rechtsprechung gegen den Wortlaut veralteter Gesetze ohne weitere Nachprüfung eine entsprechende Anweisung für den deutschen Richter der Gegenwart zu entnehmen. Dazu ist die Frage nach der Möglichkeit solches Verfahrens doch zu innig verwoben mit den feinsten und geheimsten Tatsachen der Volkspsyche und der Landeskultur. Wenn es in der Eigenart französischer Gesetzbücher mit ihrer Selbstbeschränkung auf elastische, epigrammatisch kurze Leitsätze liegen mag, und wenn es französischer Abneigung gegen straffe Disziplin und Gesetzesautorität entsprechen mag, den Grundsatz: Au-delà du Code, mais *par* le Code" allmählich umzuwandeln in den weiterreichenden Grundsatz: „Au-delà du Code et *sans* le Code", wenn die soziologische Rechtsschule eines *Gény*[182], *Lambert*[183], *Saleilles*[184], *De la Grasserie*[185], *Cruet*[186], *Rolin*[187] und anderer sich bis zum Schlagwort von der „désuétude", „la mort naturelle des lois"[188] vorgewagt hat, so folgt daraus noch nicht, daß uns heute in Deutschland ein gleiches frommt. *Kohler* hat sich denn auch seinerzeit dagegen verwahrt, dem Richter eine Anweisung zum Abweichen vom Gesetz zu geben; er meinte, nur unbewußt löse sich der Richter allmählich vom Gesetze los[189].

---

commerce annoté[3] (1905) zu art. 138; *Späing,* Französisches, Belgisches und Englisches Wechselrecht (1890), 60, Anm. 3; *Einert,* Wechselrecht (1839), 125 ff.

181 In Jher. Jb. 25, 279 ff.; *Puchelt* in Ztschr. f. französ. Civilrecht, 2, 336.

182 Méthode d'interprétation etc.

183 La fonction du droit civil comparé (1903).

184 Le Code civil et la méthode historique, in: Le Code civil. Livre du centenaire (Paris 1904) I; Introduction à l'étude du Code civil allemand (übersetzt von *Leonhard,* 1905).

185 Les principes sociologiques du droit civil (1906).

186 La vie du droit et l'impuissance des lois (1908).

187 Prolégomènes etc.

188 *Cruet,* 252 ff.

189 Jher. Jb. 25, 288 ff.

Ob diese Ansicht der geschichtlichen Tatsache ganz gerecht wird und nicht die soziologische Einsicht und Willenskraft französischer Richter doch vielleicht unterschätzt, kann unentschieden bleiben. Als ein normatives Programm gewürdigt, verdient sie jedenfalls Widerspruch. Denn nicht ein unbewußtes Sichtreibenlassen von den jeweiligen Kulturanschauungen, sondern bewußte und ständig erneuerte Initiative zur Anpassung des Rechtes an die sich wandelnden Lebensbedürfnisse, ein bewußtes Werten und Wollen ist es, was wir vom soziologisch geschulten deutschen Richter erwarten dürfen[189a]. Und da möchte ich behaupten: Ob und wann es hierbei in der deutschen Rechtspflege zum Bruch mit dem Gesetzeswort kommen darf, *das ist nicht sowohl eine Frage des unwandelbaren Prinzips als eine Frage des nationalbedingten Schrittmaßes der Rechtsentwicklung.*

Die nähere Betrachtung zeigt nämlich, daß auch die deutsche Rechtsprechung der Gegenwart gelegentlich den entscheidenden Schritt bereits gewagt hat, und sie offenbart uns auch, daß dies nicht ohne triftige logische und rechtspolitische Gründe geschah.

α) Logische Gesichtspunkte

Bei der Rechtsfindung aus dem sozialen Zweck des Gesetzes kann es sich herausstellen, daß dieser weiterreicht, als der Wortlaut des Gesetzes prima facie zu reichen scheint. Dann kommt es zu einer ausdehnenden Auslegung, bis der Wortlaut das gewünschte Ergebnis wenigstens notdürftig deckt. Zeigt es sich aber, daß selbst bei weitherzigster Auslegung der Wortlaut immer noch nicht weit genug reicht, um die gewollte Norm notdürftig zu umspannen, dann macht folgerichtig die ausdehnende Auslegung der analogen Anwendung Platz. Das ist eine Binsenwahrheit. Dennoch mußte ich sie vortragen, um sie ins rechte Licht zu rücken. Denn das Wesentliche dieser Wahrheit ist: *Die Analogie bedeutet eine graduelle Steigerung extensiver Auslegung.* Diese Erkenntnis ist für uns von Wert, sie findet ihr Spiegelbild in den Tatsachen der restriktiven Auslegung.

Wenn sich nämlich herausstellt, daß der soziale Normzweck nicht soweit reicht, wie der gesetzliche Wortlaut prima facie zu reichen scheint, dann ist der Schulfall restriktiver Auslegung gegeben, dann preßt man das Wort, sofern es mehrdeutig ist, bis seine Umrisse sich decken mit den Umrissen des sozialen Normzweckes. Aber leider zeigt sich auch hier bisweilen, daß das Mittel der Auslegung versagt, da der Wortlaut eine Einschnürung nicht verträgt oder trotz aller Einschnürung immer noch weiter reicht, als der soziale Normzweck. Und was geschieht dann? Ja, dann schreitet man, wenn man konsequent sein will, zur Rechtsprechung

[189a] Oben S. 99 f.

gegen das Gesetzeswort, aber im Einklang mit dem Gesetzeszweck. Und dann steht es klar vor aller Augen: Die Rechtsprechung gegen das Gesetzeswort ist *nichts anderes als die graduelle Steigerung restriktiver Auslegung,* gleichwie die Analogie die graduelle Steigerung extensiver Auslegung bedeutet. Sie ist eine logische Konsequenz der Rechtsfindung aus dem sozialen Normzweck, das logische Gegenspiel zur Analogie. Wer also unvorsichtig genug ist, für die Zulässigkeit der Gesetzesanalogie zu schwärmen, der sage sich, daß er eigentlich ein Ketzer ist, der insgeheim auch mit der Freirechtlerei liebäugelt, oder aber er gestehe, daß er ein Orthodoxer ist, der seine Logik opfert, um sein Seelenheil zu retten.

Tatsächlich — und zum Glück für mich — ist der Mut zu solcher Logik und Konsequenz nicht mein gefährliches Reservatrecht. Es haben sich auch deutsche Richter bereits zu ihm bekannt, sobald sie es mit der soziologischen Rechtsfindung ernst nahmen. Und diesmal gebührt die Palme dem Reichsgericht; es ging mit bedeutungsvollem Beispiel voran.

§ 67 HGB bestimmt: Wenn zwischen Prinzipal und Handlungsgehilfen eine Kündigungsfrist bedungen wird, die von der gesetzlichen abweicht, „so muß sie für beide Teile gleich sein". Eine abweichende Vereinbarung „ist nichtig". Kann man sich klarer und unzweideutiger ausdrücken, als es hier geschah? ... Die Frist „muß für beide Teile gleich sein", so sagt das Gesetz. Trotzdem hat das Reichsgericht in RG 68, 317 ff. den Mut gehabt, die Vereinbarung *ungleicher* Kündigungsfristen zwischen Prinzipal und Handlungsgehilfen für *gültig* zu erklären, *wenn* durch solche Vereinbarung der Handlungsgehilfe günstiger gestellt wird als der Prinzipal. Denn der soziale Zweck des § 67 sei lediglich, den Handlungsgehilfen zu schützen, nicht aber, ihm die Erlangung günstigerer Kündigungsfristen, als er sie dem Prinzipal eingeräumt habe, zu verwehren.

In scharfen Umrissen tritt hier der methodologische Zusammenhang der Rechtsprechung contra legem hervor: Sie ist hier die graduelle Steigerung restriktiver Auslegung, da selbst bei engster Auslegung der Wortlaut des § 67, insoweit eindeutig klar, immer noch weiterreicht als der soziale Normzweck[190].

Nun wurde hier dem Reichsgericht der entscheidende Schritt dadurch sehr leicht gemacht, daß es nur die goldene Brücke zu betreten brauchte, die ihm die Entstehungsgeschichte des § 67 gebaut hatte. Das Reichsgericht übernahm ohne weiteres den geschichtlichen Zweck der Norm; es

[190] Ein zweites Beispiel gleicher Art liefert GmbH. Gesetz § 82 Ziff. 1. Die Worte: „und Mitglieder einer Gesellschaft mit beschränkter Haftung" reichen weiter als der Gesetzeszweck. Sie sind aus Versehen ins Gesetz hineingeraten. RG in Str. 40, 191 ff., namentlich S. 196, setzt sich mit der herrsch. Meinung über sie hinweg, indem es die Gesellschafter *straffrei* läßt — bewußte Rechtsprechung gegen den Wortlaut des Gesetzes! Vgl. bereits *Savigny,* System (1840) I, 230 ff.

konnte sein Gewissen damit beruhigen, daß es behaglich im „Willen des Gesetzgebers" herumplätscherte. Wenn es aber nach unserer Darlegung grundsätzlich richtig ist, daß statt des historischen Normzweckes ein teleologischer Normzweck Richtungspunkt der Rechtsfindung zu sein hat, dann ist es nicht mehr als logisch, auch dem teleologischen Normzweck gegenüber die gleiche Behandlung der Wortschranke eintreten zu lassen. Das will besagen: Eine Rechtsprechung gegen den Wortlaut ist dann gegeben, wenn 1. der soziale Gegenwartszweck der Norm enger ist als der Wortlaut des Gesetzes selbst bei engster Auslegung, oder wenn er 2. anders ist, als der Wortlaut angibt, oder wenn 3. ein brauchbarer sozialer Gegenwartszweck der Norm überhaupt nicht mehr vorhanden ist. Fall 3 bedeutet, wie ohne weiteres einleuchtet, eine Potenzierung von Fall 1.

β) Rechtspolitische Gesichtspunkte

Aber freilich — logische Erwägungen allein sind selbstverständlich nicht imstande, den Ausschlag zu geben. Dazu ist die Logik ein zu trügerischer Leitstern, dazu stehen zu hohe ethische und soziale Werte auf dem Spiel. Es müssen starke rechtspolitische Gesichtspunkte hinzukommen, um die Zulässigkeit einer Rechtsprechung gegen das Gesetzeswort normativ zu rechtfertigen.

Es scheint zunächst, als müßten Sicherheit und Stetigkeit der Rechtsprechung, als müßte die Achtung vor der Autorität des Gesetzes notwendig Schaden nehmen, wenn der Richter die Wortschranke mit kecker Hand beiseite schieben darf. Allein zum Schutze von Sicherheit und Stetigkeit der Rechtsprechung können und müssen, wie gleich zu zeigen sein wird, Kautelen geschaffen werden. Und was die Achtung vor dem Gesetz anlangt, so pflegen wir Juristen diesen Begriff leider, wie so manchen anderen, reichlich formalistisch aufzufassen. Wir übersehen meist, daß die Achtung vor Gesetz und Richterspruch ungleich mehr gefährdet ist, wenn formal richtige Entscheidungen durch die soziale Unhaltbarkeit der Interessenregulierung oder die soziale Zwecklosigkeit eines festgehaltenen Formzwanges das öffentliche Rechtsgefühl aufstacheln, als wenn der Richter eine dem Kulturbewußtsein seiner Zeit unerträglich gewordene Norm unter sorgfältiger Begründung und mit Vorsicht endlich beiseite schiebt. Was heute in weiten Volkskreisen Mißtrauen gegen die deutsche Rechtspflege ausgesät hat, das ist nicht die Loslösung des Richters vom Gesetz, sondern es ist umgekehrt zu einem guten Teil das übermäßige Festhalten am Gesetzeswort.

Entscheidend für die teleologische Zulässigkeit und Unentbehrlichkeit einer vorsichtigen Loslösung des Richters vom Gesetzeswort ist aber folgendes: Wenn die Wortschranke für den Richter unübersteigbar ist, dann bleibt die soziologische Fortbildung des Rechtes durch ihn notgedrungen unvollkommen. Sie kann unter Umständen das als richtig erkannte Ziel nicht erreichen, sondern muß auf halbem Wege stehen bleiben und sich begnügen mit der Schaffung eines nur unvollkommen brauchbaren Übergangsrechtes, weil eine Wortschranke ihr den weiteren Weg versperrt. Dieser Übergangserscheinung ein Ende zu bereiten, der sozialen Entwicklungstendenz zum völligen Siege zu verhelfen, dazu wären dann nur Gesetzgebung oder Rechtsverordnung berufen.

Aber der Gesetzgebung haften gerade in diesem Falle nicht unerhebliche technische Mängel an. Wie schon von anderer Seite verschiedentlich erörtert, arbeitet sie langsam und bringt günstigenfalls erst Abhilfe, nachdem der Zwang des Gesetzeswortes durch eine Häufung soziologisch unhaltbarer Entscheidungen die öffentliche Meinung in Harnisch gebracht, eine soziale Notlage vor aller Augen enthüllt hat. Dem Ansehen unserer Justiz ist dieses Interregnum des sozialen Unrechts aber keineswegs günstig, wie § 833 BGB beweist. Und kommt es dann wirklich zur Gesetzesänderung, so bringt diese eine Rechtsfortbildung in plötzlichem Ruck statt in langsamer Anpassung, und dieser plötzliche Schritt wird begründet durch den Hinweis auf die Unzulänglichkeit des bisherigen Gesetzes. Die Stetigkeit des Rechts ist also zwar für den Anfang scheinbar größer, in der Gesamtentwicklung überschaut, aber geringer, und obendrein ist dann der öffentliche Glaube an den Wert des Gesetzes erschüttert, wie § 833 BGB abermals beweist. Endlich aber: Es handelt sich hier meist um technisch kompliziertes juristisches Detail, um eine „Filigranarbeit", für die, wie *Heck* mit Recht betont[191], der moderne parlamentarische Gesetzgebungsapparat nicht gerade geeignet ist. Die Gesetzgebung muß mit Notwendigkeit schablonisieren; ein sorgfältiges Eingehen auf die Individualitäten der einzelnen Fälle ist ihr nicht möglich[192].

Heck hat deshalb vorgeschlagen, den Weg der Rechtsverordnung gangbar zu machen[193]. Nun ist es eine wesentliche Aufgabe soziologischer Rechtsfindung, der sozialen Not der *Gegenwart* zu wehren, die der schwebende Streitfall enthüllt. Hic Rhodus, hic salta. Um Abhilfe für schon entstandene konkrete Interessenkonflikte, nicht nur für solche, die in Zukunft entstehen könnten, handelt es sich. Eine Rechtsverordnung, die dem entspricht, müßte noch während des Rechtsstreites ergehen und mit rückwirkender Kraft der Prozeßentscheidung zugrunde gelegt werden. Sonst würde sie ihren sozialen Aufgaben, wenigstens für die Gegenwart, nicht gerecht.

Und vielleicht auch nur unvollkommen ihrer Aufgabe für die Zukunft. Denn wie ein Gesetz müßte auch eine Rechtsverordnung den abstrakten Gedanken einer Rechtsneuerung in möglichst prägnanter Form

[191] Rechtsgewinnung, 41.
[192] *Stampe*, Unsere Rechts- und Begriffsbildung, 25 f.
[193] Rechtsgewinnung, 41 ff., und Vortrag in der Berliner Juristischen Gesellschaft, im Jahresbericht 1906.

verkünden. Damit aber käme sie in die gleiche Gefahr, der das Gesetz so oft erlag: durch mißglückte Fassung Schaden anzurichten. Wenn wir uns die formelmäßige Fassung vergegenwärtigen, in der die neuen Rechtsideen höchstrichterlicher Erkenntnisse in Entscheidungssammlungen aufzutreten pflegen, wenn wir uns erinnern, wie oft die bloße Kenntnis dieser Formeln in uns Zweifel über Sinn und Tragweite der neuen Rechtsidee ausgelöst hat, Zweifel, die erst das Nachlesen der ganzen Entscheidung zu tilgen vermochte, so gewinnen wir ein Bild von den technischen Schwierigkeiten, mit denen die abstrakte Fassung fein differenzierter Rechtsneuerungen zu kämpfen hätte. Die Rechtsordnung eines Kulturlandes unterliegt unausbleiblich dem Gesetz der zunehmenden Differenzierung. Je mehr das aber der Fall, desto schwieriger wird es, die neuauftauchenden, immer mehr verfeinerten Rechtsgedanken in eindeutig klare abstrakte Formeln zu bannen. *Heck* rechnet deshalb auch mit der Möglichkeit eines tastenden Hin- und Herprobierens, eines allmählichen Ausfeilens durch häufigere Abänderung der zu erlassenden Rechtsverordnungen. Doch im Interesse einer geräuschlosen Glätte der Rechtsfortbildung scheint es mir nicht zu liegen, daß unsere Rechtsordnung vor aller Augen von Verordnung zu Verordnungsänderung vorwärts stapft. Geräuschlose Glätte der Rechtsfortbildung aber ist zu erstreben, sie hilft dazu, vor der Laienwelt den Nimbus der Stetigkeit und Festigkeit des Rechtes aufrecht zu erhalten.

Beiden Gesichtspunkten nun, der Vermeidung mißverständlicher Abstraktion wie der Wahrung geräuschloser Glätte der Rechtsfortbildung, wird die richterliche Rechtsschöpfung auch dann gerecht, wenn sie sich gegen das Gesetzeswort kehrt. Und dann erst erfüllt sie unbehindert ihre Aufgabe, den Einklang zwischen Rechtsprechung und Kulturnotwendigkeit zu überwachen und zu wahren. Ähnlich wie die Rechtsprechung in England, nur zielstrebiger und systematischer, sorgt sie dann dafür, daß die Anwendung des Gesetzes nicht zu absurden Unmöglichkeiten führe[194]. Mit der Anerkennung solcher Richtergewalt wird das Gesetz noch nicht zum bloßen Weistum degradiert, wie man das vorgeschlagen hat[195]. Das wäre sowohl schädlich wie unnötig. Diese förmliche Deklassierung des Gesetzes ginge zu weit in der Lockerung der Bindung des Richters, sie brächte einen Grundgedanken des modernen Verfassungsstaates ins Schwanken[196], indem sie grundsätzlich die bindende Kraft der Gesetze leugnet, wovon wir weit entfernt sind; und sie verzichtete damit zugleich auch auf die Kautelen, mit denen die richterliche

---

[194] Vgl. *Hatschek*, Englisches Staatsrecht I, 138 f.; *Gerland*, Die Einwirkung des Richters auf die Rechtsentwicklung in England (1910), 21; *Kohler* in Arch BürgR 38, 49 ff.

[195] Vgl. *Schmölder*, Die Billigkeit als Grundlage des Bürgerlichen Rechts (1907).

[196] *Bierling*, Prinzipienlehre IV, 369.

Rechtsfindung contra legem unseres Erachtens notwendig umhegt bleiben muß.

γ) Innere und äußere Kautelen

Diese Kautelen liegen in Momenten der inneren Bindung und der äußeren Technik. Gemeinsam ist beiden, daß sie die Rechtsprechung gegen das Gesetzeswort zu einer *Ausnahmeerscheinung* machen, die 1. nur in Fällen dringender sozialer Not Platz greift, und die 2. das Prinzip der bindenden Kraft des Gesetzes unangetastet läßt.

Es ist leicht ersichtlich, daß psychologische Hemmungen, die dem gewissenhaften Richter das Rechtsprechen gegen das Gesetzeswort erschweren, sich in geringerem Maße geltend machen werden, wenn die Rechtsfindung im Einklang bleibt mit dem historischen Normzweck, als wenn sie zugleich auch gegen diesen historischen Zweck unter bewußter Setzung eines neuen Zweckes, oder gar unter Leugnung jedes brauchbaren Normzweckes, sich zu wenden hat. Die Loslösung vom Gesetz ist im ersten Fall bei weitem nicht so potenziert wie im zweiten. Sie bezieht sich dort nur auf den Wortlaut, bekämpft nur dessen mißglückte Fassung, oft nur ein Redaktionsversehen, während sie hier auch dem geschichtlichen Geiste des Gesetzes gilt. Die Energie der Tat ist also dort geringer als hier. Unwillkürlich verlangen wir deshalb auch, daß die Rechtfertigung der Tat hier gründlicher ausfalle als dort, daß sie hier mit schwerer wiegenden Gründen arbeite, als dort, wo die schlichte Berufung auf den historischen Gesetzeszweck, auf den feststehenden Willen des Gesetzgebers ausreichen mag. In der Tat glaube ich, daß die inneren Kautelen der Rechtsprechung sich in der angedeuteten Weise dem Wesensunterschied der beiden Fälle anzupassen haben.

1. Bei Rechtsfindung gegen das Gesetzeswort, aber im Einklang mit dem historischen Normzweck wird die Betonung dieses Einklangs genügen, um den Mangel der Worttreue zu rechtfertigen. Das lehrt bereits Savigny[197].

So a) bei materiellen Normen. Beispiel: Das Reichsgericht zu § 67 HGB;

b) bei rechtsgeschäftlichen Formvorschriften. Hierher gehört der oben erörterte Fall, daß der historische Formzweck des Gesetzes vom Richter gebilligt wird, im konkreten Fall aber dieser Zweck der Form trotz ihrer Nichtbeachtung auf andere Weise nachweisbar verwirklicht worden ist. Der Abfall von der vorgeschriebenen Form bleibt hier auch dann gerechtfertigt, wenn man ihn nicht auf eine einschränkende Auslegung des § 125 BGB glaubt basieren zu dürfen. Denn das Festhalten an der Form liefe hier hinaus auf die Erhebung der Form zum Selbstzweck, also auf ein Abweichen vom historischen Formzweck.

---

[197] System I, 233 f. Ihm gilt dies noch als einschränkende Auslegung.

2. Bei der Rechtsprechung gegen das Gesetzeswort *und* gegen den historischen Gesetzeszweck mahnt der doppelte Bruch mit Wort und Zweckgedanken zu größerer Vorsicht. Zum ausgiebigen Schutz von Rechtssicherheit und Gesetzesachtung und zugleich zur Verstärkung des Schwergewichts der Gründe für die Loslösung vom geschichtlichen Gesetzesinhalt wird hier m. E. die Forderung erhoben werden müssen, daß der Richter sich zu diesem äußersten Schritt nur entschließt, wenn nach seiner Überzeugung ein *deutlich erkennbar gewordenes allgemeines Werturteil der führenden Kulturschicht des Volkes bzw. der betreffenden Volksgruppe ihm die dringende soziale Notwendigkeit des Schrittes vor das Auge rückt.* Die Bildung solches allgemeinen Werturteils hat, wie oben dargelegt, oft mit Schwierigkeiten zu kämpfen; sie wird erst dann möglich sein, wenn die sozialen Lebenstatsachen oder Kulturanschauungen wesentlich andere geworden sind, als sie dem Gesetzgeber seinerzeit erschienen waren. Die Rechtsprechung gegen den Wortlaut wird in diesem Falle demnach meist erst wesentlich später zur Notwendigkeit werden, als in jenem ersten Falle, wo die Mängel der Wortfassung von vornherein Anlaß zum Judizieren contra legem geben mögen. Sie wird hier dazu dienen, in Anbahnung eines konträren Gewohnheitsrechtes mit fossil gewordenen Gesetzen aufzuräumen, die sich in einem rechtshistorischen Museum gut ausnehmen, die aber im Gerichtssaal Unheil anrichten, das Rechtsgewissen des Volkes beleidigen und aus Achtung vor dem Buchstaben die Achtung vor der Justiz erschüttern. Und in dieser zeitlichen Hinauszögerung des entscheidenden Schrittes, in dieser sachlichen Beschränkung auf einen offenkundigen sozialen Notstand und eine communis opinio liegt eine Garantie für die Aufrechterhaltung der Rechtsstetigkeit und Rechtsachtung.

Das gilt für materielle Normen wie für Formvorschriften, es gilt für den Fall des teleologisch veränderten Normzwecks so gut wie für den Fall des teleologisch fehlenden Normzwecks.

Beispiele:

a) Art. 340 des code civil wurde von der französischen Rechtsprechung erst beiseite geschoben, als die allgemeine Kulturanschauung dem Werturteile des Gesetzes zu widersprechen und seinen brauchbaren Gegenwartswert in Zweifel zu ziehen begann.

b) Die Indossamentsform des Art. 137 code de commerce mußte fallen, als ein in der abweichenden Verkehrssitte zum Ausdruck gelangendes allgemeines Werturteil der Kaufmannskreise es klar hervortreten ließ, daß seit langem eine Verschiebung der sozialen Funktionen des Indossaments und damit eine Zweckwidrigkeit der alten Form eingetreten war.

c) Das Handelsgesetzbuch setzt in § 363 für die Gültigkeit eines kaufmännischen Verpflichtungsscheines, in § 642 ff. für die Gültigkeit des

Konnossements die Schriftform voraus. Demgemäß ist nach § 126 BGB eigenhändige Unterschrift des Ausstellers erforderlich. Das entspricht weder bei der Orderschuldverschreibung, einer heute sehr in Aufnahme gekommenen Art kaufmännischer Verpflichtungsscheine, noch beim Konnossement des Großverkehrs kaufmännischer Auffassung. Bei der Ausgabe von Orderschuldverschreibungen durch Gesellschaften wie beim Konnossement des Liniengroßverkehrs handelt es sich um eine erst in den letzten Jahrzehnten aufgekommene Massenausfertigung großen Stiles von Urkunden, deren eigenhändige Unterzeichnung auf immer größere betriebstechnische Schwierigkeiten stößt. Daher empfinden hier die betroffenen Volkskreise den gesetzlichen Formzwang heute als veraltet, technisch unhaltbar und zweckwidrig. Sie haben sich daher auch nicht selten über ihn hinweggesetzt, indem sie, den Anforderungen an Promptheit und Massenleistung gemäß, die Unterschrift durch eine bloße Unterstempelung ersetzten.

Darf der deutsche Richter, diesem Brauche folgend, vom Wortlaut des § 126 BGB abweichen und unterstempelte Orderschuldverschreibungen oder Konnossemente für gültig erklären? Meist wird das verneint, zum Schaden des Verkehrs wie zur Minderung der Achtung vor dem sozialen Wert des Gesetzes[198, 199]. Vom Standpunkt der soziologischen Rechtsfindungsmethode aus wird dagegen die Gültigkeit solcher Urkunden zu bejahen sein, gegen den Wortlaut des § 126 BGB in Verbindung mit §§ 363, 642 ff. HGB, aber im Einklang mit dem deutlich erkennbar gewordenen Werturteil der betreffenden Volkskreise, durch das ein sozialer Notstand enthüllt worden ist[200].

Das Abspringen vom Wortlaut des Gesetzes kann man aber hier in einer erkenntnistheoretisch bedeutsamen Weise vermeiden. Dem Richter ist nämlich die Möglichkeit geboten, seine Loslösung vom Buchstaben durch andere technische Mittel zu ersetzen. Ungeachtet der Formvorschrift des § 126 BGB — so wird er sagen — zwingt doch in diesen Fällen moderner Massenausfertigung von Urkunden die Gleichartigkeit der Interessenlage zur analogen Anwendung der Sondersätze über die Inhaberschuldverschreibung (§ 793 Abs. 2 Satz 2 BGB) bzw. über den Frachtbrief (§ 426 Ziffer 9 HGB), und danach muß ein mechanisch hergestellter faksimilierter Namenszug als Unterschrift genügen. Statt also den Wortlaut der Norm zu verleugnen, hilft der Richter sich hier mit ihrer inhaltlichen Einengung, indem er für gewisse besonders gelagerte Fälle einen anderen Sonderrechtssatz analog heranzieht; er bedient sich also

[198] Hinsichtlich der Orderschuldverschreibung vgl. RG 74, 339.

[199] Hinsichtlich des Konnossements auch von mir: Seefrachtvertrag I, 249 ff. und Vorwort VII. Anders dagegen Hans. Gerichtsz. 1904, Hauptblatt Nr. 141 (Hans. OLG).

[200] Insoweit ändere ich also meine a.a.O. ausgesprochene Ansicht.

des oben geschilderten[201] zweiten Haupttypus der Rechtsfindung aus dem sozialen Gesetzeszweck.

Damit decken wir die Tatsache auf, daß als Kautel für Rechtssicherheit, Rechtsstetigkeit und Gesetzesachtung statt der inneren Bindung an den historischen Normzweck bzw. an das allgemeine Werturteil der Laienwelt in manchen Fällen schon die äußere Technik der Rechtsfindung zur Verfügung steht.

Nur in manchen Fällen. Denn es gibt allerdings Fälle, wo der soziologisch urteilende Richter äußerlich keine andere Möglichkeit hat, als offen dem Gesetzeswortlaut die Gefolgschaft zu verweigern. So im Fall des § 67 HGB. In anderen Fällen aber hat der Richter technisch die Wahl, ob er die für eine angemessene Entscheidung hinderliche Norm dadurch aus dem Wege räumt, daß er sich offen gegen ihren Wortlaut auflehnt, oder dadurch, daß er ihre sachliche Anwendbarkeit durch andere technische Hilfsmittel für den konkreten Fall ausschaltet. Es wird sich dabei oft um eine Grenzverschiebung zwischen der hinderlichen Norm und einer anderen, günstigeren Gesetzesvorschrift handeln, sei es, daß letztere unmittelbar zur Anwendung gebracht werden kann — wie Art. 1382 code civil gegenüber Art. 340 —, sei es, daß sie analog heranzuziehen ist — wie im Fall der Orderschuldverschreibung und des Konnossements; und das Ergebnis ist dann allemal eine inhaltliche Einengung der sozial hinderlichen Norm, eine Restriktion, die an der Grenze restriktiver Auslegung steht. Denkbar sind aber auch andere technische Hilfsmittel. Statt gegen den Wortlaut von § 2231 und 125 BGB rechtzusprechen, wird z. B. der Richter, wie oben angedeutet[202], durch eine einschränkende Auslegung der allgemeinen Vorschrift des § 125 die Spezialvorschrift des § 2231 für gewisse Fälle ausschalten. Hier haben wir es umgekehrt mit einer restriktiven Auslegung zu tun, die an der Grenze des Abfalls vom Worte steht.

Dieses technische Verfahren hat seine Nachteile. Es mag unter Umständen dem Vorwurf der Unehrlichkeit verfallen, dann nämlich, wenn ein brauchbarer Gegenwartszweck der Norm schlechterdings fehlt, wenn der Richter also unter dem Deckmantel einer bloßen Einengung, einer restriktiven Auslegung, die gänzliche Auflösung und Vernichtung der als fossil erkannten Norm betreibt und erreicht[203]. Starken Richterpersönlichkeiten ist so etwas zuwider; sie würden es vorziehen, mit offenem Visier zu kämpfen[204]. Dafür weist aber die geschilderte Technik den Vorzug auf, daß sie dem Richter vielleicht gestattet, auch bei Fehlen eines allgemeinen Werturteils schöpferisch vorzugehen[204a], und daß sie die

---

201 Oben S. 68 ff.

202 S. 106. Andere Beispiele bei *Danz* in Jher. Jb. 54, 50 ff.

203 Vgl. *Kohler* in Grünhuts Ztschr. 13, 59; Arch. f. R.- u. W.-Philos. 3, 581: „so daß das Gesetz quasi unterhöhlt wird".

204 Dafür plädiert *Rumpf*, Arch. f. R.- u. W.-Philos. 2, 202 ff.

204a Vgl. oben S. 102.

Achtung vor dem aufrechterhaltenen Buchstaben des Gesetzes versöhnt mit der Achtung vor der Justiz, die sich der Aufgabe sozialer Kulturpflege nicht entzieht. Aus dieser Erkenntnis möchte ich den Leitsatz entnehmen:

Da, wo der Richter technisch die Möglichkeit hat, statt offener Auflehnung gegen das Gesetzeswort das sozial unhaltbare Gesetz durch die Hilfsmittel der Pseudoauslegung und der Analogie auszuschalten, ist dies Verfahren als zweckmäßig zu empfehlen. Nur da, wo diese Hilfsmittel versagen, ist ein offener Abfall vom Wortlaut der sozial unhaltbaren Norm unvermeidlich und geboten. Denn hier hat die Achtung vor dem Gesetzeswort zurückzutreten vor dem höheren Kulturgut einer geachteten Justiz, und dieses Kulturgut bleibt uns nur dann erhalten, wenn der Richter in fortschrittlicher Rechtsfindung Kulturpflege treibt.

Fassen wir alles zusammen, was wir an inneren und äußeren Kautelen gegen einen Mißbrauch des Abfalles vom Gesetzeswort ermittelt haben, so dürfen wir sagen: Die Freiheit, die dem soziologisch urteilenden Richter gewährt wird, ist mit nichten eine schrankenlose. Sie stützt sich innerlich auf den historischen Zweck des Gesetzes oder auf ein als Basis eines neuen Gewohnheitsrechtes, allgemeines Werturteil, sie verbirgt sich in anderen Fällen äußerlich hinter einer Technik, die das Gesetz intakt läßt. Nur in Ausnahmefällen erweitert sie sich zu einem offen verkündeten Abfall vom Gesetzeswort; aber auch dann stehen diesem Abfall innere Gründe von großem Schwergewicht zur Seite. So wird es erreicht, daß die Rechtsprechung mit den Lebenstatsachen und Kulturanschauungen dauernd in voller Harmonie bleibt, ohne daß darunter die Stetigkeit und Sicherheit des Rechts, die Achtung vor Gesetz und Justiz zu leiden hätten.

Aber, so höre ich die Männer der alten Schule rufen: Wie soll das alles vereinbar sein mit der Aufrechterhaltung des § 1 GVG, dieses unverrückbaren Fundamentes aller Rechtsprechung? Diese Frage ist schon so oft beantwortet worden, daß sie nicht mehr aufgeworfen werden sollte. Es ist eine Autosuggestion, zu glauben, daß aus diesem Kernsatz deutscher Rechtsprechung die Unzulässigkeit der soziologischen Methode sich ergebe. § 1 GVG besagt zunächst etwas Negatives: Keiner anderen Gewalt als der des Gesetzes soll der Richter unterworfen sein, also vor allem nicht den Eingriffen der Kabinettsjustiz und der allgemeinen Staatsverwaltung[205]. Und was die positive Bedeutung des Satzes anlangt, so enthält er nichts über die Art und Weise, über den Inhalt der richterlichen Bindung an das Gesetz[205]. Nirgends steht es geschrieben, daß der Wortlaut des Gesetzes als solcher oder der historische Wille des Gesetz-

---

[205] Vgl. *Stampe*, Freirechtsbewegung 29, Anm. 2; *Stier-Somlo*, in der Festgabe für Laband (1908) II, 448; *Carl Schmitt*, Gesetz und Urteil, 7 ff.; *Krückmann*, Einführung, 100, spricht von „Rechtstreue" im Gegensatz zur „Gesetzestreue".

gebers als solcher für den Richter den Ausschlag zu geben haben. Das ist eine petitio principii. Ob letzten Endes der Wortlaut des Gesetzes oder aber sein sozialer Zweck den Richter leiten soll, ob im zweiten Fall der soziale Zweck historisch oder teleologisch zu verstehen ist, ob ihm der Wortlaut als Schranke zu dienen hat oder nicht, das bleibt Sache der jeweiligen Kulturanschauung. Altpreußischer Gehorsamszucht frommte einst Buchstabendienst und strammes Jurare in verba magistri, neudeutscher Richterpersönlichkeit ziemt Versenkung in die sozialen Kulturaufgaben des Rechts. Und wenn diese Kulturaufgaben die Setzung eines teleologischen Normzweckes als methodologische Basis der Normfindung verlangen, dann hat vor diesem wichtigeren Entscheidungsfaktor des Normzweckes der Wortlaut des Gesetzes als der unwichtigere Faktor zurückzutreten. Der Wortlaut bildet dann keine unübersteigbare Schranke mehr, sondern nur noch einen wohltätigen Hemmschuh, der zu inneren und äußeren Kautelen zwingt. Der Normzweck aber bildet dann die Autorität des „Gesetzes", welcher der Richter „unterworfen" bleibt. Das Prinzip der bindenden Kraft des Gesetzes wird im Falle der Verleugnung des Wortes dadurch aufrecht erhalten, daß *der historische Normzweck oder der einem allgemeinen Werturteil entsprechende teleologische Normzweck für den Richter verbindlich ist.* § 1 GVG gestattet also die richterliche Umbildung des Gesetzes sogar gegen den Wortlaut desselben. Und ferner: Auch das Judizieren „*contra* legem" bleibt zunächst *formell* ein Judizieren *ex* lege; das Gesetz mit seinem teleologisch ermittelten Inhalt oder Nichtinhalt bleibt auch hier die *formelle* Rechtsquelle, bis das neue Gewohnheitsrecht sich konsolidiert hat. Wenn das Reichsgericht in der erörterten Entscheidung sich gegen den Wortlaut des § 67 HGB wandte, so war auch dies ein *formell* dem Gesetz entnommenes Erkenntnis, wenngleich es *materiell* neues Recht schuf. Töricht wäre die Behauptung, daß unser höchstes Gericht sich damit gegen das Gerichtsverfassungsgesetz vergangen hätte! Wie seltsam gleichen wir deutschen Juristen doch immer noch dem Manne, der auf dem Boden rings um sich herum bedachtsam einen Kreis zieht, und der dann wehklagend ausruft: „Ich kann nicht über den Kreis springen, nein, ich kann es nicht!"

C. Rechtsfindung in freier Interessenwägung

Nur wenige Worte habe ich noch hinzuzufügen über die dritte der drei Möglichkeiten soziologischer Rechtsfindung. Wenn eine Rechtsfindung aus dem konkreten Interessenzweck der Parteien nicht in Frage kommt, wenn auch die Rechtsfindung aus dem sozialen Zweck einer Gesetzesnorm (oder Gewohnheitsrechtsnorm) unmöglich ist, da es an jeder anlehnungsfähigen Norm gebricht, dann bleibt dem Richter nur die dritte Möglichkeit: Rechtsschöpfung in bewußter Interessenwägung. Den Maßstab dieser Interessenwägung entnimmt er wiederum dem allgemeinen Werturteil der führenden Kulturschicht, oder, wo solches versagt, seinem eigenen Werturteil[206]. Und in diesem Sinne macht der Richter dann den granitnen Satz zur Tat, der uns beim Eintritt in das Schweizerische Zivilgesetzbuch entgegenschimmert: Er entscheidet nach der Regel, die er als Gesetzgeber aufgestellt haben würde.

Bekannt ist die Fülle von Beispielen, die für diese Technik der Rechtsfindung das weite Gebiet des internationalen Privatrechts liefert. Nicht immer tritt der Zwang zu freier Rechtsschöpfung, tritt die Unmöglichkeit einer Anlehnung ans Gesetz so klar hervor wie dort. Es ist auch der Fall denkbar, daß ein gesunder neuer Rechtsgedanke sich anfänglich lose an den Stamm des Gesetzes anrankt mit Hilfe einer kühn geschlungenen Analogie, wie etwa das Reichsgericht die Zulässigkeit der Unterlassungsklage bei nur objektiver Rechtsverletzung heute noch mit dem Hinweis auf die Analogie der §§ 12, 862, 1004 BGB[207] rechtfertigen zu müssen glaubt. Später mag dann eine solche Rechtsneuerung als richterliches Gewohnheitsrecht sich allmählich so festigen, daß man die ursprüngliche Anknüpfung an das Gesetz aufgibt und statt dessen das Moment der richterlichen Interessenwägung betont, dem in Wahrheit die neue Rechtsidee ihre Entstehung verdankt. Dann tritt uns als freies, richterliches Gewohnheitsrecht entgegen, was ursprünglich an das Gesetz sich anrankte[207a]. Methodologisch und entwicklungsgeschichtlich ein bedeutsamer Vorgang. Er zeigt, daß von der Rechtsfindung aus dem sozialen Zweck des Gesetzes zur Rechtsfindung in freier Interessenwägung Brücken hinüberführen, die man abbricht, wenn sie ihren Dienst getan haben: die wichtigste dieser Brücken ist die Analogie.

III. Kapitel

Zur Kritik der soziologischen Rechtsfindungsmethode

Das wären die Richtlinien, die ich der Methode soziologischer Rechtsfindung vorzeichnen möchte. Es bleibt mir die Aufgabe, Stellung zu nehmen zu den Einwendungen, die ich zu gewärtigen habe. Wahrscheinlich werden es ähnliche Vorwürfe sein, wie man sie in reichem Füllhorn über die Freirechtslehrer auszuschütten liebt.

Daß durch die soziologische Methode der Richter subjektiver Willkür preisgegeben, daß er hineingezogen wird in wirtschaftliche, soziale, politische Gegensätze und Sonderströmungen, daß er zum sozialen Dilletantismus, zu einer Gefühlsjurisprudenz verleitet wird, die den festen Boden

---

[206] Vgl. *M. Rümelin* im ArchCivPr. 98, 336.

[207] Zuletzt: RG 78, 215.

[207a] Vgl. oben S. 84, 121.

der Rechtssicherheit verläßt, daß die Rechtsordnung sich auflöst in ein Chaos von Einzelsätzen, die des Zusammenhaltes durch großzügige Prinzipien entbehren, alles dies wird man wahrscheinlich auch mir entgegenhalten, und sicher wird es *Henle* sich nicht nehmen lassen, mich zu einem Besuch des Zuchthauses ganz ergebenst einzuladen[208].

I. Die Rechtssicherheit

Um nur die wichtigsten dieser Einwendungen meinen Kritikern vorweg zu nehmen: Wie steht es denn mit der viel gerühmten Rechtssicherheit unter der Herrschaft der alten Rechtsfindungsmethode? Fast scheue ich mich, zu dieser Frage überhaupt noch ein Wort zu verlieren, nachdem die ausführlichen Darlegungen von *Ernst Fuchs*[209] und anderen Schriftstellern[210] jedem, der sehen will, die Augen geöffnet haben. Zunächst stelle ich fest: Es steht Behauptung gegen Behauptung. Die Widersacher des Neuen haben sich bisher stets auf die tönende Phrase beschränkt, in der naiven Unterstellung, die Rechtssicherheit sei unter dem alten System eine totsichere Sache. Beweise dafür haben sie nicht beigebracht. Zugegeben, daß die Beweislast uns trifft, so fehlt es, glaube ich, nicht an deduktiven und induktiven Anhaltspunkten dafür, daß die Rechtssicherheit unter dem neuen System der Rechtsfindung zum mindesten gleichgroß ist.

1. Theoretische Beweisgründe

Im Brennpunkt des Methodenfortschritts steht, wie wir sahen, die Tatsache, daß das richterliche Rechtsgefühl in den Rechtsfindungsprozeß der alten Methode nur vage und ohne methodische Sicherungen hineinspielte, während es nach der neuen Methode als sozialwissenschaftlich geklärtes Werturteil einen festen Platz einnimmt. Schon die Selbstbesinnung auf diesen Hauptunterschied muß den Gedanken nahe legen, daß die Rechtssicherheit unter der neuen Technik nicht verloren, sondern eher gewonnen hat. Auch früher war es, wie wir heute erkannt haben, in letzter Linie ein subjektives Werturteil, das die Prozeßentscheidung brachte. Es

---

[208] Vgl. dessen groteske Schrift: Treu und Glauben im Rechtsverkehr (1912), 3.

[209] Die Gemeinschädlichkeit der konstruktiven Jurisprudenz (1909), 78 ff.; Kulturkampf, 10 ff. An dieser Stelle sei bemerkt: Ich halte es für meine Ehrenpflicht, offen auszusprechen, daß ich in *Ernst Fuchs* den tapferen und geistvollen Bahnbrecher der soziologischen Methode erblicke. Daß *Fuchs* gelegentlich stark über die Stränge schlägt und im Punkt der Systematik viel zu wünschen übrig läßt, verschlägt wenig gegenüber den großen und bleibenden Verdiensten, die sich dieser Mann um eine Reform an Haupt und Gliedern erworben hat. Um *diesen* Karren aus dem alten Gleis zu schieben, dazu bedurfte es freilich derber Fäuste und robuster Schultern; auch ein gelegentliches Fluchen war da verzeihlich.

[210] *Wurzel,* Das juristische Denken (1904), 10 ff.; *Stampe,* Unsere Rechts- und Begriffsbildung, 37; *Gmelin,* Quousque, 70 ff., u. a. m.

gereicht dem zweiten deutschen Richtertag nicht zum Ruhme, wenn er dies so völlig verkannte, daß er sich auf die von *Jastrow* vorgeschlagene naive These festlegte[211]:

„Die Zweifelhaftigkeit des Gesetzesinhalts berechtigt den Richter nicht, nach seinem Ermessen zu entscheiden, vielmehr ist der Zweifel durch Auslegung des Gesetzes nach Sinn und Zweck und zutreffenden Falls durch Analogie zu lösen."

Als ob die letzten zwei Jahrzehnte wissenschaftlicher Erkenntnis an den deutschen Richtern spurlos vorübergegangen wären! Als ob wir nicht längst wüßten, daß auch das Ergebnis der Auslegung und das Zutreffen einer Analogie durchaus vom Ermessen des Richters abhängen — daß des willkürlichen Schwankens zwischen extensiver und restriktiver Auslegung, zwischen Analogie und Umkehrschluß, zwischen dieser und jener logischen Konstruktion gerade unter der Herrschaft der alten Methode kein Ende war! So lange das Rechtsgefühl des Richters ohne sozialwissenschaftliche Verankerung und ohne methodologische Platzzuweisung blieb, konnte es sich nur als individuelles Gefühlsmoment auswirken, als ein juristischer Instinkt, nach Qualität und Quantität verschieben, und daher hin und herschwankend auf der langen Linie zwischen dem einen Extrem der Silbenstecherei und dem anderen Extrem willkürlicher Weitherzigkeit, beständig in Gefahr, von der Übermacht der Formalismen und Begriffe erdrückt zu werden, oder der anderen Gefahr ausgesetzt, im kryptosoziologischen Halbdunkel sich der öffentlichen Nachprüfung zu entziehen[212]. Diese Gefahr war noch gewachsen, seitdem man angefangen hatte, statt auf den Willen des Gesetzgebers, das ausschlaggebende Moment auf den im Worte festgefrorenen Willen des Gesetzes selbst, auf den sog. „objektiven Sinn des Gesetzes" zu legen ist[213]. Denn hatte man bis dahin die Zweifel, ob extensive oder restriktive Auslegung, ob Analogieschluß oder Umkehrschluß angezeigt sei, jeweils wenigstens durch die Berufung auf den subjektiven Willen des Gesetzgebers erledigen können, so mußte nun die peinliche Erkenntnis aufdämmern, daß für die Anwendbarkeit jener technischen Auslegungsmittel aus dem „objektiven Willen des Gesetzes" selber schlechterdings keine feste, richtunggebende Methode hergeleitet werden konnte. Die angebliche Rechtssicherheit war hier nur ein Wahn, ein frommer Selbstbetrug. War die Rechtsprechung zu § 833 BGB durch Sicherheit ausgezeichnet? Vermochte die Rechtsfindung der alten Methode es bis zum heutigen Tage, uns zu

---

211 Sten. Bericht, 63.

212 *Stampe*, Unsere Rechts- und Begriffsbildung, 19; *Fuchs*, Kulturkampf, 117 (und in den früheren Schriften passim).

213 *Binding*, Handbuch des Strafrechts I, 454 ff.; *Wach*, Handbuch des CP.-rechts I, 256 f.; *Hellwig*, Lehrbuch des CP.rechts II, 170, Anm. 30. Noch neuestens mehrfach, z. B. *Staudinger's* Kommentar 7/8 I (1912), Einleitung, 17 f.; *Henle*, 12 ff.

sagen, was ein Erfüllungsgehilfe im Sinne des § 278 BGB ist? Man schlage einen Kommentar zum Bürgerlichen Gesetzbuch an beliebiger Stelle auf: Leuchtet uns das Licht der Rechtssicherheit aus seinen Zeilen entgegen, oder gewahren wir nicht vielmehr das Grau in Grau eines chaotischen Meinungswirrwarrs[213a]?

Dahingegen verweist die soziologische Methode das richterliche Rechtsgefühl in eine feste Bahn und macht es damit von vornherein wahrscheinlich, daß das Maß des subjektiv Willkürlichen vermindert, das Maß der Voraussehbarkeit des Richterspruches erhöht ist. Was bisher nur vages Rechtsempfinden war, nur gutgemeinte Gefühlsjurisprudenz und sozialer Dilettantismus, der — günstigenfalls — mit farblosen Schlagworten arbeitete, wie „Verkehrsbedürfnis", „Natur der Sache", „Geist der Rechtsordnung"[214], „die Gerechtigkeit verlangt", „der Billigkeit entspricht"[215] —, das verdichtet sich nun zu fest umrissenen Argumenten, die, aus positiver sozialwissenschaftlicher Erkenntnis herrührend, alle einschlägigen verkehrstechnischen, privatwirtschaftlichen, volkswirtschaftlichen, sozialethischen Gesichtspunkte sorgsam behandeln; und diese Argumente entziehen sich nicht mehr dadurch der öffentlichen Kontrolle, daß sie in das Gewand der Kryptosoziologie schlüpfen, sondern sie bieten sich in breiter soziologischer Urteilsbegründung offen der Kritik dar[216]. Je soziologischer also das Rechtsfindungsverfahren sich gestaltet, desto mehr geschieht dem Postulat der Voraussehbarkeit des Richterspruches Genüge[217].

2. Praktisches Beweismaterial

Diese deduktiven Erwägungen werden in ihrer Beweiskraft bestätigt und bestärkt durch die Einzelbeobachtung, die man an beliebig vielen Punkten unserer Rechtsordnung anstellen kann. Nur wenige Beispiele sollen das illustrieren.

a) Wenn die soziale Funktion des alten § 833 BGB einmal richtig dahin erkannt ist, daß die Gefährdungshaftung *und die Tiernutzung Korrelate* sind, und wenn diese Erkenntnis nun der Rechtsfindung aus diesem Paragraphen methodisch zugrunde gelegt wird, glaubt man im Ernst, daß dann noch ein Schwanken der Rechtsprechung in bezug auf die Haftung des gefälligen Fuhrherren möglich ist wie bisher? Soziologisch urteilen heißt hier: Rechtssicherheit schaffen, nicht aber sie vermindern.

b) In meinem „Seefrachtvertrag" habe ich auszuführen versucht, daß die soziale Funktion des § 278 BGB in dem Gedanken der Einheit arbeits-

---

213a *Gmelin*, Quousque 7: „Die Zahl der Kontroversen ist Legion."
214 Vgl. Entwurf BGB I § 1.
215 Vgl. oben S. 35.
216 Vgl. *Stampe* und *Fuchs*, a.a.O.
217 Dies gegen *Carl Schmitt*, a.a.O., namentlich 80 ff.

teiliger Unternehmungen wurzelt, einer Einheit, die durch die Arbeit des Angestellten den Unternehmer*gewinn* des Betriebsinhabers vermehren hilft, zum Ausgleich dafür aber die Schädigung des Vertragsgegners durch die Angestellten dem Unternehmer*risiko* des Betriebsinhabers zuweist[218]. *Brodmann* hat diesen Gedanken, ohne auf mich Bezug zu nehmen[219], weiter ausgesponnen und in soziologischer Umgrenzung des § 278 gezeigt, wie zahlreiche bisherige Zweifelsfragen sich mühelos erledigen, sobald sie nur in das Licht der sozialen Funktion des § 278 eintreten. Wiederum heißt soziologisch urteilen hier: Rechtssicherheit schaffen in Fällen, die bisher Gegenstand eines „trostlosen“[219] Theorienstreites waren, und zugleich bedeutet es hier: Aufräumen mit einem ganzen Wust von abstrusen Formalismen und scholastischen Haarspaltereien, mit denen man bisher vergeblich das Problem zu bezwingen versuchte.

Wenn einem Gast im Restaurant der gute Rock verdorben wird durch die Sauce, die der vorbeigehende Kellner des Nachbartisches aus Unachtsamkeit darauf gießt, so zerbrechen sich bekanntlich bis zum heutigen Tage die Juristen den Kopf darüber, ob hier der Wirt aus § 278 auf Schadensersatz haftet oder nicht. Selbst *Cosack*, der sonst so fortschrittliche, verstrickt sich hier in Formalismen, die ihn zur Verneinung der Haftungsfrage verleiten[220]. Und doch läßt die soziologische Betrachtung keinen Zweifel darüber bestehen, daß die Haftung des Wirtes zu bejahen ist. Denn der Vertrag des Gastes geht auf Gewährung eines Anteils an einer Massenleistung, die nur in der Einheit einer arbeitsteiligen Unternehmung durchführbar ist. Alle Angestellten des Wirtes, die an dieser arbeitsteiligen Massenleistung mitwirken, die Köche in der Küche, die Fräuleins am Büfett, die sämtlichen Kellner im Speisesaal, sie alle sind „Erfüllungsgehilfen“ des Unternehmers dem einzelnen Gaste gegenüber; denn ohne ihr planmäßiges, arbeitsteiliges Zusammenwirken käme auch der Gast nicht zu seinem Anteile an der Massenleistung. Demnach haftet der Wirt auch für die Nachlässigkeit des Kellners, der nur am Nachbartisch bediente. Nicht anders stände es mit der Haftungsfrage, wenn etwa während der Eisenbahnfahrt der Schaffner eines anderen D-Wagens vorbeigehend die Türscheibe meines Abteils fahrlässig einstößt und mir mit den Glassplittern Kaffee und Butterbrot verdirbt, oder wenn im Theater der betrunkene Logenschließer einer anderen Logenabteilung meiner vorbeigehenden Frau die seidene Schleppe abtritt.

c) Streitig ist bekanntlich in der Praxis der Kaufmannsgerichte wie in der Theorie, ob § 63 Abs. 1 HGB zwingendes oder nachgiebiges Recht enthält. Die überwiegende Ansicht verneint den zwingenden Charakter der

---

[218] S. 479 f. und namentlich 496 ff.

[219] Jher. Jb. 58, 187 ff. Andeutungen des gleichen Gedankens auch bei *Müller-Erzbach* im ArchCivPr. 106, 387.

[220] Bürg. Recht[5] I, 307 f.; [6] I, 346.

Vorschrift, indem sie auf die Ablehnung einer dem Abs. 2 Satz 2 entsprechenden ausdrücklichen Bestimmung durch die Reichstagskommission hinweist. Andere sind für analoge Erstreckung dieses Schlußsatzes auf die Norm des Abs. 1 — das bekannte Gaukelspiel zwischen Argumentum e contrario und Analogie, also Rechtsunsicherheit, diesmal sozial um so schädlicher, als es der Rechtsprechung der Kaufmannsgerichte an einer zentralen Höchstinstanz fehlt.

Die soziologische Betrachtung ist auch hier wieder geeignet, die Meinungen zu klären und die Überflüssigkeit des oft gehörten Hilferufes an den Gesetzgeber darzutun. Wenn es der teleologisch billigenswerte soziale Zweck des § 63 ist, den in Not geratenen Handlungsgehilfen im Kampfe um die Existenz zu schützen gegen die Ausbeutung seiner Notlage durch die wirtschaftliche Übermacht des Arbeitgebers[221], so ist Abs. 1, analog dem Abs. 2, und entgegen dem historischen Willen der gesetzgebenden Faktoren, für zwingendes Recht zu erklären. Denn wenn der Handlungsgehilfe sogar vor *der* wirtschaftlichen Schädigung bewahrt wird, die in der vertragsmäßigen Anrechnung von Krankengeldern auf sein Gehalt liegen könnte, dann ist es in ungleich höherem Maße eine Forderung sozialer Notwendigkeit, ihm zunächst einmal den Fortbezug dieses Gehaltes selbst zu sichern.

d) Wenn der Einkaufskommissionär in Konkurs gerät, bevor er die von ihm eingekaufte Ware oder das Stückeverzeichnis der Effekten an seinen Kommittenten übersandt bzw. abgesandt hat, fällt diese Kommissionsware dann in seine Konkursmasse, oder hat der Kommittent, der etwa auf den Kaufpreis bereits einen Vorschuß gewährte, ein Aussonderungsrecht daran? Die bisherigen Konstruktionsversuche ergeben bekanntlich keinen sicheren Rechtszustand. Man hat den Tatbestand so konstruieren wollen, daß Kommittent und Einkaufskommissionär bereits im voraus für den Fall des Warenerwerbs ein Besitzkonstitut vereinbarten, und daß in dessen Vollziehung uno actu das Eigentum vom dritten Verkäufer auf den Kommissionär oder vom Kommissionär auf den Kommittenten im Augenblick des erlangten Warenbesitzes übergeht[222]. Man hat aber auch so konstruiert, daß man sagte: Eine Vorwegnahme der Konstitutvereinbarung ist unmöglich. Es bedarf eines nachträglichen besonderen Übertragungsaktes, um das zunächst entstandene Eigentum des Kommissionärs an der eingekauften Ware in ein Eigentum des Kommittenten zu verwandeln. Einen solchen Akt mag man darin erblicken, daß der Kommissionär die eingekaufte Ware aus seinem übrigen Warenbestand für den Kommittenten in erkennbarer Weise aussondert. Dadurch bringt er zum Ausdruck, auf Grund eines Besitzkonstituts, das er

[221] Vgl. Denkschrift zum Entwurf *(Guttentag* 1897), 62 f.

[222] Vgl. RG bei Gruchot 47, 987 f.; RG 56, 53; RG JW 1907, S. 747, Nr. 18, 1912, S. 144, Nr. 21.

als Vertreter des Kommittenten mit sich selbst eingeht, die Ware nunmehr für den Kommittenten besitzen zu wollen[223]. Bis zu diesem Augenblick gehörte dann die Ware dem Kommissionär, fiel somit auch in seine Konkursmasse hinein.

Sind nun beide Konstruktionen gleichmäßig zulässig? Schon das ist streitig[224]. Und wenn man beide für an sich zulässig erklärt, welche ist dann im Einzelfall die richtige? Man wird mir antworten: diejenige, die nach den erkennbaren Umständen des Falles jeweils dem Parteiwillen entspricht. Doch mit dieser Antwort ist kein Hund vom Ofen zu locken. Denn der Parteiwille ist gerade in bezug auf die schwierige Frage des Eigentumerwerbs oft laienhaft unklar und dann nichts anderes als ein konstruktiver Notbehelf, den man so oder anders verwenden kann, oft nichts anderes als das Aushängeschild kryptosoziologischer Rechtsfindung. Namentlich gilt diese Charakteristik von der ersten Konstruktion mit dem vorweg genommenen Besitzkonstitut. Betrachtet man den Tatbestand aber offen soziologisch, so gelangt man zu dem Ergebnis, daß der Einkaufskommissionär im Augenblick der Warenerlangung das Eigentum daran uno actu erwirbt und auf seinen Kommittenten überträgt.

Denn nur dieses Ergebnis wird der wirtschaftlichen Interessenlage der Beteiligten gerecht. Und die Anknüpfung dieser durch Interessenwägung frei gefundenen Entscheidung an das Gesetz wird durch eine, allerdings etwas kühne Analogie aus § 293 Abs. 2 HGB besser ermöglicht als durch das kryptosoziologische und im Erfolg unsichere Spiel mit § 930 und § 181 BGB.

Gemeinsam ist allen diesen Beispielen eins: In das Helldunkel der Auslegungszweifel, der Analogiewillkür und Konstruktionsnöte fällt plötzlich ein heller Lichtschein, sobald der soziale Normzweck und die Interessenwägung in den Mittelpunkt der Rechtsfindung treten; die soziologische Methode schafft Klarheit und Sicherheit da, wo die alte Methode versagte; sie vermag also in der Frage der Rechtssicherheit weit mehr zu leisten, als man sich bisher klar gemacht hat. Damit soll natürlich nicht gesagt sein, daß nun plötzlich alle Nebel weichen. Zweifelhafte Fragen bleiben selbstverständlich auch der soziologischen Rechtsfindung nicht erspart. Möglich ist namentlich der Fall, daß die Vornahme der Interessenabwägung eine Gleichwertigkeit der typischen Parteiinteressen oder zur Zeit noch unlösbare Zweifel hinsichtlich ihrer Bewertung ergibt[225]. Dann kommt es mehr darauf an, daß überhaupt entschieden werde und daß *einheitlich* entschieden werde, als *wie* entschieden wird. Es ist dies eine

---

[223] BGB 181, RG 63, 16; 63, 405.

[224] Dazu neuerdings *Hoeniger*, Diskontierung von Buchforderungen, 32 ff. und dagegen treffend *Walsmann* in Rhein. Ztschr. 5, 263 f.

[225] Vgl. *Gmelin*, Quousque, 72; *Hedemann*, Werden und Wachsen, 51 ff. (Sicherungsübereignung).

Parallelerscheinung zu den soziologisch neutralen Gesetzesvorschriften[226]. Die wünschenswerte Einheitlichkeit der zu fällenden Entscheidung mag hier zweckmäßig dadurch angebahnt werden, daß man Schlußfolgerungen aus einer Rechtssatzkonstruktion zieht. Dies Verfahren ist hier soziologisch neutral, fördert aber die Rechtssicherheit[227].

3. Vorbehalte

a) Die Person des Richters

Zwei Vorbehalte muß ich hinzufügen. Solange die sozialwissenschaftliche Ausbildung unserer Richter nicht auf ein höheres Niveau gehoben wird, als es bis vor kurzem die Regel bildete, solange ferner die deutsche Rechtswissenschaft nicht mit gutem Beispiel vorangeht und durch eindringliche, soziologische Untersuchungen dem Richter den Weg bahnt zur Erkenntnis, solange ist die Gefahr eines gewissen sozialen Dilettierens der Rechtsprechung nicht von der Hand zu weisen. Die von *Wedemeyer* betonte Schwierigkeit, alle Zusammenhänge zu übersehen, in die der gesuchte Rechtssatz eingreift[228], bleibt der soziologischen Rechtsfindung allerdings nicht erspart, und die Interessenwägung ist, wie schon von anderer Seite mehrfach betont, keine einfache und bequeme Sache. Hier stoßen wir auf den Punkt, wo unser Problem sich berührt mit der Frage einer besseren Ausbildung des Juristennachwuchses und mit dem Rufe nach Reform der Rechtswissenschaft. Hoffnungsvolle Ansätze sind in beider Hinsicht vorhanden; über das alte Ackerland der Juristen rieselt heute ein frischer Quell; er schwillt von Jahr zu Jahr; die Zukunft wird den Sieg der soziologischen Rechtswissenschaft sehen.

Bis dahin aber hat die Entfaltung der soziologischen Rechtsfindungsmethode mit der Möglichkeit von Unzulänglichkeiten zu rechnen. Und noch nach einer anderen Richtung müssen wir einen Vorbehalt hinzufügen. Die bewußte richterliche Tatbestandswertung verlangt ganze Männer von untadeliger Sinnesart, von weitem Blick, von reifer Weltanschauung, von ausgeprägter Persönlichkeit. Sonst könnte die Rechtsprechung in der Tat hineingezogen werden in wirtschaftliche, soziale, politische, religiöse Gegensätze und Sonderströmungen. Richter, die in ultramontaner Verblendung eine gültige Ehe unter Berufung auf § 1588 BGB für ein Konkubinat oder ehebrecherisches Verhältnis erklären[229], Richter, die als polnische Fanatiker eine Vertragsstrafe für unsittlich halten, wenn durch sie der Nichtverkauf eines Gutes an Personen polnischer Nationalität sichergestellt werden soll[230], oder Richter,

---

[226] Vgl. *Carl Schmitt*, 104 ff.
[227] Vgl. *M. Rümelin* im ArchCivPr. 98, 330 f.
[228] DJZ 1912, 254 f.
[229] Dieser Fall hat sich bekanntlich im Sommer 1912 beim Amtsgericht in Dachau ereignet.
[230] Vgl. RG 55, 78; 73, 17.

die als klassenbewußte Genossen die Schadensersatzpflicht aus einer sozialdemokratischen Boykottaufforderung auch dann verneinen, wenn der Boykott die völlige Existenzvernichtung des Unternehmers bezweckt[231] — solche Richter können wir allerdings nicht brauchen, vor denen möge uns Gott bewahren.

Aber ein Wahn wäre es zu glauben, daß gegen dieses Risiko die Methode als solche Schutz gewährt, etwa die Ablehnung teleologischer Rechtsfindung und die Rückkehr zu der angeblich größeren Unparteilichkeit von Logik und Konstruktion. Denn auch hinter Logik und Konstruktion kann sich, wie oft hervorgehoben, ein bestimmter politischer Wille verbergen, und in dieser Verkleidung ist er, wie gleichfalls männiglich bekannt[232], gefährlicher als in der Nacktheit der Soziologie; denn er schleicht sich dann heran an seine Beute wie der Wolf in Schafskleidern. Auch liefe der Versuch einer Ausschaltung des richterlichen Werturteils hinaus auf eine Verleugnung alles dessen, was wir an psychologischer Erkenntnis durch die Arbeit eines Menschenalters gewonnen haben. Darin lag gerade der Fortschritt methodologischer Einsicht, daß wir erfuhren: *Rechtsprechung ist Kulturpolitik* und soll Kulturpolitik sein, und deshalb gerade leistete die alte Methode so wenig Befriedigendes, weil sie die Politik grundsätzlich ablehnte. Schutz gegen das Risiko soziologisch befangener Richter gewährt außer der Wachsamkeit der öffentlichen Kontrolle nur eins: die Einsicht und die bewährte Pflichttreue deutscher Richter[233], ihre vollgewichtige Persönlichkeit. Und an dieser Stelle reicht die soziologische Schule den Vorschlägen die Hand, durch die *Adickes* die Ära der deutschen Justizreform eingeleitet hat. Es handelt sich dabei nicht um Utopien, nicht um unerfüllbare Anforderungen an die Leistungsfähigkeit. Daß das Notwendige vom deutschen Richtertum schon heute geleistet werden kann, zeigt die von Jahr zu Jahr erfreulich wachsende Zahl soziologisch gutbegründeter Entscheidungen des Reichsgerichts.

b) Das Übergangsproblem

Nach alledem scheint mir der Vorwurf der Rechtsunsicherheit gegenüber der neuen Methode dahin zusammen zu schrumpfen, daß sie für eine Übergangszeit allerdings ein gewisses Hin- und Hertasten, ein Schwanken des richterlichen Werturteils wahrscheinlich macht. Solange dieses Werturteil noch nicht in typischen Konfliktsfällen durch eine in sich beständige höchstrichterliche Rechtsprechung geklärt und festgelegt ist, können Unstimmigkeiten nicht ausbleiben. Man weiß, wie schwer wir Juristen uns von liebgewordenen Vorstellungen, von der überkommenen

---

[231] Vgl. die Rechtsprechung des RG zu § 826 BGB und unten S. 131 f.

[232] Mehrfach erörtert von *Stampe, Fuchs* u. a. m.

[233] Treffend *Hellwig,* Lehrbuch d. CP.rechts II, 172.

Denktechnik des Formalismus und des Scholastizismus losringen. Unbewußte Rückfälle und Irrungen sind da unvermeidlich. Aber das ist kein Vorwurf, der die Methode als solche trifft, es ist lediglich die Folge ihrer annoch unzureichenden Handhabung. Jede große Rechtsneuerung setzt, dem Erdbeben gleich, den festen Boden der Rechtsprechung zunächst in zitternde Bewegung, die sich dann allmählich wieder verliert. Man sorge nur zunächst für höchstrichterliche Erkenntnisse von sozialwissenschaftlicher Weisheit der Interessenwägung, für Erkenntnisse, die, wie man zu sagen pflegt, den Nagel auf den Kopf treffen. Dann wird man erfahren: Soziologisch gut begründete Werturteile des Reichsgerichts haben eine so starke werbende Kraft, daß sie schnell und unwillkürlich zu Kristallisationszentren für eine neue feste Rechtsprechung werden, der gegenüber subjektive Neigungen zur Differenzierung des richterlichen Rechtsbewußtseins mehr und mehr zurücktreten. Ein gut Teil Rechtsunsicherheit verschwindet damit automatisch in kurzer Frist, ohne daß es einer offiziellen Sanktion der neuen Rechtsübung durch einen „Auslegungsgerichtshof" nach dem Vorschlage von *Zeiler*[234] bedürfte. Und was sich etwa als soziologische Dauerstreitfrage entpuppen sollte, dem wäre durch gesetzlich *bindende* Entscheidungen des Reichsgerichts[235] leichter beizukommen, als durch den Apparat eines besonderen Gerichtshofes, dessen Offenbarungen, als abstrakte Rechtssätze verlautbart, wiederum ihrerseits zu Auslegungszweifeln Anlaß geben könnten.

Wir besitzen schon heute in der Praxis des Reichsgerichts zur Sittenwidrigkeit des Boykotts ein lehrreiches Beispiel dafür, in verhältnismäßig wie kurzer Frist die anfängliche Unbestimmtheit eines soziologischen Werturteils gleichsam in konzentrischen Kreisen sich immer mehr einengt bis zur Ausbildung eines festen Leitsatzes. Schien nicht das Bürgerliche Gesetzbuch der subjektiven Willkür den denkbar größten Spielraum zu lassen, indem es in § 826 alles auf die Sittenwidrigkeit der Boykottaufforderung abstellte? Und da erlebten wir es nun, wie das Reichsgericht in einer Reihe sich schnell häufender Erkenntnisse dieser subjektiven Willkür des Richters immer engere Kreise zog, indem es allmählich den Gedanken scharf herausarbeitet: Es kommt auf das Ziel und auf die Mittel des Boykotts an. Als Mittel ist eine Maßregel, die nur eine vorübergehende Erschwerung des Geschäftsbetriebs oder des Fortkommens des Boykottierten bezweckt, erlaubt, eine Maßregel dagegen, welche die Existenzvernichtung bezweckt oder zur Folge hat, sittlich anstößig; und um die flüssige Grenze zwischen erlaubter Existenzerschwerung und verbotener Existenzvernichtung jeweils festzulegen, müssen stets Mittel und Zweck des Boykotts gegeneinander abgewogen werden;

[234] Ein Gerichtshof für bindende Gesetzesauslegung (1911), und in der Rhein. Ztschr. 4, 367 ff., Annalen des Deutschen Reichs 1912, Nr. 9.

[235] Vgl. *Krückmann* in Bay. Z. 4, 425.

es muß die zugefügte Schädigung „im gerechten Verhältnis zum umstrittenen Interesse stehen“[236].

Im Zeitraum von kaum zwei Lustren hat so das Reichsgericht aus einer vagen subjektiven Wertung eine fest umrissene soziologische Formel herausgearbeitet — ein gutes Vorzeichen für die Jurisprudenz des 20. Jahrhunderts!

II. Die dogmatische Gestaltungsfähigkeit

Wie der Vorwurf der Rechtsunsicherheit gegenüber der soziologischen Methode auf schwachen Füßen steht, ist auch der Einwand leicht niederzuwerfen, die soziologische Betrachtung löse die Rechtsordnung auf in ein Chaos zusammenhangloser Einzelsätze[237]. Die Dogmatik möge ruhig sein. Die Soziologie tut ihrer Arbeit keinen Abbruch. Im Gegenteil! Die Soziologie leistet nur eine *Vorarbeit* sozialwissenschaftlichen Charakters, indem sie den Rechtssatz als soziale Erscheinung durchforscht. Das Material, das sie da entdeckt, sammelt und sichtet, das gibt sie zur juristischen Gestaltung weiter an die Dogmatik[238]. Auch im Kreise der soziologischen Rechtsfindungsmethode behaupten Tatbestandskonstruktion, Rechtssatzkonstruktion und Prinzipienkonstruktion ihren Platz.

Daß die Tatbestandskonstruktion auch hier den Ausgangspunkt der Rechtsfindung bilden muß, das glaube ich auch dem Mißtrauischen genugsam gezeigt zu haben. Der wesentliche Unterschied liegt nur darin, daß die Tatbestandssubsumtion nicht logisch, sondern teleologisch erfolgt. Die Logik als ein bloßes Hilfsmittel hat sich der Teleologik als dem Ziel des Rechtsfindungsprozesses unterzuordnen und anzupassen.

Die soziologische Kritik, die dabei an den überkommenen Tatbestandsbegriffen und Normbegriffen geübt werden muß, führt nun aber oft dazu, diese altehrwürdigen Vorstellungen einer Umgestaltung und Weiterbildung zu unterziehen. Darauf hat schon *Hedemann* treffend hingewiesen[239]: Auflösung alter und Ausbildung neuer Rechtsbegriffe, zur Erhaltung und Erhöhung der Kongruenz mit der Lebenswirklichkeit — das ist ein weiteres Verdienst soziologischer Rechtsfindung. Das ist der frische Lebensodem, den sie einer erstarrten Dogmatik einhaucht!

Wir sehen neue Tatbestandsbegriffe sich verdichten: Man denke an das Aufgehen von Dienstvertrag und Werkvertrag in der höheren Synthese des Arbeitsvertrages und seiner Spielarten, oder an die positiven

---

[236] Vgl. RG 51, 385; 56, 278; 60, 94 ff.; 64, 53 ff.; 66, 379 ff.; 76, 35 ff.; RG in JW 1908, 38 und 679; 1911, 450, u. a. m.

[237] Vgl. z. B. *v. Tuhr*, Der allgemeine Teil (1910), Vorwort XI f.

[238] Treffende Ausführungen darüber bei *Sinzheimer*, Die soziologische Methode (1909); *Gmelin*, Quousque, 35 f.

[239] a.a.O., 20 ff.

Vertragsverletzungen, den Tarifvertrag, den Kommissionsagenten usw. Wir gewahren auch die Bildung neuer Normbegriffe, wie etwa den des technischen Erfüllungsortes (im Gegensatz zum Leistungsort), worin sich die Fragen des Gerichtsstandes, der örtlichen Verkehrssitte, des internationalen Privatrechts, der Gefahrstragung beim Kauf kristallisieren[240]. So gelangen wir zu einer „Komplettierung des gedanklichen Systems"[241].

Und vielleicht wird eine nicht zu ferne Zukunft uns darüber aufklären, daß wir nicht nur unsere Rechtsbegriffe erster Ordnung, sondern auch unsere Oberbegriffe, unser ganzes System der Rechtsdarstellung umzudenken und zu vervollständigen haben. Noch stehen wir zu sehr in den Anfängen der Entwicklung, um das schon mit Sicherheit zu überblicken. *Heck* glaubt soweit reichende Wirkungen soziologischer Betrachtung verneinen zu sollen[242], *Stampe* dagegen hat mit seiner Wertbewegungslehre den ersten Spatenstich zu einem System von soziologischen Funktionsbegriffen getan und damit einen neuen systematischen Aufbau der Schuldverhältnisse versucht[243]. Die Rechtssatzkonstruktion scheint hiernach von der soziologischen Methode manche Anregung und Förderung erfahren zu sollen, nicht aber Schädigung.

Ein Gleiches gilt endlich von der Prinzipienkonstruktion. Auch die „latenten Rechtsprinzipien", die dem Dogmatiker das sind, was dem Normalmenschen der Sauerstoff der Luft ist, auch sie brauchen wir nicht daran zu geben. Nur den Prinzipien von logisch-formalem Gehalt gilt der Kampf, nicht aber den soziologischen[244]. Die Verknüpfung einer Vielheit von Einzelrechtssätzen durch das Band eines gemeinsamen soziologischen Prinzips folgt sogar unmittelbar aus Wesen und Technik der neuen Rechtsfindungsmethode. Wir entdecken

I. soziologische *Sonderprinzipien*, die eine Vielheit von Rechtsvorschriften *innerhalb eines einzelnen Rechtsinstituts* beherrschen.

Wir gewinnen sie aus der Ermittlung der typischen sozialen Interessenlage, die dem betreffenden Rechtsinstitut eigen ist.

Beispiel: Im heutigen Schiffahrtsgroßverkehr erheischt die typische Interessenlage von Ablader, Reeder und Empfänger, daß die Skripturhaftung des Reeders aus dem Konnossement tunlichst milde gehandhabt wird, soweit sie über das Maß einer bloßen Sorgfaltshaftung hinausgeht. Schutzwürdige Interessen des Linienreedereibetriebs würden sonst zu

---

[240] Hierzu vgl. *Fr. Leonhard*, Erfüllungsort und Schuldort (1907), eine soziologische Untersuchung.

[241] *Hedemann*, Werden und Wachsen, 39 f.

[242] Rechtsgewinnung, 39.

[243] Grundriß der Wertbewegungslehre, erster Teil (1912); auch Freirechtsbewegung, 32 ff.

[244] Vgl. oben S. 46 ff.

leiden haben[245]. Ob dieses soziologische Prinzip richtig ist, darüber kann man natürlich heute noch verschiedener Meinung sein. Die Frage ist kürzlich von mir angeregt worden. Angenommen aber, der Nachweis der Richtigkeit jenes Prinzips wäre mir gelungen, so folgt daraus für die soziologische Rechtsfindung:

1. Die Norm des § 651 Abs. 1 HGB ist lediglich als eine allgemeine Rechtsidee zu werten, so daß aus ihr keine Gewährschaftshaftung des Verfrachters für falsche Merkzeichen, für den Fall der Nichtsverladung und für den Fall der Verladung in einem anderen Schiffe zu entnehmen ist[246].

2. Der Empfänger ist nicht befugt zur Ablehnung der im Konnossement falsch bezeichneten Ladung und Einklagung einer Ersatzforderung; sondern er muß, wenn anders er überhaupt Empfangsrechte geltend macht, jene Ladung annehmen und darf nur den Wertunterschied zwischen ihr und der wertvolleren konnossementsgemäßen Warengattung ersetzt verlangen. Denn nur durch diese Auslegung des § 652 HGB gelangt man zu einer tunlichst milden Handhabung der Skripturhaftung[247].

3. Auch in den übrigen Fällen der Skripturhaftung beschränkt sich der Ersatzanspruch auf den Minderwert, statt daß er auf Vergütung des vollen Interesses gerichtet ist[248].

In allen drei Punkten haben wir es mit Streitfragen zu tun, die bisher bald so, bald so beantwortet wurden, ohne daß man sie in einem inneren systematischen Zusammenhang sah. Statt solcher planlosen Kasuistik stellt die soziologische Methode diese Einzelfragen unter einen einheitlichen Leitsatz, unter ein richtunggebendes gemeinsames Auslegungsprinzip, so daß wir jetzt plötzlich unter dem gleichen Gesichtswinkel erschauen, was die alte Methode nur in der Zersplitterung vor sich sah. Weit entfernt also, den Kosmos der Rechtsordnung in ein Chaos zusammenhangloser Einzelsätze aufzulösen, ordnet die soziologische Methode in manchen Fällen die bisherige Wirrnis der Einzelsätze zu einem organischen Ganzen.

Diese Arbeit leistet sie aber nicht nur innerhalb desselben Rechtsinstituts, sondern auch für eine Mehrheit von Rechtsinstituten. Sie liefert nämlich

II. soziologische *Gemeinprinzipien,* die als Rechtssätze einer *Vielheit von verschiedenen Rechtsinstituten* durchdringen und beeinflussen.

Diese Rechtssätze, wiederum aus sozialer Interessenabwägung gewonnen, knüpfen oft an die Analogie irgend eines versteckten Sonder-

---

[245] Vgl. oben S. 67.
[246] Näheres *Wüstendörfer,* Seefrachtvertrag I, 462 f.
[247] Näheres daselbst, 425 ff.
[248] Näheres daselbst, 430 ff.

satzes im Gesetze an. Das ist die bescheidene Keimzelle, aus der dann allmählich ein allbeherrschendes soziologisches Rechtsprinzip herauswächst[249].

Beispiele:

a) Der Satz, daß jede auch nur objektive Verletzung eines fremden Rechtes einen Unterlassungsanspruch erzeugt, ohne Rücksicht auf die Verschuldungsfrage, wurde als latentes soziologisches Prinzip durch die Rechtsprechung des Reichsgerichts entwickelt[250] und durchdringt nun alle Rechtsverhältnisse.

b) Auf die gleiche Weise wurde oder wird die exceptio doli generalis, die Haftung für culpa in contrahendo, das Prinzip der Gefährdungshaftung zum soziologischen Salzkorn vieler Rechtsinstitute.

III. Das Ergebnis

Wenn die soziologische Methode im Punkte der Rechtssicherheit wie in der Frage der dogmatischen Gestaltungsfähigkeit der konstruktiven Begriffsjurisprudenz um nichts nachsteht, so ist damit ihre sachliche Überlegenheit m. E. dargetan. Denn dann bleibt ihr als nicht einzuholender Vorsprung das Verdienst, elastisch und geräuschlos stets aufs Neue für den Einklang von Lebensfortschritt und Rechtsfortschritt, von Kulturanschauung und Urteilsspruch zu sorgen. Keine drückende Fessel, kein spanischer Stiefel mehr, in den man uns einschnürt, ist dann das Gesetz, sondern ein segensreiches Band der Kulturgemeinschaft. Treu und Glauben genießen dann einen besseren Rechtsschutz als bisher. Denn im Schatten konstruktiver Begriffsjurisprudenz kann ein gewissenloser Mensch trotz §§ 157, 226, 242, 826 BGB mit Aussicht auf Erfolg die Chancen ausnutzen, die ihm der starre Wortlaut des Gesetzes und die abstruse Scholastik der Urteilsfindung als magna charta seiner Machenschaften bieten. Die Rechtsprechung des Reichsgerichts zum Bordellkauf leuchtet uns entgegen als eine flammende Anklageschrift! Mit Recht weist *Ernst Fuchs* darauf hin, wie die Begriffsjurisprudenz (im schlechten Sinne des Wortes) gleich jeder Rabulistik, verwirrend auf die Moral wirkt[251]. Im Schutze soziologischer Rechtsfindung vermag das moralische Unrecht nicht so leicht zu triumphieren. Es wird sich daher auch nicht mehr so leicht an Prozesse heranwagen wie bisher. Bei der Beratung ihrer Klientel werden daher künftig die Rechtsanwälte nicht mehr genötigt sein, darzulegen, wieweit nach dem Buchstaben des Gesetzes und der Konstruktion des Reichsgerichts schutzwürdige Interessen ungeschützt bleiben und schutzunwürdige Interessen unter den Deckmantel

---

[249] Vgl. oben S. 93.

[250] Vgl. oben S. 122.

[251] Kulturkampf 25.

des Gesetzes zu schlüpfen vermögen. Dieser beschämende Hinweis auf den Zwiespalt von Recht und Moral, diese Förderung des materiellen Unrechts durch die Aufdeckung des dem Klienten zu Gebote stehenden formalen Rechts bleibt dem anständigen Anwalt dann erspart. Es kann nicht ausbleiben, daß im Zusammenhang mit alledem das Vertrauen des Volkes zur Rechtspflege wieder steigt. Für eine soziale Interessenabwägung ist auch der Laie empfänglich[252]. Aber daß ihm sein vermeintlich gutes Recht mit willkürlichen Konstruktionen und spitzfindigen Wortklaubereien wegeskamotiert wird, das empfindet er als eine lebensfremde Unzulänglichkeit der Rechtsprechung.

Wir leben in einer Zeit der Gärung und des Umschwunges. Die alten Götterbilder stürzen, und neuen Glaubenssätzen bringen wir auf neuen Altären unsere Weihrauchopfer dar. Ist es ein Wahn, der uns betört, wie wir es heute als Wahn erkennen und verdammen, was noch unsern Vätern heilig schien? Niemand weiß es. Aber im Kampfe um die Wahrheit glauben wir doch dem fernen Ideal einen kleinen Schritt näher gekommen zu sein, indem wir dies eine klar erkannten, daß auch in der Rechtswissenschaft im Laufe der Jahrhunderte Strömung und Gegenströmung sich ablösen müssen im ewigen Wechselspiel. Wie einst das weltabgewandte Quellenstudium der Glossatoren dem praktischen Wirklichkeitssinn eines *Bartolus* und *Baldus* weichen mußte, wie dann der Humanismus abermals den wissenschaftlich geschärften Blick in die Rechtsvergangenheit versenkte, bis er von den praktischen Versuchen eines usus modernus pandectarum und von der Spekulation eines überpositiven Naturrechts verdrängt wurde, wie endlich im 19. Jahrhundert die historische Schule zum dritten Mal den Strom der Wissenschaft durch Klassizismus und Romantik hindurch in entlegene Vorzeiten zurückzuleiten unternahm, so setzte zum dritten Mal die mächtige Gegenströmung der praktischen Rechtswissenschaft ein, und wie stets, so prägt auch diesmal, im 20. Jahrhundert, der Zeitgeist ihr die Züge: Dem sozialen Jahrhundert die soziologische Rechtswissenschaft! Wenn es das bleibende Verdienst der jüngeren historischen Richtung war, die Betrachtung der rückwärtigen Rechtsentwicklung, die explikative Darlegung des gewordenen Rechts auf die feste Basis empirischer Wissenschaft gestellt zu haben, so fällt der soziologischen Schule die geschichtliche Aufgabe zu, für die Betrachtung der *vorwärtsschreitenden* Rechtsentwicklung, für die *normative* Darlegung des *seienden* Rechts nun endlich die wissenschaftliche Grundlage zu schaffen. Rechtsfindung ist freilich Politik, ist eine schöpferische Kunst und steht insofern außerhalb der Wissenschaft. Aber gleich dem Baumeister, gleich dem Ingenieur arbeitet doch auch der werkeschaffende Jurist mit dem Rüstzeug der Wissenschaft, und dieses Rüstzeug liefert ihm die soziologische Dogmatik. Sie hat ihre eigenen Erkenntnisse und

---

[252] Ganz anders *v. Tuhr*, Allg. Teil, Vorwort XI.

Offenbarungen; sie folgt ihren eigenen Gesetzen; die haben wir uns zu erarbeiten, eingedenk des Wortes:

Wollt ihr nach Regeln messen,
Was nicht nach eurer Regeln Lauf,
Der eig'nen Spur vergessen,
Sucht davon erst die Regeln auf!

Zur Hermeneutik der soziologischen Rechtsfindungstheorie*

Vorbemerkung

Es gibt Rechtsgebiete, deren wissenschaftliche Behandlung lange Zeit einem tiefen Dornröschenschlaf verfallen scheint, bis schließlich ein Ritter kommt, die Schlafende zu wecken. Der Ritter, der die Hermeneutik dem Schlaf entriß, war, für Deutschland wenigstens, nach einigen Vorversuchen, das Bürgerliche Gesetzbuch. Denn es zwang die deutschen Juristen, das heutige Leben und seine vielen neuartigen Erscheinungen mit Tatbestandsbegriffen zu meistern, die oft altmodisch, und mit Normen, die vielfach schief und lückenhaft waren. Und da besann man sich denn, daß über die Auslegung bürgerlichrechtlicher Gesetze durch den Richter doch vielleicht noch mehr und anderes zu sagen sei, als was einst Donellus und, ihm folgend, Savigny mitsamt den übrigen Anhängern der überlieferten Hermeneutik gelehrt hatten. Seitdem ist das Versäumte gründlich nachgeholt. Wir haben eine Überfülle kritischer Meinungsäußerungen vernommen, aber zur Ruhe sind die Geister nicht wieder gelangt. Hecks „Gesetzesauslegung und Interessenjurisprudenz" (1914)[1], Kohlers[2] und meine[3] Versuche, für eine soziologische Methode der Rechtsfindung einzutreten, sowie zahlreiche andere Meinungsäußerungen stimmen zwar in mancher Einzelentscheidung typischer Rechtsfälle erfreulich überein, enthalten aber in bezug auf methodischen Ausgangspunkt und theoretische Formulierung viel Gegensätzliches. Immerhin ist *ein* Fortschritt unverkennbar: Die großen Schwächen und Unzulänglichkeiten der früheren Auslegungslehre sind erkannt und verschwinden allmählich Schritt für Schritt aus den Lehrbüchern wie aus der Praxis.

---

* Archiv für Rechts- und Wirtschaftsphilosophie Bd. IX, 1915/16, S. 170 - 180; 289 - 320; 422 - 455.

[1] Im nachfolgenden stets abgekürzt mit H. und der Seitenzahl.

[2] Vgl. namentlich Kohlers Lehrbuch des Bürg. Rechts I (1906), 123 ff.

[3] Archiv f. d. zivil. Praxis 110, 219 ff.: Die deutsche Rechtsprechung am Wendepunkt. Versuch einer positiven Methode soziologischer Rechtsfindung. Diese Abhandlung wird im nachfolgenden abgekürzt mit W. und der Seitenzahl. Vgl. ferner neuerdings meine Ausführungen im Archiv f. öffentl. Recht 34, S. 399 ff. [Die Seitenzahl des Erstabdrucks der mit W. abgekürzten Abhandlung ist durch die Seitenzahl des Neuabdrucks im vorliegenden Bande ersetzt. M. R.]

§ 1 Das grammatische Element der Auslegung

Eine dieser Unzulänglichkeiten war die schiefe Einschätzung des grammatischen Elements der Auslegung. Man ging vielfach von der Unterstellung aus, daß in der Regel schon die grammatische Auslegung, gleichsam als festen Ausgangspunkt, einen eindeutig klaren Wortsinn ergebe. Wich der „Wille des Gesetzgebers" hinsichtlich des Inhalts der fraglichen Gesetzesvorschrift von diesem eindeutigen Wortsinn ab, so sprach man vom Fall der einschränkenden oder ausdehnenden oder abändernden Auslegung, und in diese drei Auslegungstypen verlegte man den Schwerpunkt der ganzen Hermeneutik. Einschränkende, ausdehnende und abändernde Auslegung waren also stets Fälle einer Auslegung *gegen* den Wortlaut des Gesetzes, jenseits der Grenzen seines Wortsinnes. Daß die Sprache des Gesetzes auch mehrdeutig sein kann, daß daher zu einschränkender und ausdehnender Auslegung auch *innerhalb* der möglichen Wortbedeutungen Anlaß gegeben sein mag, das wurde zwar nicht übersehen, aber auch nicht gebührend beachtet.

Freilich unterschied Savigny in seiner Auslegungslehre[4] die Fälle des vieldeutigen Ausdrucks von den Fällen der „Unrichtigkeit des Ausdrucks" und gab für jene dem Richter andere Leitsätze an die Hand als für diese. Aber die Art, wie er die Fälle des vieldeutigen Ausdrucks behandelt, zeigt, daß ihm das rechte Augenmaß für deren Wesen und Bedeutung abgeht: Sie werden ganz kurz, im Rahmen von vier Seiten, erledigt, während die Fälle der „Unrichtigkeit des Ausdrucks" eine Darstellung von breiter Gründlichkeit erfahren. Dabei weiß Savigny als Ursachen für die Vieldeutigkeit des Ausdrucks nur anzugeben entweder einen unklaren Gedanken oder eine unvollkommene Herrschaft über den Ausdruck[5], also subjektive Mängel in der Person des Gesetzgebers. Daß die Vieldeutigkeit auch in den Sprachgesetzen wurzeln und durch die Sprachübung geheiligt sein könnte, daß sie also sprachlich-*objektive* Ursachen haben und daher selbst für den gewandtesten Gesetzgeber unvermeidbar sein könnte, davon verlautet nichts. Demgemäß rechnet Savigny auch nicht mit der Möglichkeit eines nächstliegenden Wortsinns unter mehreren, zur Auswahl stehenden Wortbedeutungen des Gesetzes, und beschränkt die technischen Bezeichnungen der ausdehnenden und der einschränkenden Auslegung auf die Fälle, in denen der „wirkliche Gedanke" des Gesetzes über den unrichtigen Ausdruck den Sieg davon trägt[6].

---

[4] System des heutigen römischen Rechts I (1840), 225 ff. einerseits, 230 ff. andererseits.

[5] S. 227.

[6] S. 231.

Thibaut[7] und mit ihm manche andere Schriftsteller[8] bewiesen schon ein besseres Augenmaß für die Wirklichkeit der Dinge, wenn sie der interpretatio extensiva, restrictiva und abrogans die „interpretatio declarativa" als eine ausdehnende oder einschränkende Auslegung *innerhalb* der möglichen Wortbedeutungen (interpretatio „lata" oder „stricta") methodisch gegenüberstellten. Hufeland vollends war so weit gegangen, auszusprechen, die „Auslegung" des Gesetzes könne nie über den möglichen Wortverstand des Gesetzes hinausgehen, sie sei extensiv oder restriktiv in dem Sinne, daß die weitere oder engere Wortbedeutung vorgezogen werde; darüber hinaus sei der Terminus „ausdehnende Auslegung" die „reinste contradictio in adjecto"[9]. Allein Hufelands Theorie wurde von Savignys Lehre alsbald überschattet, und auch Thibauts Versuch, der interpretatio declarativa als gleichwichtig und gleichwertig einen Platz zu sichern in der Hermeneutik, trat allmählich in den Hintergrund; ausdehnende und einschränkende, extensive und restriktive Auslegung werden hinfürder die allgemein anerkannten technischen Sonderausdrücke für diejenigen Fälle der Auslegung, in denen der für maßgeblich gehaltene Wille des Gesetzgebers vom unrichtigen Wortlaut des Gesetzes abweicht, und diese Fälle sind es, die in allen Darstellungen der Auslegungstheorie den breiteren Raum beanspruchen.

Dieser Zustand der Dinge blieb nur solange möglich, als man sich nicht bewußt war, daß man damit an sprachwissenschaftlichen Vorstellungen festhielt, wie sie Donellus[10] gehabt und Savigny ohne weitere Nachprüfung übernommen hatte. Das ist heute überwunden; die Ergebnisse der modernen Sprachforschung wurden auch der juristischen Hermeneutik nutzbar gemacht, namentlich neuerdings von Danz[11] und Heck[12]. Wie wir heute wissen, besteht die „Bedeutung" eines Wortes darin, daß bei seinem Aussprechen gewisse Vorstellungsinhalte in der Seele des Sprechenden auftauchen (subjektiver Sinn des Redenden) und beim Hören des Wortes gewisse Vorstellungsinhalte in der Seele des Hörers geweckt werden, und zwar regelmäßig bei einer Vielheit von

---

[7] Theorie der logischen Auslegung [2] (1806), 24 f., 52; Pandekten §§ 46, 48.

[8] So z. B. *Wächter*, Hdb. des württemb. PR II (1842), 143 Anm. 36; *Vangerow*, Pandekten [7] I, 53 f.; *Thöl*, Einleitung in das deutsche PR (1851), 147; *Unger*, System des österr. PR [4] I (1876), 87 ff. Neuerdings *Regelsberger*, Pandekten (1893), 152; *Enneccerus*, Bürg. Recht I, 1 (6. Bearbeitung 1913), 119. Eine andere Terminologie hat *Wurzel*, Das juristische Denken (1904), 17. Aber die dort aufgestellte Stufenleiter ist nicht, wie Wurzel annimmt, die herkömmliche.

[9] Geist des röm. Rechts (1815) I, 2 S. 5, 61 ff., 64. Ihm folgte *v. Wening-Ingenheim*, Lehrb. d. gem. Zivilrechts I § 4 (in den älteren Auflagen, nicht mehr bei Fritz, 5. Aufl. § 10).

[10] Comment de jure civili, tom. I, lib. 1 cap 13, namentlich unter IV ff., cap. 14; anderseits über den Fall des mehrdeutigen Wortes cap. 15.

[11] In mehreren Schriften, so: Richterrecht 183 ff., Auslegung der Rechtsgeschäfte [3] 43 ff.

[12] H. 44 ff., 84 f., 121 ff., und auch sonst passim.

Hörern übereinstimmend (objektiver Sinn). Aber beides, subjektiver und objektiver Sinn, ist fast bei allen Wörtern veränderungsfähig. Fast alle Wörter sind mehrdeutig, oft so, daß man nach der Lebensübung eine näher liegende Bedeutung und eine oder mehrere ferner liegende, aber immer noch mögliche Bedeutungen unterscheiden kann. Welche dieser mehreren Bedeutungen dann im konkreten Fall als der subjektive Sinn und der objektive Sinn des Wortes anzusehen ist, das folgt jeweils aus den begleitenden Tatumständen des gesprochenen Wortes, aus seinem Zusammenhang mit den übrigen gebrauchten Worten, aus der Sprachübung des Ortes, der betreffenden Geschäftsart und der Volksklasse. Die übereinstimmenden Vorstellungsinhalte, die hiernach bei einer Vielheit von Individuen als objektiver Sinn jeweils möglich sind, unterliegen ihrerseits wiederum einer allmählichen Veränderung im Laufe der Zeit durch Hinzutritt neuer, durch Absterben alter Bedeutungen desselben Wortes.

Nach alledem steht heute fest, daß es wissenschaftlich unzulässig weil unmöglich ist, mit den Mitteln grammatischer Auslegung einen einheitlichen, festen Wortsinn des Gesetzes in abstracto festzustellen und diese vermeintliche grammatische Eindeutigkeit des Wortes zum Ausgangspunkt einer Auslegungstheorie zu machen. Die Dinge liegen vielmehr so, daß in der Mehrzahl der Fälle die konkreten Auslegungszweifel sich *innerhalb* der Grenzen bewegen, die durch die *mehreren möglichen Wortbedeutungen* gezogen sind. Die Auslegung ist also meistens, wie Enneccerus[13] in richtiger Abschätzung der Rechtswirklichkeit andeutet, nur eine deklarative Auslegung. Daher entspricht es der Lebenswahrheit, auch den Schwerpunkt der Hermeneutik in diese Fälle hineinzulegen und die technischen Ausdrücke „ausdehnende“ und „einschränkende“ Auslegung in erster Linie zu beziehen auf die Sinnesermittlung innerhalb des Rahmens der mehreren Wortbedeutungen des Gesetzes. Und zwar hat man dann eine doppelte Möglichkeit, bei der ausdehnenden und einschränkenden Sinnesermittlung den sprachlichen Ausgangspunkt zu wählen: Man kann ausgehen von dem Sinn, der sich nach der Lebensübung und in Berücksichtigung einer etwa feststehenden Terminologie des Gesetzes als der nächstliegende Wortsinn ergeben würde. Das wäre dann ein zwar bequemer, aber auch ein etwas willkürlich gewählter Ausgangspunkt, weil ohne innere Beziehung zur Eigenart des fraglichen Gebots, und bisweilen auch ein unzweckmäßiger Ausgangspunkt, da es in manchen Fällen zweifelhaft sein mag, ob ein solcher nächstliegender Sinn nach der Lebensübung überhaupt feststellbar ist. Oder man wählt als Ausgangspunkt für die ausdehnende und einschränkende Gebotsauslegung denjenigen Sinn des Wortes, welcher der *in concreto nächstliegende* und prima facie gegebene ist, und das ist in der Regel der durch gleichzeitige

[13] Bürg. Recht I, 1 (6. Bearbeitung) S. 119 § 52.

grammatisch-systemlogisch[14]-entstehungsgeschichtliche Betrachtung ermittelte, nachweisbare oder wenigstens vermutliche Gebotsgedanke des Gesetzgebers, richtiger: der Gebotsgedanke, der s. Zeit bei den an der Gesetzgebung beteiligt gewesenen führenden Persönlichkeiten übereinstimmend hervorgetreten ist[15]. Dieser sprachliche Ausgangspunkt ist nicht so bequem, so ohne weiteres erkennbar, wie der erstgenannte; er ist schon das Ergebnis einer tiefer schürfenden Suchtätigkeit. Aber er steht in innerer Beziehung zur Eigenart des betr. Gebots und ist zugleich auch der historische Ausgangspunkt der Sinnermittlung. Daher gebe ich ihm den Vorzug.

Die heute gewonnene sprachwissenschaftliche Grundlage der Auslegungstheorie legt uns jedoch noch eine andere Erwägung nahe: Es empfiehlt sich, das Auslegungsergebnis *innerhalb* des Wortrahmens von einem etwaigen Auslegungsergebnis *außerhalb* des Wortrahmens des Gesetzes formell und materiell zu scheiden. Diese beiden Fallgruppen grenzen sich nämlich sachlich nicht nur dadurch ab, daß, wie erwähnt, die Fälle der ersten Gruppe die statistische Regel, die der zweiten die statistisch seltenere Erscheinung bilden, es trennt sie außerdem auch folgendes:

Das Wort des Gesetzes hat keine normative Bedeutung in dem Sinne, daß der Inhalt des Gesetzes stets nur im Rahmen der möglichen Wortbedeutungen gefunden werden dürfte und niemals außerhalb dieses Rahmens, wenngleich solche „absolute Schrankentheorie" bei manchen Schriftstellern gelegentlich anklingt[16]. Es gibt auch Rechtsfindung außerhalb des Gesetzeswortlauts, denn diesem kommt nur die Bedeutung eines Erkenntnismittels für den im Gesetz enthaltenen Normgedanken zu. Das Wort ist, nach Stammlers treffendem Ausdruck, „dienender Bote und nicht ein unabhängig anordnender Herrscher"[17].

Aber freilich: Das Wort darf in dieser seiner heuristischen Eigenschaft doch anderseits nicht auf eine Stufe gestellt werden mit den anderen Erkenntnismitteln des Gebotsgedankens, als: logischer Zusammenhang des Systems, erkennbare Zweckvorstellung bei Erlaß des Gesetzes, geschichtliche Verbindung mit dem früheren Rechtszustand. Was den Gesetzeswortlaut von allen anderen Erkenntnismitteln sachlich scheidet,

---

[14] Ich sage „systemlogisch" statt „logisch", da dieser Ausdruck in der hier gemeinten Sonderbedeutung mißverständlich ist. Den Grundsätzen des logischen Denkens folgt natürlich auch die grammatische und die entstehungsgeschichtliche Betrachtung. Vgl. Wurzel 22.

[15] Vgl. meine Ausführungen W. 59, 79 f., sowie unten § 5.

[16] Anklänge an sie bei *Hufeland* a.a.O., in anderem Sinne bei *Kohler*, 123 ff.; *Stampe*, Freirechtsbewegung (1911); *Spiegel*, Gesetz und Recht (1913), 58 ff. und anderem; wiederum in anderem Sinne bei den Anhängern der „Ausdruckstheorie", z. B. *Enneccerus* § 49 Anm. 3, § 52 zu Anm. 4. Vgl. hierzu H. 134 ff., 143 ff.

[17] Theorie der Rechtswissenschaft (1911), 604.

ist die Tatsache, daß der Wortlaut das *einzige amtliche Ausdrucksmittel* des Gebotsgedankens bildet, dazu bestimmt, in unmittelbarer Wirkung gewisse Vorstellungsinhalte in der Seele des Lesers zu wecken. Kein amtliches Ausdrucksmittel des Gebotsgedankens pflegen heutzutage die sog. Gesetzmaterialien zu sein; eine Verdeutlichung des Gesetzesinhalts durch die Mittel der bildenden Kunst, etwa nach dem Muster der Bilderhandschriften des Sachsenspiegels, ist uns unbekannt; und mag man als amtliches Ausdrucksmittel für den Gebotsgedanken vielleicht auch noch die Systematik des Gesetzes, die Überschriften seiner Abschnitte ansehen, so wirkt dies Ausdrucksmittel doch erst kraft einer hinzukommenden wissenschaftlichen Überlegung, nicht unmittelbar, wie das Wort. Der Erkenntniswert des Wortes ist also ein besonders qualifizierter, durch seine *Amtlichkeit*, seine *Ausdrücklichkeit*, seine *Unmittelbarkeit* der Wirkung allen anderen Erkenntnismitteln des Normgedankens überlegen. Und deshalb rechtfertigt es sich, auch in der Auslegungstheorie an diesem Punkte eine *Grenze zu ziehen* und für die Auslegung, deren Ergebnis sich *außerhalb* der möglichen Wortbedeutungen des Gesetzes hält, als Ersatz für die wegfallende Stütze des Wortlauts andere Stützbalken und besondere Rechtfertigungsgründe theoretisch zu fordern, wie sie bei der normalen Auslegung innerhalb der Wortschranken nicht nötig sind[18]. Hierfür spricht auch die Erwägung, daß der Laie geneigt ist, am Wort des Gesetzes zu haften und dessen wortwidrige Auslegung als Gesetzesverletzung zu deuten, wenn nicht solche Abweichung vom Wortlaut durch das Schwergewicht anderer sachlicher Gründe voll aufgewogen wird.

Was aber hiernach sachlich verschieden ist, das scheint mir auch terminologisch gesondert werden zu sollen: Der Auslegung innerhalb der Wortgrenzen des Gesetzes als der *„einfachen Auslegung“* steht diejenige außerhalb dieser Grenzen als *„qualifizierte Auslegung“* gegenüber.

§ 2 Das systemlogische Element der Auslegung

Zur schiefen Einschätzung des grammatischen Elements der Auslegung gesellte sich in der überlieferten Hermeneutik eine Überwertung der Logik. Die Logik wäre gewiß ein sicherer Leitstern, wenn es sich für den urteilenden Richter darum handelte, Tatsachen als wahr zu erkennen. Aber statt dessen handelt es sich für ihn um Setzung von Normen, um Findung des im konkreten Fall normativ Richtigen. In unzulässiger Weise wurde nun dies normativ Richtige als ein logisch Wahres behandelt[19], die Normsetzung, die ein Akt des Wertens und der Willensentscheidung ist,

---

[18] Dies habe ich versucht in W. 107 ff., besonders 116 ff. Vgl. ferner unten § 6 am Schluß und § 8.

[19] Vgl. *Sternberg*, Einführung in die Rechtswissenschaft I (1912), 119 f.; *Peretiatkowicz* in Grünhuts Zeitschr. 39, 565 f.

so aufgefaßt, als wäre sie eine geschichtliche Wahrheitsermittlung, ein Akt des Erkennens und des Schließens. Durfte sich doch so auch die Rechtsdogmatik in der Illusion wiegen, Wissenschaft, reine Wissenschaft zu treiben.

Dieses Hindrängen auf die wissenschaftlichen Arbeitsmethoden logischer Wahrheitsermittlung begegnete sich nun unglücklicherweise mit dem scholastischen Glauben an die Wirklichkeit und Selbständigkeit der Begriffe, wie mit den Nachwirkungen absolutistischer Einengung der Rechtsprechung und mit dem seltsam unzulänglichen Zustand des Corpus iuris civilis, das mit seinen Fallentscheidungen ein Aufsteigen zu allgemeineren Rechtsgedanken und ein Wiederabsteigen zu neuen Einzelrechtssätzen nahe legte; und aus dieser Verbindung ging dann das hervor, was Heck die „Inversionsmethode" genannt hat, die Verwendung von Begriffen und Prinzipien des Rechtssystems zur Gewinnung neuer Einzelrechtssätze[20]. Wie diese Technik einer Ergänzung des Rechtssystems aus sich heraus schon von den Postglossatoren geübt und von Donellus gelehrt war, so galt sie Savigny und seinen Anhängern als die selbstverständliche Form wissenschaftlicher Rechtsfindung, Hegels Einfluß begünstigte sie, und selbst Ihering feierte sie im „Geist des römischen Rechts" als „höhere Jurisprudenz".

Die hohe Bewertung des logischen Elements der Auslegung tritt in Savignys Lehre mehrfach hervor. Im Fall der Vieldeutigkeit des Ausdrucks will er zwar den Gedanken des Gesetzes nicht nur aus dem systematischen Zusammenhang der Gesetzgebung und aus dem Grunde des Gesetzes, sondern auch aus dem inneren Wert des Resultats ermittelt wissen[21]; im Fall der Unrichtigkeit des Ausdrucks dagegen soll die einschränkende oder ausdehnende Auslegung zur Richtschnur *nur* den inneren Zusammenhang der Gesetzgebung nehmen und den „speziellen Grund" des Gesetzes[22], nicht dagegen den Wert des Resultats[23], und unter dem speziellen Grund versteht Savigny die schon vorhandene höhere Rechtsregel, die zu dem Inhalt des fraglichen Rechtssatzes in dem einfachen, rein logischen Verhältnis des Grundes zur Folge steht, so daß sich der Spezialsatz aus der höheren Rechtsregel als deren konsequente Durchführung ergibt[24]. Es ist bemerkenswert, daß neben diesen formallogischen Momenten des Erkennens und des Schließens beim Historiker Savigny die Entstehungsgeschichte des Gesetzes als Auslegungsmittel ganz in den Hintergrund tritt. Und wie in jene formallogischen Auslegungsmomente

[20] Vgl. unter anderen *Heck*, Rechtsgewinnung (1911), 13 ff., H. 71 f.; *Ehrlich*, Grundlegung der Soziologie des Rechts (1913), 261 ff.; meine Ausführungen W. 43 f.

[21] System 228 f.

[22] 232 ff. Vgl. *Preuss*, Allg. Landr., Einleitung § 46.

[23] 240.

[24] 217, 219.

der Gedanke der Inversionsmethode bereits hineinspielt, vermöge der Rolle, die Savigny dem „speziellen Grund“ zuweist, so enthüllt sich das Bekenntnis zu dieser Methode auch in den Ausführungen über die Analogie, welche sich bei Savigny darstellt als eine Ergänzung des Gesetzes „aus sich selbst“, durch die „organisch bildende Kraft“ des positiven Rechts[25], und welche beruht „auf der vorausgesetzten inneren Konsequenz des Rechts“[25], wenngleich diese „nicht immer eine bloß logische Konsequenz, sondern zugleich eine organische“ sei. Es werde dabei stets etwas gegebenes erweitert, gegeben könne sein ein „bestimmtes einzelnes Gesetz“, „weit häufiger“ aber „solche Bestandteile der Rechtstheorie, die selbst schon auf dem künstlichen Wege der Abstraktion entstanden“ seien[26]. Das ganze Verfahren der Analogie beruhe „lediglich auf dem inneren Zusammenhang des Rechtssystems“[27].

Ähnlich, wie hier bei Savigny, trat bei späteren Schriftstellern und in der Rechtsprechung, besonders im Hinblick auf die Analogie, der Glaube hervor an die Fähigkeit des Rechtssystems zur Ergänzung aus sich selbst und führte schließlich zum Dogma von der lückenlosen logischen Geschlossenheit des Rechts. Man verfuhr mit der Analogie, wie Oertmann richtig bemerkt[28], „wesentlich nach logischen Gesichtspunkten, nach der formaljuristischen Ähnlichkeit“; als entscheidend galt für sie die „Gleichheit des Grundes“, das „höhere Rechtsprinzip“, der „gleiche rechtliche Grundbegriff“[29], oder wie man es sonst formulieren mochte.

Eine nähere Betrachtung zeigt jedoch, daß in der Fortbildung des Systems aus sich selbst und in der „Gleichheit des Grundes“ als dem beherrschenden Gedanken der Analogie bei Savigny und späteren Schriftstellern wie in der Praxis sich unklar Vorstellungen miteinander verbanden, deren begriffliche Wesensart wir erst neuerdings anfangen, klar zu sondern. Es rangen miteinander um die Herrschaft formallogische und teleologische Gedankenrichtungen, und oft trugen jene über diese den Sieg davon. Schon Hufeland hatte gegenüber der damals herrschenden Begriffsverwirrung darauf hingewiesen[30], unter der „ratio legis“ könne man sehr verschiedenes verstehen, als: Zweck des Gesetzgebers, höheren allgemeinen Rechtsgrundsatz, Natur des betr. Rechtsverhältnisses, Mo-

---

[25] 290, 292.
[26] 292.
[27] 294.
[28] Gesetzeszwang und Richterfreiheit (1909), 27. Vgl. auch *J. Falk*, Die Analogie im Recht (Diss. 1906), 4 ff.
[29] So noch *Stammler*, Theorie der RW, 633 ff. Unter den Beispielen erwähnt Stammler (637), die Beteiligung bei einer Genossenschaft könne der Zeichnung von Aktien gleichbehandelt werden, denn in beiden Fällen stehe Erwerb von rechtlichen Anteilen bei einer Gesamtheit als gleicher rechtlicher Grundbegriff in Frage. Und doch ist nicht dies, sondern die nur zum Teil gleiche Interessenlage das Entscheidende, so daß mir die Statthaftigkeit dieser Analogie sehr begrenzt scheint. Vgl. RG 57, 297 ff.
[30] a.a.O. I, 2 S. 13 ff.

tive des Gesetzes außer dem Zweck, und es sei wichtig, diese verschiedenen Bedeutungen reinlich zu scheiden. Leider ließ die Doktrin diese Mahnung mehr oder weniger unbeachtet. Unter dem „Grunde des Gesetzes" verstand Savigny[31] sowohl die schon vorhandene höhere Rechtsregel wie auch den Zweck des Gesetzes. Das waren also zwei durchaus heterogene Elemente, ein formallogisches und ein teleologisches; und es ist nun bezeichnend für Savignys Hermeneutik, daß diese beiden Elemente in beständiger Begriffsvertauschung durcheinanderfließen[32], namentlich in seiner Lehre von der Analogie, die „nicht immer eine bloß logische Konsequenz, sondern zugleich eine organische" sein soll. Von anderen Dogmatikern ist wenigstens der Versuch gemacht, die ratio legis als den Zweck des Gesetzes von der ratio juris begrifflich zu trennen und beiden wiederum die occasio legis gegenüberzustellen[33]; aber auch in dem „höheren Rechtsprinzip", als welches die ratio juris dann meistens erscheint, mischt sich, wie sogleich gezeigt werden soll, begrifflich Verschiedenes, normativ Falsches und Richtiges, zu einer unklaren Gesamtvorstellung.

§ 3 Fortsetzung: Die „höheren Prinzipien" des Gesetzes

Die ratio juris entfaltet ihre begriffliche Eigenart zunächst innerhalb der Inversionsmethode, und zwar wird sie von dieser Methode zweifach gehandhabt: Sie dient zur Gewinnung neuer Einzelrechtssätze entweder

1. aus *Oberbegriffen* der Systemlogik: dann handelt es sich um die Folgerung aus einer *Rechtssatzkonstruktion;* oder

2. aus *Obersätzen* der Systemlogik: dann handelt es sich um die Folgerung aus einer *formallogischen Prinzipienkonstruktion.*

Im einzelnen:

1. Die Rechtssatzkonstruktion[34] ist die gedankliche Herausarbeitung beherrschender Oberbegriffe — Tatbestandsbegriffe und Normbegriffe — aus der Fülle der Einzelrechtssätze und die Verknüpfung dieser Begriffe zu einem System, das uns die gedankliche Beherrschung der Einzelheiten erst ermöglicht. Diese wissenschaftliche Arbeit ist unentbehrlich zur besseren Erkenntnis und Formulierung der vorhandenen Rechtsgebote sowie zur subsumtiven Rechtssatzgewinnung[34a], die Inversionsmethode aber verwendet sie auch zur Lückenausfüllung, indem sie aus

---

[31] S. 217.

[32] Vgl. z. B. S. 233 ff. mit S. 219.

[33] So gleichzeitig mit Savigny's Lehre und unabhängig von ihr bei *Kierulff,* Theorie des gemeinen Zivilrechts I (1839), 25 ff.

[34] Vgl. hierzu W. 41 f.

[34a] Insofern nämlich der konstruktive Oberbegriff jeweils nach der Interessenlage zugleich den Tatbestandsbegriff einer anderen Gesetzesvorschrift bildet, so daß deren Anwendbarkeit gegeben ist. Z. B. führt die Konstruktion des Schiffsgläubigerrechts als gesetzliches Pfandrecht auch zur Subsumtion unter BGB § 1256 Abs. 2, 1257 (Recht am eigenen Schiff).

den systemgemäßen Oberbegriffen neue, angeblich „begriffsnotwendige“ Folgesätze ableitet. Man spricht dann wohl davon, aus „der Natur des betr. Rechtsverhältnisses“ folge mit Notwendigkeit dieser oder jener neue Einzelrechtssatz.

So wurde dem Sachenrecht des Bürgerlichen Gesetzbuchs die begriffliche Antithese: „Eigentum“ — „dingliche Rechte an fremder Sache“ zu Grunde gelegt und dann die Grunddienstbarkeit unter Berufung auf § 873 Abs. 1 als ein Recht an fremder Sache konstruiert. Daraus folgerte man dann, daß es dem Eigentümer zweier Grundstücke nicht möglich sei, an dem einen Grundstück zu Gunsten des anderen Grundstücks eine Grunddienstbarkeit zu bestellen.

Oder es wurde aus den Einzelvorschriften des Handelsgesetzbuchs über die offene Handelsgesellschaft entnommen, daß diese eine Rechtsgemeinschaft zur gesamten Hand ohne die Möglichkeit quotenmäßiger Anteilsrechte der Gesellschafter am Gesellschaftsvermögen darstelle, und daraus wurde dann beispielsweise gefolgert: Wenn einer der drei Gesellschafter ein ihm bisher allein gehöriges Grundstück in die Gesellschaft einbringt, so veräußert er damit nicht etwa nur $^2/_3$ des Eigentumsrechtes am Grundstücke, so daß er selber gesamthändig gebundener Miteigentümer zu $^1/_3$ bliebe, sondern er veräußert das ganze Eigentumsrecht am Grundstück, hat dieses daher ganz aufzulassen und den etwaigen Auflassungsstempel vom ganzen Grundstückswert zu entrichten. Denn die Annahme eines fortbestehenden quotenmäßigen Anteilsrechtes zu $^1/_3$ wäre mit dem Vorliegen einer Rechtsgemeinschaft zur gesamten Hand begrifflich unvereinbar[35].

2. Die ratio juris, die in diesen Beispielen den neuen Rechtssatz liefert, ist, wie wir sahen, ein dem Rechtssystem entnommener Oberbegriff. In anderen Fällen hat die Inversionsmethode es versucht, der Logik des Rechtssystems außer den übergeordneten *Begriffen* auch übergeordnete *Rechtssätze,* höhere Rechtsprinzipien zu entnehmen, aus denen dann neue Sondersätze zum Zwecke der Lückenausfüllung abgeleitet werden.

So wurde aus der Systematik des Bürgerlichen Gesetzbuchs als latentes Rechtsprinzip der Satz entnommen: Die sachenrechtlichen Erfüllungsgeschäfte, nämlich die Übereignung — durch Einigung und Übergabe bzw. Auflassung und Umschreibung — und die Hypothekbestellung oder Grundschuldbestellung — durch Einigung und Eintragung — tragen die Macht, eine sachenrechtliche Wirkung hervorzubringen, in sich selbst, sie sind abstrakt. Und daraus folgerte man: die Unsittlichkeit des Kausalgeschäfts, z. B. des erfolgten Bordellverkaufs, läßt die Gültigkeit des an-

---

[35] Vgl. hierzu *Schnell,* Die Quotenfrage bei der offenen Handelsgesellschaft (*Marburg,* Arbeiten zum Handels-, Gewerbe- und Landwirtschaftsrecht, Nr. 17, 1913), 64 f.

schließenden sachenrechtlichen Ausführungsgeschäfts — Grundstücksübereignung und Hypothekbestellung — unberührt[36].

Daß beide Spielarten der Inversionsmethode logisch fehlsam und normativ unrichtig sind, das ist bereits oft dargelegt worden, wenngleich bisher ohne genügende Scheidung der beiden Arten voneinander. Besonders eindringlich und überzeugend ist das, was Heck dagegen vorgebracht hat[37]. Es genüge daher hier die kurze Feststellung: Logisch fehlsam ist diese Ableitung neuer Sondersätze dann, wenn sie sich den Anschein gibt, als fördere sie nur zu Tage, was in der Rechtsordnung, dank der „logischen Geschlossenheit" des Systems, bereits als latentes Recht vorhanden sei, als handle es sich also lediglich darum, logische Schlußfolgerungen aus gegebenen Rechtsgeboten zu ziehen, obwohl in Wahrheit die Normvorstellung der an der Gesetzgebung beteiligt gewesenen Personen den betr. Oberbegriff oder Obersatz nicht mitumfaßt, noch weniger die ihm adäquaten neuen Sondersätze mitumfaßt hat, und obwohl dieser Oberbegriff oder Obersatz auch im Gesetze selber keinen Ausdruck gefunden hat. Das ist logisch fehlsam, weil man aus einem erst a posteriori abstrahierten Oberbegriff oder Obersatz im logischen Schlußverfahren immer nur diejenigen Sonderbegriffe oder Sondersätze wieder entnehmen kann, die vorher die Basis des Abstraktionsprozesses bildeten, nicht aber neue Sondersätze. Sonst schreitet man unbewußt zu einer willkürlichen Ausweitung und Verallgemeinerung der Oberbegriffe oder Obersätze, man formuliert sie so, daß sie mehr zu enthalten scheinen, als eine bloße Konzentration der zu Grunde liegenden Einzelbetrachtungen.

Dieser logische Fehler, seit geraumer Zeit aufgedeckt und doch bei den deutschen Juristen bis zur Gegenwart keine seltene Erscheinung, wird dann vermieden, wenn man, wie Ihering, in jenem Verfahren keine rein logische Entfaltung der vorhandenen Rechtsgebote erblickt, sondern eine bewußte Rechtsfortbildung durch Ausweitung von gegebenen Rechtsideen, oder wenn ausnahmsweise jener Oberbegriff bzw. Obersatz nicht erst a posteriori abstrahiert, sondern wirklich schon von der Normvorstellung der an der Gesetzgebung beteiligt gewesenen Personen mitumfaßt gewesen, daher nachträglich nur reproduziert worden ist. Bestehen bleibt in diesen Fällen jedoch ein normativer Einwand, der zugleich auch das logisch fehlsame Schlußverfahren trifft[37a]: Beidemal schafft die Rechtsfindungstechnik neue Normen *ohne* Rücksicht auf angemessene *Interessenwägung*, lediglich nach der Richtschnur der *Systemlogik*. Sie kommt daher sehr leicht zu unbilligen, ja lebensfeindlichen Ergebnissen, wie die erörterten drei Beispiele handgreiflich zeigen. Auch spiegelt sie Rechtssicherheit vor, ohne sie zu gewähren. Denn Rechtssatzkonstruktion

[36] Vgl. W. 44 ff.

[37] Rechtsgewinnung 13 ff., H. 71 ff.

[37a] Nicht dagegen den Fall der Rechtssatzgewinnung nach Anm. 34a!

und Prinzipienkonstruktion lassen dem individuellen Werturteil weiten Spielraum, mögen sie auch den Schein des logisch Zwingenden für sich haben. Ist doch in den drei Beispielen, die ich erwähnte, die Richtigkeit des aufgestellten Oberbegriffs bzw. Obersatzes lebhaft umstritten[37b]!

Die bewußte Herleitung neuer Einzelsätze aus einem Oberbegriff, den die konstruktive Einordnung anderer Rechtssätze in das System ergab, kann hiernach als normativ zulässig und geboten nur in den Fällen bezeichnet werden, wo die zunächst versuchte Rechtssatzgewinnung aus der Interessenwägung versagt, weil die gesellschaftliche Bedeutung der streitenden Interessen sich nach dem Werturteil des Richters ziemlich das Gleichgewicht hält, kein überragendes schutzbedürftiges typisches Interesse feststellbar ist. Alsdann mag die Rechtssatzgewinnung in Harmonie mit einem konstruktiven Oberbegriff empfehlenswert sein, da sie vom Standpunkt der Interessenwägung unschädlich, soziologisch neutral, für die Einheitlichkeit und Durchsichtigkeit des Rechtssystems aber förderlich ist. Diesem Standpunkt hat sich neuerdings Enneccerus bemerkenswert genähert[38]. Der *systemgemäße Oberbegriff* rückt damit von der ersten Stelle, welche ihm die alte Doktrin im Verfahren der Rechtsneubildung zuwies, an die *zweite Stelle*. Das *systemlogische Prinzip* dagegen *verschwindet* aus der Rechtsneubildung ganz und gar. Denn seine schädliche Wirkung reicht weiter als die des Oberbegriffs. Es umschließt stets eine Mehrheit von Einzelsätzen, und es dürfte der Fall kaum vorkommen, daß *alle* diese Einzelsätze soziologisch neutral sind, d. h. das Postulat der Interessenwägung nicht verletzen.

Mit der Verurteilung der systemlogischen Prinzipien sind indessen die höheren Rechtsprinzipien der überlieferten Hermeneutik noch nicht in jeder Beziehung abgetan. Vielmehr steckt in ihnen bisweilen etwas ganz anderes, methodisch Richtiges. Um dies einzusehen, ist es zweckmäßig, daß wir uns eine bisher unbeachtet gebliebene Stufenfolge von Rechtserscheinungen klar machen:

I. Die erste dieser Rechtserscheinungen ist die gewöhnliche Gesetzesanalogie. Voraussetzung für sie ist, wie eine neuere Ansicht lehrt[39], Gleichheit der Interessenlage, womit dann in der Regel auch eine Gleichheit der normativen Zwecksetzung gegeben ist, und die Vollziehung der Analogie liegt darin, daß die vom Gesetz für den Sondertatbestand a gegebene Norm α auf den Sondertatbestand b zur Anwendung gebracht wird.

[37b] Dies Moment der Unsicherheit verkennt *Kretschmar*, Über die Methode der Privatrechtswissenschaft (1914), 44.

[38] a.a.O. § 21 Anm. 8 S. 51 f. Vgl. im übrigen W. 129, zu Anm. 227; *Kretschmar*, 40 ff.

[39] Vgl. W. 70 ff., 80 ff., 93; *Heck* H. 194 ff., und die dort Anm. 297 Genannten. In der Frage des Werturteils, nach welchem sich die Analogie vollziehen soll, weicht freilich Hecks Lehre von meiner Ansicht ab. Vgl. unten § 8.

Es gibt z. B. § 56 HGB demjenigen, der in einem Laden oder offenen Warenlager angestellt ist, eine Vollmacht von gesetzlich vermutetem Umfang. Um der Gleichheit der Interessenlage willen wird dann die gleiche Norm auf den Angestellten eines offenen Bankkontors erstreckt.

Auch in solchen Fällen einer *„einfachen Analogie“* kann man davon sprechen, daß hier ein „höheres Rechtsprinzip“ zur Anwendung kommt. Zwar wird hier die fragliche Norm als solche inhaltlich nicht erweitert, sie kommt mit unverändertem Inhalt auf den Tatbestand b wie auf den Tatbestand a zur Anwendung. Aber die Zahl der Tatbestände, auf die sie zur Anwendung gelangt, ist vermehrt, und in dieser Erweiterung ihres tatbestandlichen Herrschaftsumfanges kann man die bewußte Aufstellung eines der Sondernorm des Gesetzes übergeordneten höheren Rechtssatzes erblicken.

II. Es bedeutet eine organische Fortbildung dieses Phänomens zu einer höheren Entwicklungsstufe, wenn im Gesetz bei einer *Mehrheit* von Sondertatbeständen a, b, c die gleiche Norm α wiederkehrt und diese Norm dann auch auf den Sondertatbestand d wegen Gleichheit der Interessenlage zur Anwendung kommt. Regelmäßig vollzieht sich diese Anwendung alsdann mit Hilfe der Denkoperation, daß das in den Sondertatbeständen a, b und c enthaltene gleichartige Moment der Interessenlage zu einem allgemeinen Tatbestand ausgeweitet wird, auf den die Norm α erstreckt wird. Daraus folgt dann die Anwendbarkeit dieser Norm auch auf den Sondertatbestand d, weil dieser von jenem allgemeineren Tatbestand mitumfaßt wird. Hierfür einige Beispiele:

1. In der Wechselordnung Art. 3, 75, 76 findet sich die inhaltlich gleiche Norm, daß die Wechselverpflichtung der übrigen Wechselzeichner unbeeinträchtigt bleibt. Diese Norm ist an die verschiedenen Sondertatbestände geknüpft, daß sich Unterschriften von wechselunfähigen Personen auf der Urkunde finden, daß die Unterschrift des Ausstellers falsch oder verfälscht sind. Daraus entnimmt man nun in bewußter Verallgemeinerung das höhere Rechtsprinzip, daß die materielle Ungültigkeit *einer* Wechselunterschrift ohne Einfluß ist auf die materielle Gültigkeit der übrigen Wechselverbindlichkeiten, und hieraus folgt dann beispielsweise, daß, wenn ein Pseudovertreter ohne Vertretungsmacht einen Wechsel mit dem Namen des Vertretenen, ohne Hinzufügung seines eigenen Namens[40], gezeichnet hat, die materielle Ungültigkeit der Verpflichtung des Vertretenen ohne Einfluß ist auf alle übrigen Wechselverbindlichkeiten.

2. In § 904 BGB, § 26 GewO, § 25 preußisches Eisenbahngesetz vom 3. Nov. 1838 kehrt, inhaltlich im wesentlichen gleich, die Norm wieder, daß für die zu duldende Eigentumsverletzung eine Geldentschädigung

[40] so daß, nach einer allerdings streitigen Ansicht, die eigene wechselmäßige Haftung des Pseudovertreters aus WO Art. 95 nicht in Frage kommt.

zu gewähren ist. Die drei Sondertatbestände, an die sich diese Norm knüpft, gaben dem Reichsgericht (RG 58, 134 ff.) Anlaß zur Entwicklung des „allgemeinen Rechtsgrundsatzes", daß ein Grundeigentümer, dem gesetzlich das Recht entzogen ist, Eingriffe Dritter in sein Grundeigentum abzuwehren, zum Ausgleich einen Anspruch auf Geldentschädigung erhält, einerlei, ob die Eigentumsverletzung eine schuldhafte oder unverschuldete war. Das Reichsgericht machte dann eine Nutzanwendung dieses Satzes auf die Schädigung des Anliegers einer Kleinbahn durch Funkenflug der Lokomotive[41].

Vergleicht man die Gruppe dieser Fälle mit den Fällen der „einfachen Analogie", so tritt ein Dreifaches hervor:

1. Auch hier kommt es wegen Gleichheit der Interessenlage zur Erstreckung einer inhaltlich unveränderten Norm auf einen neuen Sondertatbestand. Aber diese Analogie ist keine „einfache"; ich möchte sie als *„qualifizierte Analogie"* bezeichnen, denn die ihr eigentümliche Tatbestandsausweitung stützt sich auf ein breiteres Fundament, sie hat nicht *einen* Sondertatbestand a zur Grundlage, sondern deren mehrere, a, b und c.

2. Weil sich die Analogie auf mehrere Sondertatbestände stützt, liegt es hier noch näher als bei der einfachen Analogie, die Erweiterung des Herrschaftsumfanges der Norm sich vorzustellen als das Wirksamwerden eines höheren Rechtsprinzips, eines allgemeineren Rechtsgrundsatzes, der zu diesem Zweck aufgestellt wird.

3. Dieser allgemeinere Rechtsgrundsatz unterscheidet sich in einem wesentlichen Punkte von den Rechtsprinzipien der Systemlogik: Es sind nicht Erwägungen der formalen Logik und der Harmonie des Rechtssystems, die ihn schaffen, sondern Gesichtspunkte einer sozialwissenschaftlich geleiteten Interessenwägung, die das gesellschaftlich Gleichartige gleicher Norm zu unterstellen wünscht. Daher nenne ich einen solchen Rechtsgrundsatz ein *soziologisches Rechtsprinzip.*

III. Die soziologischen Rechtsprinzipien, wie wir sie soeben kennen lernten, sind, vom Standpunkt des Tatbestandes aus gesehen, *„mehrtätige", „polypraktische" Prinzipien,* und, vom Standpunkt der Norm aus gesehen, „einnormige", „mononomische" Prinzipien: Sie umschließen eine Mehrheit von Sondertatbeständen, aber nur eine, inhaltlich sich gleichbleibende Norm α. Es gibt jedoch noch andersgeartete soziologische Rechtsprinzipien, die sich, ihrer Struktur nach, als eine Art Gegenbild und Umkehrung der zweiten Fallgruppe kennzeichnen: Es kommt vor,

---

[41] Vgl. hierzu W. 46 f. Ein anderes Beispiel in RG 78, 389, wo aus den §§ 92, 133 HGB, 626, 723 BGB der „allgemeine Rechtsgrundsatz" entnommen wird, daß bei Rechtsverhältnissen von längerer Dauer, die ein persönliches Zusammenarbeiten und gutes Einvernehmen erfordern, ein wichtiger Grund zu jederzeitiger Aufkündigung berechtigt.

daß das Gesetz an den Sondertatbestand a mehrere Sondernormen α, β, γ knüpft, zwischen denen die Dogmatik eine innere Verwandtschaft feststellt. Die innere Beziehung, die sie aufstellt, ist die Gleichheit der beherrschenden Zweckvorstellung, der Parallelismus der Zielstrebigkeit und eine dementsprechende Gleichartigkeit der Interessenwägung. Diese Unterstellung führt dann dazu, aus der Mehrheit dieser Sondernormen einen allgemeineren Rechtssatz als höheres Prinzip herauszuziehen, aus dem sich dann für den nämlichen Sondertatbestand a noch andere, von der gleichen Zweckvorstellung diktierte Sonderrechtssätze δ, ε, ζ herleiten lassen.

So hat z. B. nach dem Handelsgesetzbuch §§ 94, 101, 98, 99 der Handelsmakler, der ein Geschäft vermittelte, jeder Partei eine Schlußnote zuzustellen und auf Verlangen Auszüge aus dem Tagebuch zu geben, er haftet jeder der beiden Parteien für verschuldeten Schaden und kann im Zweifel von jeder Partei die Hälfte seines Maklerlohnes fordern. In diesen Sondersätzen findet man die Grundlage für die Aufstellung des allgemeinen Satzes: Der Handelsmakler hat als Geschäftsvermittler gleichartige, vertragsmäßige Rechte und Pflichten gegenüber beiden Parteien. Was dieses höhere Rechtsprinzip mit den Sonderrechtssätzen verbindet, über denen es schwebt, das ist die Gleichheit der beherrschenden Zweckvorstellung: Schaffung einer beamtengleichen, objektiv unparteiischen Vermittlerstellung des Maklers. Und aus dem festgestellten allgemeineren Rechtssatz kann man alsdann eine Anzahl neuer Sondersätze entnehmen, die von der gleichen Zweckvorstellung erfüllt sind, z. B. daß der Handelsmakler in der Regel auch der Gegenpartei zur Verschwiegenheit verpflichtet ist, auch der Gegenpartei auf Verlangen Auskunft und Rat zu erteilen hat usw.

Höhere Rechtsprinzipien solcher Art haben mit den mehrtätigen, einnormigen soziologischen Rechtsprinzipien der zweiten Gruppe das gemeinsam, daß auch sie soziologische Prinzipien sind; denn auch bei ihrer Aufstellung ist richtunggebend nicht die formale Logik des Rechtssystems, sondern eine Normengruppierung unter dem Gesichtswinkel des übereinstimmenden gesellschaftlichen Zweckes und eine Vornahme ergänzender gleichartiger Interessenwägungen. Was diese Fälle von der zweiten Gruppe scheidet, ist der Umstand, daß hier das höhere Rechtsprinzip sich nicht sowohl auf eine Ausweitung von Sondertatbeständen bei gleichbleibendem Norminhalt stützt, als umgekehrt auf eine inhaltliche Ausweitung von Sondernormen bei gleichbleibendem (oder nahezu gleichbleibendem) Tatbestand. Wie die Sondertatbestände a, b, c dort verallgemeinert wurden zu dem Tatbestande: materielle Ungültigkeit einer Wechselerklärung, so erfahren hier die Sondernormen α, β, γ eine inhaltliche Verallgemeinerung zu dem Satz, daß der Handelsmakler gleichartige vertragsmäßige Rechte und Pflichten gegen beide Parteien hat. Vom Standpunkt der Norm aus gesehen, dürfen diese Rechtsprinzipien daher als *„mehrnormige"*, *„polynomische"* bezeichnet werden. Denn die Eigenart dieser soziologischen Prinzipien liegt darin, daß sich in dem allgemeineren Rechtssatz eine Mehrheit von Sondernormen verbirgt. Dagegen sind sie, vom Standpunkt des Tatbestandes aus gesehen, „eintätige", „monopraktische" Prinzipien.

IV. Möglich ist, daß das Besondere des mehrtätigen Prinzips — die Ausweitung mehrerer Sondertatbestände zu einem allgemeineren Tatbestand — und das Besondere des mehrnormigen Prinzips — die Ausweitung mehrerer Sondernormen zu einer allgemeineren Norm — sich miteinander verbinden. In solchem Falle wird das in den Sondertatbeständen a, b, c steckende gleichartige Moment der Interessenlage zu einem allgemeineren Tatbestande verdichtet und zugleich wird aus den angeknüpften Sondernormen α, β, γ, vermöge der Gleichheit der Zweckvorstellung und der Gleichartigkeit der Interessenwägung, eine allgemeinere Norm entnommen und mit jenem allgemeineren Tatbestand verknüpft. So entsteht dann ein soziologisches Prinzip, das *zugleich mehrtätig und mehrnormig* ist, ein *kombiniertes* soziologisches Prinzip.

Bereits das erörterte Beispiel vom vermittelnden Handelsmakler weist einige Anklänge an diese Kombination auf: Die Sondertatbestände des § 98 (Vermittlung und Schadenszufügung) und des § 99 (Vermittlung ohne Lohnvereinbarung) weichen in nebensächlichen und daher bisher übergangenen Punkten voneinander ab. Beziehen solche Tatbestandsabweichungen sich auf wesentlichere Punkte, so geht das mehrnormige, aber eintätige Prinzip allmählich in ein kombiniertes Prinzip als die organisch höhere Entwicklungsstufe der Prinzipienbildung über. Die Grenze ist flüssig.

Ein Beispiel liefert der von mir an anderem Orte vorgeschlagene[42] allgemeinere Rechtssatz, daß bei unrichtiger Ladungsangabe im Konnossement die sog. Skripturhaftung des Reeders, soweit sie das Maß bloßer Sorgfaltshaftung überschreitet, als Billigkeitshaftung milde auszulegen ist. Dieses Prinzip umfaßt eine Reihe von Sondertatbeständen, z. B. falsche Angabe der Merkzeichen, Verladung in anderem Schiff als angegeben, unrichtige Bezeichnung der Ladungsart, falsche Maßangaben, und es umschließt anderseits eine Anzahl dementsprechender Sondernormen, die im HGB §§ 651 Abs. 1, 652, 653 Abs. 3, 655 nur notdürftig angedeutet sind[42a].

---

[42] W. 133 f. und die dortigen Zitate.

[42a] Ein anderes Beispiel eines kombinierten Prinzips bietet RG 76, 153: Es sei ein „allgemeiner Rechtsgedanke", daß wegen geringfügiger Vertragsverletzungen nicht schon der ganze Vertrag umgestoßen werden dürfe. Das RG wendet dies Prinzip auf BGB § 326 an.

Der Gesichtswinkel, der uns den Unterschied der mehrtätigen, mehrnormigen und kombinierten Prinzipien wahrnehmbar macht, bedeutet nicht die einzige Betrachtungsmöglichkeit. Von einem anderen Blickpunkt aus gesehen, lassen sich die soziologischen Prinzipien, wie ich früher einmal darlegte[43], in *Sonderprinzipien* und *Gemeinprinzipien* einteilen, solche, die ihre Wirksamkeit auf ein einzelnes Rechtsinstitut beschränken, und solche, die eine Vielheit von Rechtsinstituten durchdringen. Diese Einteilung kreuzt sich mit jener, so daß verschiedene Verbindungen möglich sind. Ein Gemeinprinzip wird oft einnormig, aber mehrtätig sein, wie z. B. der Grundsatz, daß eine auch nur objektive Verletzung eines fremden Rechts unter gewissen Voraussetzungen einen Unterlassungsanspruch erzeugt, und andererseits wird ein Sonderprinzip oft mehrnormig sein, wie z. B. das Prinzip der objektiven Vermittlerstellung des Handelsmaklers.

Die bisherigen Ausführungen zeigen den tiefgreifenden Unterschied zwischen Folgesätzen aus systemgemäßen Oberbegriffen und aus systemlogischen Prinzipien auf der einen Seite und der Verwendung soziologischer Prinzipien — mehrtätiger, mehrnormiger und kombinierter — auf der anderen Seite. Dort die formale Logik und die Harmonie des Systems, hier die Interessenwägung aus der Gleichheit der Interessenlage oder der Gleichheit der Zweckvorstellung als die entscheidenden Faktoren neuer Normfindung. Wie war es möglich, daß die alte Hermeneutik diese so verschiedenartigen Dinge miteinander vermengte und unter der gleichen Flagge der ratio juris, oder gar der ratio legis, segeln ließ?! Es wäre wohl nicht möglich gewesen, hätte nicht ein bestimmter Denkvorgang den Blick getrübt und die Unterschiede verwischt. Diesen Denkvorgang zuerst kritisch beleuchtet zu haben, wird stets das große Verdienst des zu unrecht vielgeschmähten Ernst Fuchs[43a] bleiben: ich meine die „kryptosoziologische“ Rechtsfindungstechnik.

Diese Technik nämlich hat lange Zeit hindurch die soziologischen Prinzipien bei der Rechtsfindung zwar verwertet, aber in ihrem Wesen geflissentlich verhüllt, indem sie die Sache so darstellte, als sei der höhere Rechtsgrundsatz bereits latent im Gesetz vorhanden, vom „Willen des Gesetzgebers“ mitumfaßt, so daß *aus diesem Willen* auch der gesuchte Einzelsatz mit *logischer Notwendigkeit* sich ergebe[43b]. Diese Auffassung näherte sich stark der Behandlung, welche die Oberbegriffe und Prinzipien der Systemlogik von seiten der überlieferten Hermeneutik erfuhren. Denn auch diese Oberbegriffe und Prinzipien galten als latent im Gesetz mitausgesprochen, als wahre Gedanken des Gesetzes, die mit dem Willen des Gesetzgebers identisch sind, so daß auch die gefundenen Einzelsätze

---

43 W. 133 ff.

43a Mehrfach, zuletzt: Juristischer Kulturkampf (1912), 37 ff.

43b Vgl. z. B. W. 47 und die Reichsgerichtsentscheidung RG 58, 134 f.

mit dem Zwange logischer Konsequenz aus dem Willen des Gesetzgebers sich ergeben.

Hinc illae lacrimae! Daher die bedauerliche Erscheinung, daß man sich, bei vermeintlicher Kongruenz der methodologischen Stellung, des inneren Unterschiedes zwischen den soziologischen Prinzipien und den Prinzipien und Oberbegriffen der Systemlogik nicht bewußt wurde. Man achtete nur auf die scheinbare Übereinstimmung in formallogischen Äußerlichkeiten und übersah die Verschiedenartigkeit des entscheidenden Faktors der Normfindung. Auch verkannte man, daß es sich dort wie hier in der Regel um eine Rechtsfortbildung handelt, die über den Willen des Gesetzgebers im psychologischen Sinne, über die wirklich vorhanden gewesenen Normvorstellungen bei Erlaß des Gesetzes, mehr oder weniger hinausgeht. Allerdings kann dort wie hier die Sachlage ausnahmsweise auch die sein, daß das fragliche höhere Rechtsprinzip tatsächlich bereits von der Vorstellung der am Gesetzgebungsakt beteiligten Personen mitumfaßt gewesen ist. Das trifft z. B. nachweisbar auf das besprochene Prinzip der objektiven Vermittlerstellung des Handelsmaklers zu[44]. Alsdann liegt in der Aufstellung des höheren Prinzips keine bewußte oder unbewußte Neuschöpfung, sondern eine Reproduktion[45]. Aber der entscheidende Faktor der Prinzipienbildung bewahrt auch dann seine dargelegte Verschiedenartigkeit: Interessenwägung statt Systemlogik.

§ 4 Die Gesetzesanalogie

Der Klärungsprozeß, den die Hermeneutik seit einigen Jahrzehnten durchmacht, ist in merkbarer Weise der Analogie zugute gekommen: Für die „Rechtsanalogie", wie für die „Gesetzesanalogie" hat man allmählich aufgehört, begriffliche Gleichheiten und Prinzipien der Systemlogik als Richtschnur anzugeben[46]. Damit verschwand ein innerer Widerspruch, an dem die Lehre von der Analogie bis dahin gelitten hatte: Einerseits wurde und wird noch heute die Gesetzesanalogie von der ausdehnenden Auslegung gewöhnlich scharf geschieden. Bei der Auslegung, sagt man[47], handle es sich darum, hinter dem zu engen Wortlaut des Gesetzes den in Wahrheit weiteren Gedanken des Gesetzgebers hervorzuziehen, also

[44] Vgl. Denkschrift zu dem Entwurf e. HGB (Guttentag 1897), S. 83.

[45] Vgl. oben vor Anm. 37a.

[46] Anders jedoch z. B. noch *Stammler*. Vgl. oben Anm. 29. Bedenklich auch *Gény*, Science et Technique en droit privé positif I (1914), 154. (Der zweite, 1915 erschiene Teil dieses neuen, bedeutenden Werkes von Gény war mir leider nicht zugänglich.)

[47] So *Savigny*, 292 f.; *Hufeland*, 184 f.; *Wächter*, 54 f.; *Vangerow*, 54 f.; *Unger*, 60; neuerdings z. B. *Regelsberger*, 159 f.; *Enneccerus*, 122; *Stammler*, 639, 645 ff.; *Heck*, H 196; *Cosack*, Bürg. R.[6] I, 32; *Fischer* in Iher. Jb. 65, 142 f. Anders dagegen z. B. *Thibaut*, 118; *Kierulff*, 29; *Windscheid*, 54 ff.; *Pfaff-Hoffmann*, Kommentar zum österr. allg. bürg. GB, zu § 6 und 7; *Thöl*, § 64; *Förster-Eccius*, Preuss. PR I[5] § 13; *Gierke*, Deutsches PR I, 141 f. Zur Praxis vgl. *Falk*, 6.

nur darum, die Worte zu erweitern, bei der Analogie habe man es mit Fällen zu tun, an welche der Gesetzgeber nicht gedacht habe, also mit Lücken im Gesetz; die Analogie fülle die Lücke aus, indem sie nicht die Worte, sondern den Gedanken des Gesetzgebers erweitere. Auf der anderen Seite lehrte man wohl gleichzeitig und in offenbarem Widerspruch hiermit, die Lückenausfüllung durch Analogie geschehe nach den im Gesetz schon latent vorhandenen Prinzipien, folglich im Einklang mit dem Willen des Gesetzgebers. Und damit verneinte man wieder das Vorhandensein von Lücken[48], deren Dasein man soeben unterstellt hatte.

II. Heute ist man über diesen Widerspruch hinausgekommen, indem man auf die Fiktion der schon latent vorhandenen Prinzipien verzichtet und die Analogie zu dem stempelt, was sie in Wahrheit ist, zu einem Akt der Rechtsfortbildung wegen Gleichheit der Interessenlage und Deckung durch den Normzweck[48a]. Doch blieb die Analogielehre mit anderen Mängeln behaftet: Sie will, nach der noch immer herrschenden Ansicht, in bewußtem Gegensatz zur ausdehnenden Auslegung, eine Theorie der Lückenergänzung sein. Die Erfahrung der Rechtspraxis zeigt aber, und es wurde das auch schon mehrfach gerügt, daß diese begriffliche Scheidung praktisch undurchführbar ist. Beweis dafür ist, daß die nämlichen Rechtsfälle von den einen als Analogiefälle, von den andern als Beispiele ausdehnender Auslegung hingestellt worden sind[49].

Dieser Streit um die Zugehörigkeit rührte daher, daß der Begriff der „Lücke" problematisch ist, und daß es in zahlreichen Fällen nicht mit Sicherheit gesagt werden kann, ob die als normativ wünschenswert empfundene Gebotsausdehnung nur die wirkliche Gebotsvorstellung des Gesetzgebers wiedergibt, oder eine Lückenausfüllung, oder aber eine Rechtsfortbildung noch anderer Art bedeutet. Bekanntlich hat Zitelmann[50] die Aufmerksamkeit darauf gelenkt, daß nach der tatsächlichen Übung der Rechtspraxis die Rechtsfindung im Gewande der Analogie nur zum Teil Ausfüllung echter Rechtslücken[51] ist, die sich als tatsächliches Fehlen eines den Fall deckenden Obersatzes kennzeichnen[52], daß sie zum andern Teil dagegen in Wahrheit Gebotsberichtigung ist, Beiseiteschiebung des vorhandenen, aber als unpassend empfundenen Obersatzes

[48] Vgl. *Wurzel*, 25.

[48a] In diesen beiden Momenten liegt der tiefere Grund für die von *Reichel*, Gesetz und Richterspruch (1915), 103 f. als entscheidendes Kriterium hingestellte „Ersprießlichkeit des Ergebnisses".

[49] *Wurzel*, 18 f.

[50] Lücken im Recht (Rektoratsrede 1903). Vgl. auch *Herrfahrdt*, Lücken im Recht (Bonner Doktor-Dissertation, Bonn 1915.)

[51] „Recht" mit *Heck* H 167 im Sinne des Komplexes der empirisch vorhandenen Gebote verstanden, womit gewisse Auffassungen, die das Vorhandensein von Rechtslücken überhaupt leugnen, für uns ausscheiden. Vgl. die Lit. bei *Heck* H 157 Anm. 234.

[52] Vgl. das Beispiel bei *Zitelmann*, 28, 32.

durch Heranziehung einer Sonderregel, die vom Gesetz für einen anderen Sondertatbestand gegeben ist („unechte Lücken")[53].

Die „echten" Rechtslücken, zu deren Ausfüllung der Richter mit Hilfe der Analogie schreitet, können nun ihre Ursache in bewußter Selbstbeschränkung des Gesetzgebers haben, wie z. B. auf dem Gebiet des internationalen Privatrechtes. In der Regel wird es sich aber dabei nur um einen unbewußten Anschauungsmangel handeln, die Rechtslücke wird zugleich eine Anschauungslücke sein. Auch für die „unechten" Lücken trifft es oft zu, daß bei der Schaffung des als unpassend empfundenen Obersatzes die typischen Besonderheiten des vorliegenden Tatbestandes nicht mitangeschaut worden sind, daß also eine Anschauungslücke vorliegt. Ist doch der Obersatz in solchen Fällen in der Regel ein allgemeinerer, abstrakter gefaßter Rechtssatz, dessen Tatbestandsbegriff keine Abstraktion erster Ordnung darstellt, aus den gesellschaftlichen Lebenstatsachen unmittelbar geschöpft, sondern eine Abstraktion höherer Ordnung, wie etwa: gegenseitiger Vertrag, Rechtsgeschäft, Willenserklärung. Bei der Schaffung eines solchen, abstrakter gefärbten Obersatzes hat man aber in der Regel nur an den abstrakten Tatbestandsbegriff gedacht, dagegen die einzelnen, daruntergehörigen Lebenstatbestände mit ihren typischen Besonderheiten nicht angeschaut, oder man beschränkte wenigstens diese zur abstrakten Tatbestandsvorstellung hinzutretende konkrete Anschauung auf naheliegende, einfache Lebensbeispiele, die ihrerseits das typische Besondere des vorliegenden Tatbestandes nicht aufweisen. Denkbar ist aber auch der Fall, daß eine solche Anschauungslücke nicht vorliegt, daß vielmehr das typisch Besondere eines Tatbestandes wie des konkret gegebenen bei der Schaffung jenes Obersatzes seinerzeit tatsächlich mitangeschaut wurde und gleichwohl der Obersatz in seiner unpassend verallgemeinernden Fassung beschlossen worden ist. Schreitet der Richter in solchem Falle zur analogen Anwendung einer Sonderregel, statt zur Anwendung jenes Obersatzes, so hat hier die Gesetzesanalogie zur Grundlage weder das Vorliegen einer *echten Rechtslücke* noch auch nur das Vorliegen einer *Anschauungslücke* des sogenannten Gesetzgebers, sie wendet sich vielmehr *gegen* dessen gehabte Anschauung.

Wie es nun in vielen Fällen zweifelhaft ist, ob sich die vom Richter vorgenommene Gebotsausdehnung als eine Offendeckung der wirklichen Gebotsvorstellung des Gesetzgebers, also als „ausdehnende Auslegung" im Sinn der herrschenden Ansicht, oder als eine Gebotsfortbildung durch Analogie darstellt, so ist es bei Annahme des letzteren Falles wiederum oft zweifelhaft, ob diese Gebotsfortbildung als Ausfüllung einer „echten" Lücke anzusehen ist, da ein Obersatz ganz

[53] Vgl. *Zitelmann*, 19 ff. *Egger*, Schweizerische Rechtsprechung und Rechtswissenschaft (Rektoratsreden 1913), 12: „Korrektive Funktion der Analogie".

fehlt, oder nur als Berichtigung einer „unechten“ Lücke, da ein, wenn auch entlegener, Obersatz immerhin auffindbar ist[54]; und wenn die Auffindbarkeit eines Obersatzes bejaht wird, so ist es abermals in vielen Fällen zweifelhaft, ob die Setzung dieses Obersatzes in seiner zu allgemeinen Fassung auf einer Anschauungslücke beruht oder nicht, ob die Analogie also wenigstens Ausfüllung einer Anschauungslücke — wenngleich nicht: Rechtslücke — ist, oder aber einer vorhanden gewesenen Anschauung des Gesetzgebers zuwiderläuft.

Diese Betrachtung zeigt: Die Analogie, so wie sie tatsächlich in der Praxis gehandhabt wird und normativ unentbehrlich ist, hat nur in einem Teil der Fälle das Vorliegen einer echten Rechtslücke zur Grundlage; in einem anderen, und nicht unerheblichen Teil ist der Tatbestand echter Rechtslücken nicht gegeben, ja zu einem kleineren Teil nicht einmal der Tatbestand der Anschauungslücken, und ob die eine oder andere dieser tatbestandlichen Voraussetzungen zutrifft, ist oft mit Sicherheit nicht zu sagen. Diese Sachlage scheint mir den Satz zu rechtfertigen, daß die Analogielehre als eine Lückentheorie normativ unhaltbar ist. Die begriffliche Scheidewand zwischen der ausdehnenden Auslegung als einer *historisch* gerichteten Normermittlung und der Analogie als einer *teleologisch* gerichteten Normermittlung kann so, wie sie bisher dastand, in Zukunft nicht stehen bleiben; denn so ist sie praktisch unbrauchbar, weil aufgebaut auf einer teils irrigen, teils undurchführbaren Unterscheidung. Eine Hermeneutik als Normlehre sollte aber praktisch befolgbar sein.

III. Zur praktischen Unbrauchbarkeit gesellte sich bei der bisher üblichen Analogielehre der weitere Mangel, daß man die folgerichtige Durchführung des Grundgedankens in gewissen Fällen unterließ. Wenn man nämlich einer *Ausdehnung* des Gesetzes in Gestalt der Analogie für solche Fälle das Wort redet, wo der Tatbestand von dem Zweck des Gesetzes, der ratio legis, mit umfaßt wird, ohne daß der sogenannte Gesetzgeber an diesen Tatbestand gedacht hat, so hätte man folgerichtiger Weise auch eine *Einschränkung* des Gesetzes für solche Fälle zulassen sollen, in denen der Tatbestand von dem Zweck des Gesetzes *nicht* mit umfaßt wird, ohne daß der Gesetzgeber sich diese Unstimmigkeit vergegenwärtigt hat. Denn solche Einschränkung des Gesetzes ist das normative Widerspiel zu jener Ausdehnung.

---

[54] Vgl. hierzu gegen Zitelmann *Bierling*, Juristische Prinzipienlehre IV (1911), 385 ff., *Heck*, H 205 f. Die Zweifel tauchen namentlich auch bei der Anpassung der Rechtsprechung an neu entstandene Lebensverhältnisse auf. Man kann darüber streiten, ob derartige Lebensverhältnisse im Gesetz überhaupt nicht geregelt sind (echte Lücke), oder ob sie geregelt sind, aber eine Abweichung von der unpassenden Regelung geboten erscheint (unechte Lücke). Heck spricht hier von einer „Ignorierungstheorie“ und einer „Abweichungstheorie“, H 178f. Vgl. ferner *Spiegel*, Gesetz und Recht (1913), 123 ff.

Tatsächlich hat die Rechtspraxis sich diesem Gebote folgerichtiger Rechtsfindung auch niemals entzogen. Im Corpus juris und in der gemeinrechtlichen Lehre kehren als oft benutzte Schulbeispiele wieder: Die Witwe, die trotz des Verbotes innerhalb des Trauerjahres heiraten darf, weil sie inzwischen geboren hat, und die Nichtanwendung eines Gesetzes, das gewisse Personen zu begünstigen bezweckt, in Fällen, wo die Anwendung auf deren Benachteiligung hinauslaufen würde[55]. Gleichwohl hat die Doktrin diese Fälle bis in die neue Zeit in der Regel so dargestellt, als handle es sich hier nur um eine einschränkende Auslegung im überlieferten Sinne, also um eine bloße Berichtigung der *Worte* des Gesetzes, nicht um eine Verbesserung des Gedankens[56]. Die Zulässigkeit einer einschränkenden Gebotsberichtigung aus dem Zwecke des Gesetzes wird vielmehr oft ausdrücklich verneint, entgegen den Tatsachen der Rechtspraxis und den Gesichtspunkten einer folgerichtigen Rechtsfindungstechnik[57]. Erst neuerdings wächst die Zahl der Stimmen, welche diesen Standpunkt als unhaltbar bezeichnen und die Gesetzesanalogie in einen weiteren Rahmen hineinzustellen versuchen, indem sie ihr die „Restriktion" aus dem Gesetzeszweck als logische Ergänzung gegenüberstellen. Meine Ausführungen hierüber (W. 111 ff.) können sich namentlich auf Windscheid und Enneccerus als Vorläufer berufen[58].

§ 5 Der „Wille des Gesetzgebers"

Der quellengeschichtlichen Gedankenrichtung der deutschen Rechtswissenschaft im 19. Jahrhundert, anderseits dem geschichtlich unkritischen Glauben an den inhaltlichen Stillstand des einmal gegebenen Gesetzes[58a], in Verbindung mit den Nachwirkungen der absoluten Monarchie, entsprach in der Hermeneutik die Abstellung der Rechtsfindung auf den historischen „Willen des Gesetzgebers". Sehr treffend hat Wurzel darauf hingewiesen[59], daß die Mystizität dieses Begriffes das Korrektiv gebildet hat, welches es ermöglichte, „ohne eklatante Widersprüche mit dem Leben die Jurisprudenz ausschließlich als Ermittlung des Willens des Gesetzgebers hinzustellen". Bekanntlich ist seit geraumer Zeit der Heiligenschein dieses Begriffes stark verblaßt. Sein Glanz erlosch, als er der Lichtwirkung psychologischer und gesellschaftswissenschaftli-

[55] Vgl. l. 11 § 2 Dig. 3, 2; l. 25 Dig. 1, 3; l. 6 C. 1, 14. Vgl. ferner die bei *Enneccerus*, S. 127 f. Anm. 4 angeführten römischen Beispiele.

[56] Vgl. z. B. *Savigny*, 234.

[57] Vgl. z. B. *Thibaut*, 101 ff. und Pandekten § 50 f. (und dagegen bereits *Savigny*, 231); *Vangerow*, 56; dagegen richtig *Hufeland*, 105 ff., 202.

[58] *Windscheid*[7] I, 52 Anm. 5 und § 22, namentlich zu S. 56 Anm. 3 - 5 (wo jedoch mit der unhaltbaren Fiktion des „eigentlichen Gedankens des Gesetzgebers"operiert wird); *Enneccerus*, 127 f.

[58a] Vgl. *Kraus* in Grünhuts Z. 32, 615; *Bozi*, Lebendes Recht (1915), 45 ff.

[59] 50.

cher Kritik ausgesetzt ward. Die Angriffe kamen von verschiedenen Seiten, am gelindesten von jener Richtung, die man mit Heck[60] als die „Ausdruckstheorie" bezeichnen kann, stärkere von einer damit verwandten Richtung, die, seit den achtziger Jahren hervortretend und eine zeitlang viele Anhänger um sich sammelnd, von Heck die „objektive Theorie" genannt ist[61]. Aber diese konnte in ihrer ursprünglichen Unvollkommenheit nur ein Vorläufer sein, ähnlich wie die sehr ungenau sogenannte „Freirechtslehre" nur eine Durchgangserscheinung in der gleichen Richtung war. Die Rechtsfindungstechnik, der jene wie diese Theorie allmählich zustrebte, und die sich als eine verbesserte objektive Theorie darstellt, ist die soziologische Rechtsfindungstheorie. Den Übergang zu ihr von der objektiven Theorie vermittelte namentlich Kohler, den Übergang von der Freirechtslehre namentlich Ernst Fuchs.

Die Ausdruckstheorie, wie sie z. B. von Windscheid, Regelsberger, Bierling, Enneccerus vertreten wird[62], geht bekanntlich dahin, daß der Wille des Gesetzgebers nur insoweit maßgeblich sei, als er auch im Wortlaut des Gesetzes zum Ausdruck gelangt ist. Abgesehen davon, daß diese Lehre nur einen streitigen Punkt herausgreift und für alle anderen, mit dem Willen des Gesetzgebers zusammenhängenden Probleme der Ergänzung bedarf[63], gerät sie in erhebliche Schwierigkeiten gegenüber der ausdehnenden und der einschränkenden, mehr noch gegenüber der abändernden Auslegung im Sinne der alten Terminologie. Als wesentlich galt diesen Arten der Auslegung ja gerade, daß ihr Ergebnis vom Wortlaut des Gesetzes abweicht, und die Erfahrung der Praxis zeigt, daß solches Abweichen doch immerhin zu oft vorkommt, als daß seine Zulässigkeit ganz geleugnet werden könnte. Es war demgegenüber ein Notbehelf, aber ein unzureichender, weil unklarer Notbehelf, wenn die Ausdruckstheorie den Satz aufstellte, daß der Gedanke des Gesetzgebers im Wortlaut des Gesetzes wenigstens unvollkommen zum Ausdruck gelangt sein müsse, dieser Ausdruck daher durch die Auslegung immer nur in einzelnen Beziehungen verbessert werden könne. Auch blieb dann immer noch die offene und nicht einheitlich beantwortete Frage, was bei vollkommener Verschiedenheit von Wortlaut des Gesetzes und Wille des Gesetzgebers rechtens sein soll.

Andere Bedenken erhoben sich gegen die „objektive Theorie". So, wie sie zunächst auftrat, war sie in der Tat als Hermeneutik unzulänglich.

---

[60] H. 121, 138 ff.

[61] H. 3 ff.

[62] *Windscheid,* 53, zu Anm. 10; *Regelsberger,* Pandekten 144, 146, 150, 152. Fortschrittlicher jedoch in Iher. Jb. 58, 146 ff.; *Bierling,* 273 f.; *Enneccerus,* § 49, S. 111, zu Anm. 3; § 52, S. 119 f.; vgl. auch *Kipp* zu Windscheid[9], Anm. 4a zu § 21.

[63] Wie solche sich namentlich bei Enneccerus in bemerkenswerter Weise findet.

Ihr Grundgedanke, schon bei Thibaut, Krug, Schaffrath anklingend, dann von Thöl epigrammatisch zugespitzt und später etwa gleichzeitig, aber jeweils in besonderer Eigenart, von Wach, Binding, Kohler entwickelt[64], ging dahin, den „Willen des Gesetzgebers" zu ersetzen durch den im Wortlaut des Gesetzes objektivierten „Willen des Gesetzes" selbst. Aber daß „das Gesetz denkt und will", das ist, psychologisch betrachtet, eine Fiktion. „Wie kann etwas Gewolltes selbst wieder wollen[65]?" Vor allem aber: Diese Theorie gab dem Richter für die Ermittlung des Gesetzesinhalts eine in vielen Fällen ungenügende Richtschnur, wenn sie auf Wortlaut, systematischen Zusammenhang, Vernünftigkeit des Ergebnisses verwies. Dies um so mehr, als die objektive Theorie in ihrer älteren Fassung durch die Ablehnung entstehungsgeschichtlicher Gesetzesbetrachtung sich eines unter Umständen wertvollen hermeneutischen Mittels ohne zwingenden Grund beraubte[66].

Mit der Formel vom verselbständigten „Willen des Gesetzes" war daher das Problem noch nicht gelöst. Das zeigten die immer häufiger werdenden kritischen Ausstellungen und normativen Lehrsätze, die von anderen Gesichtspunkten ausgingen[66a]. Ein geschärfter Tatsachensinn und eine sozialwissenschaftlich besser geschulte realpolitische Betrachtungsweise führten zu der Erkenntnis, daß die Lückenhaftigkeit der Rechtsordnung mit dem „Willen des Gesetzgebers" in der Praxis nicht auszukommen vermag, und daß eine inhaltliche Fortentwicklung des Rechts über die Normvorstellungen des Gesetzgebers hinaus in unbewußter Umdeutung tatsächlich stattfindet. Von dieser Erkenntnis war nur ein Schritt bis zur normativen Empfehlung einer bewußten Fortbildung und einer eventuellen Andersauslegung des Gesetzes[67].

Diese verschiedenen Versuche, den Weg zum richtigen Recht zu finden, streben im einzelnen sehr auseinander; aber sie haben jedenfalls das

---

[64] *Thibaut*, 27 ff.; *Krug*, Die Grundsätze der Gesetzesauslegung (1848); *Schaffrath*, Theorie der Auslegung konstitutioneller Gesetze (1843); *Thöl*, 150: „Auf dieser Selbständigkeit beruht es, daß das Gesetz umsichtiger sein kann, als der oder die Gesetzgeber"; *Wach*, Handbuch d. deutschen Zivilprozessrechts (1885), I. 254 ff.; *Binding*, Handbuch des Strafrechts (1885), I, 454 ff.; *Kohler* in Grünhuts Z. 13, 1 ff. (wo aber schon, im Gegensatz zu den damaligen anderen Vertretern der objektiven Theorie, bahnbrechende soziologische Gesichtspunkte entwickelt werden); *Stobbe*, Handbuch des deutschen Privatrechts³ I (1893), 194 f.; *G. F. H. Meyer* bei Gruchot 23, 2 ff.; seitdem zahlreiche andere Schriftsteller. Vgl. *Heck*, H 5 f.

[65] *Stammler*, 614.

[66] Vgl. die Kritik bei *Enneccerus*, § 49, S. 112 f.

[66a] Ausführliches Verzeichnis der deutschen Lit. bei *Heck*, Rechtsgewinnung, 48 f. und H. 1 Anm. 2, der ausländischen, namentlich französischen Lit. bei *Gény* I, 28 ff., 35.

[67] Man vergleiche etwa den Fortschritt von *Regelsberger*, Pandekten, S. 144, 155, zu *Regelsberger* in Iher. Jb. 58, 146 ff. („ausbaufähige Normen"), oder von *Enneccerus*, 2. Aufl. (1901), § 5, zu *Enneccerus*, 6. Bearb. (1913), § 54 (abändernde Rechtsfindung"). Auf einen ähnlichen Fortschritt von Laurent zu Planiol verweist *Gény* I, 26 f.

Gute gehabt, daß sie gegen den „Willen des Gesetzgebers" alles erdenkliche Angriffsmaterial zusammentrugen. Folgendes darf heute als festgestellt gelten:

1. Der „Wille des Gesetzgebers", psychologisch verstanden als die Normvorstellung eines Individuums, paßt nicht auf die Gesetzgebung konstitutionell oder parlamentarisch regierter Staaten. Denn hier findet eine künstliche juristische Willensbildung durch regelhafte Mehrheitsbeschlüsse statt, und diese Willensbildung bezieht sich nur auf den Wortlaut des Gesetzes. Eine Kontrolle darüber, daß auch die mit dem Wortlaut verbundenen Normvorstellungen bei den Mitwirkenden identisch sind, findet nicht statt. Tatsächlich sind die Normvorstellungen der dem Mehrheitsbeschluß Zustimmenden oft verschieden, bei manchen überhaupt nicht vorhanden, und die bei der überstimmten Minderheit etwa vorhandenen Normvorstellungen kommen nicht in Betracht. Geschichtlich feststellbar sind daher an beachtlichen Normvorstellungen nur die ausgesprochenen Gedanken derjenigen geistig führenden Persönlichkeiten, welche die Fassung des Gesetzes maßgebend beeinflußten. Möglich und häufig ist es, daß diese Normvorstellungen inhaltlich übereinstimmen. Möglich ist aber auch, daß sie auseinandergehen.

2. Psychologisch unrichtig ist es selbst für den Fall absolutistisch-autokratischer Gesetzgebung, an eine individuell isolierte Willensbildung hinsichtlich des Norminhalts zu glauben. Auch im absolut regierten Gemeinwesen sind natürlich stets mehrere Personen an der Ausarbeitung eines Gesetzes beteiligt. Aber nicht dies ist das psychologisch Bedeutsame. Es liegt darin, daß bei jeder dieser mehreren Personen, wie auch bei dem das Gesetz vollziehenden Staatsoberhaupt, die etwa vorhandene Summe der Normvorstellungen niemals der isolierten Gedankenwelt des einzelnen Individuums entspringt, sondern hundertfältig *gesellschaftlich beeinflußt* ist. Auch der individuelle Gesetzesverfasser ist der Mann seiner Zeit, er arbeitet mit Rechtsbegriffen und gesellschaftlichen Anschauungen, die seiner Zeit und seiner sozialen Schicht angehören. Darauf hat mit besonderem Nachdruck Kohler hingewiesen[68], und ein Blick auf den teils friderizianisch bevormundenden, teils nüchtern rationalistischen Charakter des Preußischen Allgemeinen Landrechts bestätigt diese Wahrheit mit handgreiflicher Deutlichkeit.

Um wieviel mehr unterliegt demnach der Gesetzesinhalt solchen allgemein gesellschaftlichen Einflüssen dann, wenn die Willensbildung, wie heute, eine kollektive ist, wenn die Gedankenäußerungen führender Persönlichkeiten der Gesetzgebung nur gewisse, gesellschaftlich entstandene Vorstellungsreihen widerspiegeln, wenn sie nur die mitschwingende einzelne Saite bilden, unter welcher der breitere Resonanzboden der führen-

[68] Lehrbuch des bürg. Rechts I (1906), 123 f. und früher mehrfach, so Grünhuts Z. 13, 1 ff.

den Kulturschicht des Volkes den Hauptklang abgibt! Diese Kulturschicht ist es alsdann, die dem Inhalt des Gesetzes im großen und ganzen, wenn auch nicht in allen Einzelbestimmungen, das eigentliche Gepräge aufdrückt, und damit hängt es zusammen, daß, wie Sozialwissenschaftler betont haben[69], das Gesetz in seinem Inhalt nicht die reine Diagonale des Parallelogramms der gesellschaftlichen Klassenkämpfe zu ziehen pflegt, sondern sich mehr den Anschauungen der herrschenden sozialen Mächte nähert als denen der beherrschten.

3. Auch die etwa vorhandene Normvorstellung der geistigen Führer des Gesetzgebungsaktes pflegt, wie die psychologische Erfahrung zeigt, nur gewisse Kerngebiete der im Gesetz verwandten Tatbestandsbegriffe und Normbegriffe zu umfassen, nicht deren verschwimmende Übergangszonen zu anderen Tatbeständen und Geboten. Nur „Attraktionszentren"[70] der Begriffsbildung, gewisse einfache Tatbestandstypen werden angeschaut, andere, vielleicht verwickelter gestaltete, aber dennoch typische Interessenlagen werden übersehen und daher die Normen ohne Rücksicht auf sie gestaltet. Das trifft nicht nur auf kasuistisch gefaßte Gesetze zu, es gilt auch für abstrakter gefaßte Normen, deren Tatbestand eine Abstraktion höherer Ordnung, ein Rechtsverhältnis allgemeinerer Art bildet. Interessenlagen von einfacher Typizität mögen dabei mit angeschaut worden sein, viele Sonderlagen werden regelmäßig übersehen. Auch bleibt bei der Gesetzgebung leicht unbeachtet, daß der bedachtsam neugeformte Inhalt einer Vorschrift wiederum speziellere Tatbestandsmöglichkeiten offen läßt, die ihrerseits mit einer Sondervorschrift bedacht werden müßten.

4. Die Normvorstellung der geistigen Führer erstreckt sich in der Regel nicht auf die Gesamtheit der wechselseitigen Normbeziehungen, die durch das systematische Ineinandergreifen der Vorschriften eines Gesetzes geschaffen werden. Die Erfahrung lehrt, daß das Ineinandergreifen dieses seinen Räderwerks nur zum Teil richtig übersehen wird. In Gesetzen, die, wie unser bürgerliches Recht, aus abstrakten und aus kasuistischen Geboten gemischt sind, gilt dies namentlich auch für das gegenseitige Abhängigkeitsverhältnis der allgemeineren und der spezielleren Normen. Vollends trifft es auf das gegenseitige Verhältnis von Normen verschiener Gesetze zu, besonders, wenn diese Gesetze zu verschiedenen Zeiten und von anderen Personen verfaßt worden sind. Die Gesamtheit der wechselseitigen Normbeziehungen geht alsdann nach aller Erfahrung über den Gesichtskreis der Gesetzesverfasser hinaus, sie wird in den „Willen des Gesetzgebers" hineingedichtet, ohne ihm in Wahrheit anzugehören.

---

[69] Vgl. die Besprechung von *Cosentini,* La Réforme de la législation civile, in Ztschr. f. d. ges. Handelsrecht, 77, 260.

[70] *Wurzel,* 51.

5. Selbstverständlich ist, daß die Normvorstellungen der geistigen Führer des Gesetzgebungsaktes sich auf Interessenlagen nicht erstreckt haben können, die damals, bei Schaffung des Gesetzes, noch nicht vorkamen, später aber durch eine technische, wirtschaftliche, sozialethische Lebensänderung hervorgerufen werden. Die Zahl solcher neu entstandenen Interessenlagen pflegt heute um so größer zu sein, je schneller die Umgestaltung unseres gesellschaftlichen Lebens sich vollzieht.

6. Solche gesellschaftlichen Änderungen pflegen erfahrungsgemäß allmählich eine veränderte Auslegung der Gesetze nach sich zu ziehen. Nicht nur hinsichtlich der Tatbestandsbegriffe, die bewußt auf die veränderte Verkehrsanschauung abgestellt sind, sondern auch sonst. Während der Wortlaut vielleicht unverändert bleibt, nimmt der Inhalt allmählich mit Hilfe der richterlichen Auslegungstätigkeit eine neue Gestalt an; er wird den neuen Werturteilen, Zweckvorstellungen, Kulturanschauungen angepaßt, welche die Begleiterscheinung der eingetretenen technischen, wirtschaftlichen, sozialethischen Neubildungen sind. Wie der Gesetzgeber, so ist auch der Richter ein Mann seiner Zeit, von ihren gesellschaftlichen Anschauungen mit psychologischer Notwendigkeit beeinflußt. Wenn man beobachtet, daß diese Erscheinung einer allmählichen Umdeutung des Gesetzes sich im Rechtsleben des Code civil, des Preußischen Allgemeinen Landrechts, des Österreichischen Allgemeinen Bürgerlichen Gesetzbuchs, des schweizerischen Rechts wiederfindet, ungeachtet der tiefgreifenden völkischen Unterschiede französischer, altpreußischer, österreichischer, schweizerischer Gesetzgebungskunst und Rechtsprechung, ja wenn man Ansätze zu solcher Umdeutung bereits in der heutigen Rechtsprechung zum Bürgerlichen Gesetzbuch festzustellen vermag, so erkennt man, daß es sich bei dieser Umbildung des Gesetzes um eine allgemeine sozialpsychologische Gesetzmäßigkeit der Entwicklung handelt, bei der anscheinend nur das Schrittmaß und die äußere Technik der Rechtsfindung national verschieden bedingt sind[71]. Man hat treffend darauf hingewiesen[72], daß denkbarer Weise die sozialistische Produktionsordnung in Deutschland verwirklicht werden könnte, ohne daß am Bürgerlichen Gesetzbuch auch nur ein Buchstabe geändert wird. Viele seiner Vorschriften würden dann eben obsolet werden, andere durch veränderte Auslegung allmählich ein neues Gesicht erhalten.

---

[71] Dieses bedeutsame Problem müßte durch vergleichende, induktive Einzelforschung noch besser geklärt werden, als es bisher geschah. Vgl. namentlich *Ehrlich*, Grundlegung der Soziologie des Rechts (1913), 238, 346 f.; ferner für Österreich Festschrift zur Jahrhundertfeier des a. b. GB I, 430 f.; für den Code civil Saleilles im Livre du centenaire (1904), 97 ff., 120 ff.; für die Schweiz *Egger*, 26 f.; für das Preuß. LR bereits *Savigny*, Z. f. geschichtliche RW 3, 19 f.; für das BGB *Hedemann*, Werden und Wachsen im Bürgerlichen Recht (1913).

[72] Verhandlungen des ersten Deutschen Soziologentages (Tübingen, 1911), S. 269.

Bis hierher reicht das Erkenntnisproblem vom „Willen des Gesetzgebers“. An dieser Stelle beginnt das normative Problem, die Frage, nach welchen Grundregeln der Richter bei der Auslegung und Handhabung des Gesetzes verfahren soll. Zwei Tatsachen waren es namentlich, welche die Kritik an der überlieferten Vorstellung vom „Willen des Gesetzgebers“ herausstellte: Bei der Normschöpfung des Gesetzgebers handelt es sich, wie wir sahen, nicht um eine individuelle Willensbildung, sondern um eine kollektive, von *gesellschaftlichen* Kräften und Anschauungen geleitete. Und diese gesellschaftlichen Kräfte beherrschen auch die Rechtsfindungstätigkeit des Richters und drücken seiner Normvorstellung unbewußt den Stempel des Zeitgemäßen, des *Gegenwartsdienlichen* auf, so daß sie von der Normvorstellung *vergangener* Zeiten, vom geschichtlichen „Willen des Gesetzgebers“ vielleicht abweicht.

Diese beiden Grundtatsachen der Erkenntnis, die Herrschaft des *Kollektiv-Gesellschaftlichen* über das Individuelle und die Herrschaft des *Gegenwartslebens* über die Vergangenheit, liefern nun folgerichtig auch die Eckpfeiler für den Aufbau der normativen Auslegungslehre: Die Rechtsfindung des Richters aus dem Gesetz muß erstens *gesellschaftlich orientiert* sein und zweitens *auf die Ordnung der Gegenwart abgestellt*.

Was den Tatbestand und die Norm eines gesetzlichen Gebots mit dem gesellschaftlichen Leben verbindet, das ist dessen gesellschaftliche Soll-Funktion und Ist-Funktion, d. h. der dahinterstehende, unausgesprochene *Zweckgedanke* und die tatsächliche gesellschaftliche *Wirkung*. Also ist eine gesellschaftlich orientierte Auslegung nicht denkbar, ohne daß dem Zwecke des gesellschaftlichen Gebots und seiner Wirkung ein maßgebender Einfluß auf die richterliche Gebotsauslegung eingeräumt wird. Und was dem Richter bei der Entscheidung zweifelhafter Auslegungsfragen letzten Endes als Maßstab dient, das ist bekanntlich ein Werturteil. Also hat die gesellschaftlich orientierte Auslegung sich, soweit das möglich ist, einem *gesellschaftlichen Werturteil* zu unterwerfen, statt nach dem Gutdünken eines bewußt individuellen Werturteils zu entscheiden[72a].

Wenn ferner die Rechtsprechung Ordnung der Gegenwart sein soll, so ist es nicht die geschichtliche Zweckvorstellung der am Gesetzgebungsakt einst beteiligt gewesenen führenden Persönlichkeiten, die das Bindeglied bildet zwischen Gebotsauslegung und gesellschaftlicher Funktion des Gebots; denn diese geschichtliche Normvorstellung ist von den Lebenstatsachen vielleicht längst überholt; sondern es ist ein *bewußter Gegenwartszweck*, der die Gebotsauslegung maßgebend beeinflußt. Und wenn auch das Werturteil, das hier hineinspielt, auf die Gegenwart abgestellt sein soll, so kann es nur das *Werturteil der gegenwärtig führenden Kul-*

72a Vgl. *Peretiatkowicz* in Grünhut's Z. 39, 572 f.; *Lucas* in der Festgabe für Laband (1908) I, 401 ff.

turschicht des Volkes, bzw. bei Rechtsfragen von engerem gesellschaftlichem Gehalt, das Werturteil der führenden Kulturschicht innerhalb der betroffenen Volksgruppe sein[73]. Eine Auslegungstheorie, die den Richter veranlassen wollte, bei der geschichtlichen Zweckvorstellung der weiland Gesetzesverfasser und ihrem geschichtlichen Werturteil bewußt stehen zu bleiben und danach den Gesetzesinhalt zu bestimmen, liefe darauf hinaus, den Richter vom *unbewußt Zeitgemäßen in das bewußt Unzeitgemäße zurückzuzwingen*[74]. Sie würde verkennen, daß die gesellschaftlichen Aufgaben der Rechtsprechung in der Gegenwart, nicht in der Vergangenheit liegen, und daß sie nicht darauf abzielen, in der Art philologischer Quellenforschung wieder aufzudecken, was einst gedacht worden ist[74a]. Sie würde verkennen, daß die „Gerechtigkeit eine Macht der Gesellschaft über die Gemüter“[75] ist, und statt dessen nach Herbert Spencer's treffendem Wort aus dem Gesetz eine Herrschaft des Toten über die Lebendigen machen. Sie würde außer acht lassen, daß eingetretene gesellschaftliche Verschiebungen der gesetzlichen Tatbestandstypen billigerweise auch zu neuen Zwecksetzungen, neuen Werturteilen führen müssen, weil sonst die innere Harmonie von Tatbestand, Norm und Zweck des gesetzlichen Gebots gestört wird.

Die „soziologische“ Rechtsfindung, die sich uns hiermit in ihren Umrissen allmählich andeutet und in ihren Formen alsbald noch klarer enthüllen wird, ist nach alledem keine willkürliche, von Raum und Zeit befreite spekulative Gedankenschöpfung. Sie ist das normative Spiegelbild unserer heutigen psychologischen und sozialwissenschaftlichen Erkenntnis in Deutschland und inhaltlich auf die heutigen deutschen Kulturverhältnisse zugeschnitten. Um zu ihrem vollen Verständnis zu gelangen, müssen wir jetzt zwei Betrachtungsreihen an uns vorüberziehen lassen. Es handelt sich einmal darum, Klarheit zu gewinnen über das schon angedeutete Verhältnis von Tatbestand, Norm und Zweck innerhalb des gesetzlichen Gebots, und ferner gilt es, klar zu stellen, wie sich innerhalb des soziologischen Rechtsfindungsaktes Subsumtionsschluß, Interessenwägung und soziologische Tatsachenforschung zu einem Kunstbau zusammenschließen.

---

[73] Vgl. W. 100.

[74] Vgl. W. 97; *Saleilles*, Méthode d'interprétation, par Gény, Préface p. III f.; *Peretiatkowicz*, 569: „ratio juris posterior derogat priori“. *Reichel* tritt S. 67 ff., 72 f. grundsätzlich für die Loslösung der Auslegung von der geschichtlich-subjektiven Zweckvorstellung ein, während er S. 81 an der Grenze der geschichtlichen irrationellen Zwecksetzung für die „Auslegung“ unbedingt halt machen will. Das ist schwerlich miteinander zu vereinen.

[74a] Hierzu *Radbruch*, Grundzüge der Rechtsphilosophie (1914), 190 ff.; *Reichel*, 70 f.

[75] *Ehrlich*, 163.

§ 6 Die drei Gebotselemente: Tatbestand, Norm und Zweck

Auch die soziologische Rechtsfindung verschmäht selbstverständlich nicht die Heranziehung aller der Erkenntnismittel, die uns von der alten Hermeneutik her geläufig sind. Nach Feststellung des Prozeßtatbestandes und seiner konkreten typischen Interessenlage sucht sie zunächst einen gesetzlichen Tatbestandstypus, der den Prozeßtatbestand prima facie, d. h. grammatikalisch, systemlogisch und entstehungsgeschichtlich betrachtet, zu decken scheint. Damit gewinnt sie eine vorläufige Einordnung in das Gesetz, und dieses ergibt dann auch eine vorläufige Normvorstellung, wiederum geschöpft aus der grammatikalisch-systemlogisch-entstehungsgeschichtlichen Betrachtung der vom Gesetz an jenen Tatbestandstypus geknüpften Norm[76]. Aber nach dieser nur vorläufigen und oberflächlichen Einordnung des Prozeßtatbestandes und Gewinnung einer Normvorstellung schreitet die soziologische Rechtsfindung alsbald zu einer inhaltlichen Nachprüfung des prima facie ins Auge gefaßten Gebots unter dem Gesichtswinkel seines gesellschaftlichen Zweckes. Hierbei kommt nun wesentlich die Wechselbeziehung von Tatbestand, Norm und Zweck in Betracht.

Jedes echte „Gesetzesgebot" nämlich, das nicht eine bloße Definition enthält oder bloße Gebotselemente, sondern ein fertiges Gebot oder Verbot oder Gewährenlassen, kann man vom Standpunkt soziologischer Betrachtung in die drei Elemente des „Tatbestandes", der „Norm" und des „Zweckes" zerlegen. Im hypothetischen Tatbestand des Gesetzes — Stammler nennt ihn die „Voraussetzung"[77] — spiegelt sich eine typische gesellschaftliche Interessenlage wieder. Und die daran vom Gesetz geknüpfte Norm — bei Stammler als „Folge" bezeichnet[78] — ist ihrem Wesen nach eine Interessenregelung, die Schlichtung eines gesellschaftlichen Interessengegensatzes. Dies selbst dann, wenn das fragliche Gesetzesgebot geschichtlich nicht der Absicht einer Interessenabwägung entsprang, sondern etwa einem Prinzip der Systemlogik. In solchem Falle wird die tatsächlich erfolgte Interessenregelung oft eine gesellschaftlich unangemessene, eine normativ verfehlte sein, aber darum bleibt sie doch in ihrem Ergebnis Interessenregelung. Und hinter dieser Interessenregelung steht endlich in der Regel — wenngleich Ausnahmen vorkommen — eine gesellschaftliche Zweckvorstellung, die sich des Gebots als eines Mittels für die Erreichung ihrer gesellschaftlichen Ziele bedient. Dieser Zweck pflegt zwar im Gesetzesgebot nicht ausgesprochen zu sein, er steht außerhalb desselben[79], gleichwohl ist er mit den beiden anderen Gebots-

[76] Vgl. W. 59, 60 f. und oben § 1.
[77] Theorie der Rechtswissenschaft, 324 ff., 664 ff.
[78] Ebendort.
[79] Die von *Stammler*, 618 ff., aufgestellte Unterscheidung des Zweckes *innerhalb* des Rechtssatzes vom Zwecke außerhalb des Rechtssatzes vermag ich nicht anzunehmen.

elementen, dem Tatbestand und der Norm, so eng verbunden, daß zwischen ihnen eine Gleichgewichtslage, eine dreiseitige Harmonie besteht. Stammler weist sehr richtig darauf hin, daß es die Tätigkeit des Auslegers sei, die Harmonie unter den notwendig verbundenen Gliedern eines Rechtssatzes herzustellen[80]. Aber Stammler hält diese Harmonie für eine zunächst nur dualistische, auf „Voraussetzung" und „Folge" beschränkte. Mir scheint sie dagegen vom soziologischen Standpunkt aus von vornherein eine *Harmonie der Trias* sein zu müssen, unter wesentlicher Einbeziehung des Gebotszwecks. Diese trialistische Harmonie ist ein wesentliches Hilfsmittel der soziologischen Gebotsauslegung. Denn wenn auch der Fall vorkommen mag, daß alle drei Gebotselemente, Tatbestand, Norm und Zweck, gleichermaßen inhaltlich zweifelhaft erscheinen, so sind doch die Fälle häufiger, in denen wenigstens das eine oder andere dieser drei Elemente von vornherein mit eindeutiger Klarheit feststeht. Alsdann ist die Ermittlung der beiden anderen Elemente durch den Ausblick auf das feststehende Element und die mit ihm herzustellende Harmonie erleichtert und zugleich methodisch bestimmt.

Es leuchtet ein, daß dieser Harmoniezwang es verbietet, nach dem Vorschlage von Danz[81] den Sinn des Tatbestandes oder der Norm oder gar beider ohne Rücksicht auf die Entstehungsgeschichte des Gesetzes nach *der* Wortbedeutung zu bestimmen, welche der heutige Sprachgebrauch der Laienwelt ergeben würde. Denn diese Wortbedeutungen sind möglicherweise hinsichtlich Tatbestand oder Norm andere als die Vorstellungsinhalte, auf welche die an der Gesetzgebung seinerzeit beteiligt gewesenen Personen glaubten, rechnen zu dürfen. Die Folge wäre, daß damit dem Gesetz veränderte Interessenlagen untergeschoben würden (Tatbestandsauslegung nach dem Laienurteil), ohne gleichzeitige entsprechende Änderung der Interessenregelung (Normauslegung) und des Zwecks, oder umgekehrt. Und damit wäre die unentbehrliche Harmonie der Trias zerstört. Um sie herzustellen und festzuhalten, ist es in der Regel geboten, daß man zunächst geschichtlich vorgeht, d. h. die übereinstimmenden *Interessenvorstellungen, Normvorstellungen* und *Zweckvorstellungen* der geistigen Führer des Gesetzgebungsaktes und somit die geschichtliche Harmonie der Trias erforscht. Zahlreich sind aber die Fälle, wo solche Vorstellungen nicht mit Sicherheit auffindbar sind, insbesondere die Zweckvorstellung nicht ermittelt werden kann, z. B. deshalb nicht, weil das Gesetzesgebot unbesehen aus einer fremden Rechtsordnung oder aus dem früheren Recht übernommen ist oder einem Prinzip der Systemlogik entsprang. In solchen Fällen wird es geboten sein, wenigstens der *tatsächlichen, geschichtlichen Interessenlage* bei Erlaß des

---

[80] 608 ff., 621.

[81] Richterrecht, 188 f., 200, 210; Einführung, 79. Dagegen treffend *Heck*, H 270 ff. Vgl. auch *Kraus*, a.a.O., 621, 625.

Gesetzes und den *tatsächlichen* gesellschaftlichen *Wirkungen* des Gesetzes nachzuforschen, um daraus Rückschlüsse auf geschichtliche Interessenvorstellung, Normvorstellung und Zweckvorstellung und deren Harmonie zu ziehen. Und die gleiche geschichtliche Interessenforschung und Wirkungsforschung wird vielfach auch dann zweckmäßig sein, wenn *vorher* die betreffenden Vorstellungen der Gesetzesverfasser ermittelt worden sind. Im Lichte jener Tatsachenforschung erscheinen diese Vorstellungen dann vielleicht dem kritischen Blick als irrig und verfehlt. So gewinnt man in beiden Fällen außer einem Einblick in die geschichtliche Harmonie der Trias zugleich einen festen kritischen Ausgangspunkt für die Nachprüfung des Gesetzesgebots auf seinen Gegenwartssinn[81a].

In der Regel[82], nicht immer hat m. E. die Nachprüfung des Gesetzesgebots unter dem Gesichtswinkel seines gesellschaftlichen Zweckes in der angegebenen Weise mit einer geschichtlichen Ermittlung zu beginnen. Dann nämlich nicht, wenn sich auf dem Grundstock des Gesetzes, dank seinem vorgerückten Alter und seiner Verarbeitung in Wissenschaft und Praxis, der Aufbau einer wissenschaftlich gefestigten Rechtsübung erhoben hat. Dann liefert diese Rechtsübung alles Material, dessen wir zur Herstellung jener Triasharmonie für den Rechtsverkehr der Gegenwart bedürfen. Wir brauchen dann nicht mehr auf das geschichtlich Gewesene zurückzugreifen, um einen festen Ausgangspunkt für die soziologische Nachprüfung des Gebots zu gewinnen. Die geschichtliche Betrachtung würde in diesen Fällen überflüssig sein, sofern sie nicht rein wissenschaftliche Erkenntniszwecke verfolgt; ihr Ergebnis würde sich entweder mit dem Erkenntnismaterial decken, das die gegenwärtige Rechtsübung ergibt, oder aber — und dies ist charakteristisch für veraltende Gesetze — es würde von diesem Erkenntnismaterial abweichen, eine von der Rechtsübung inzwischen beiseite geschobene Auffassung von der Harmonie der Trias ergeben. Die Erfahrung zeigt denn auch, daß in solchen Fällen die Entstehungsgeschichte des Gesetzes bei seiner Auslegung immer weniger herangezogen zu werden pflegt. So beim preußischen Landrecht in seinen letzten Lebensjahren vor Einführung des BGB, so heute zum Teil schon bei der Wechselordnung und dem aus dem alten HGB stammenden Handelsrecht.

Da nun, wo die Ermittlung des Gebotsinhalts von einer Feststellung der geschichtlichen Harmonie von Tatbestand, Norm und Zweck ihren Ausgang nimmt, hat das Ergebnis dieser Nachforschung für den Richter der Gegenwart m. E. nur informatorische, aber keine normativ verpflichtende Bedeutung. Denn die Rechtsprechung ist nicht zum Hüter historischer Altertümer gesetzt, sie dient, wie oben dargelegt, dem gesellschaft-

---

81a Vgl. oben zu Anm. 25.

82 Vgl. W. 59 f.: „unter Umständen ein wichtiges Hilfsmittel". Beispiele in W. 62 (a) und (b), 66 f., 70 (a), 71 (c).

lichen Ordnungszweck der Gegenwart, hat dem Gerechtigkeitsideal der Gegenwart möglichst zu entsprechen und ist mit psychologischer Notwendigkeit von gesellschaftlichen Anschauungen der Gegenwart beherrscht. Auch die Harmonie der Trias ist daher unter dem Gesichtswinkel der gegenwärtigen Rechtsbedürfnisse herzustellen. Da kann sich nun, wie dargelegt, herausstellen, daß 1. die Gesetzesverfasser eine schon damals vorhandene Interessenlage infolge mangelnder Gesichtsweite übersahen, oder daß 2. die gesellschaftliche Strukturänderung inzwischen Verschiebungen der Interessenlagen bewirkte, neue Interessenlagen geschaffen, alte verändert hat, oder daß 3. die Norm sich, ausgelegt nach der Normvorstellung der Gesetzesverfasser, als ein ungeeignetes Mittel zur Erzielung des gesellschaftlichen Normzwecks erwiesen hat, oder daß 4. der Gebotszweck, verstanden nach der Zweckvorstellung und dem Werturteil der Gesetzesverfasser, dem sozialethischen Werturteil der führenden Kulturschicht in der Gegenwart strikt zuwiderläuft. In allen diesen Fällen ist eine veränderte Gebotsauslegung, eine Fortbildung des Rechts angezeigt. Diese Fortbildung wird sich im ersten Falle verständiger Weise nicht auf die geschichtlich vorhanden gewesene und übersehene Interessenlage, sondern auf die inzwischen eingetretene Interessenlage der Gegenwart stützen. Im zweiten Falle versteht sich dies von selbst. Im dritten Falle wird sie sich auf eine inhaltliche Umgestaltung der Norm beschränken, im vierten Fall wird sie auf die Setzung eines veränderten Gegenwartszweckes oder auf gänzliche Zweckverneinung und die Rückwirkung solcher Zweckbehandlung auf die Norm hinauslaufen. Dabei wird in der Regel die eintretende Veränderung *eines* der drei Gebotselemente folgerichtig auch eine Veränderung des einen der beiden andren oder beider andren Gebotselemente nach sich ziehen. Denn nur so bleibt die unentbehrliche Harmonie der Trias erhalten.

Es ist hiernach die gegenwärtige gesellschaftliche Sollfunktion des Gebots, die den Zielpunkt der richterlichen Auslegungstätigkeit bestimmt, eine Zweckvorstellung des Richters, die sich an ein heutiges gesellschaftliches Werturteil anlehnt, und diese Sollfunktion wird bestimmt nicht ohne Zuhilfenahme der bisherigen Istfunktion des Gebots, seiner festgestellten tatsächlichen Wirkungen. Die *teleologische* Bestimmung des Gebotsinhaltes, seine Vorstellung als die eines Mittels zu einem erstrebten Ziele, ist also richtunggebend mit beeinflußt durch eine *kausale* Betrachtung des Gebotes als einer Ursache für gewisse tatsächliche Wirkungen. Diese Verbindung teleologischer und kausaler Betrachtung befähigt das Gebot, bis zu einem gewissen Grade ein geeignetes Mittel gesellschaftlicher Zweckerfüllung zu sein: Aus den erstrebten Zielen werden tatsächliche Wirkungen, und tatsächlich beobachtete Wirkungen setzen sich wieder in neue Zielvorstellungen um, die ihrerseits neue Normmittel veranlassen.

Die normative Verwertung des Zweckmoments zur Bestimmung des Gebotsinhalts hat sich im Lauf des verflossenen Jahrhunderts in der Theorie nur ganz langsam einen Platz zu erkämpfen vermocht. Savigny warnte noch vor der Verwendung des „Grundes" und des inneren Wertes des Ergebnisses bei der Auslegung[83]. Auch später blieb es lange Zeit Axiom, daß der unmittelbare Gebrauch der ratio legis zur Bestimmung des Gesetzesinhalts verwerflich sei, nur mittelbar komme sie in Betracht, insofern sie einen Rückschluß zulasse auf das, was der Gesetzgeber als Mittel gewollt habe[83a]. Daher polemisierte man [83b] gegen Thibaut, der neben die Auslegung „nach der Absicht des Gesetzgebers" eine Auslegung „nach dem Grunde des Gesetzes" gestellt und erklärt hatte[84], aus dem Grunde folge unter Umständen das, was der Gesetzgeber auszudrücken nicht die Absicht hatte, wobei freilich auch Thibaut schließlich über eine kühn geschlagene Notbrücke sich auf den Willen des Gesetzgebers zurückzog[85]. Neuere Schriftsteller haben, der von Ihering eingeschlagenen Richtung folgend, den Zweck als Auslegungsmittel etwas freier gehandhabt. Danz und andere traten energisch für die Bedeutung des Zweckmoments auch bei gesetzlichen Formvorschriften ein[85a]. Aber auch heute noch fehlt es nicht an Einwendungen gegen dieses heuristische Mittel. Auf die wichtigsten soll hier in Kürze eingegangen werden, ohne daß damit im geringsten der Anspruch erhoben wird, das weitschichtige Zweckproblem einer Lösung entgegenzuführen:

1. Savigny erhob den seither oft gehörten Einwand[86], mit der Verwendung des „Grundes" zur Auslegung in Berichtigung des wirklichen Gedankens des Gesetzgebers stelle sich der Ausleger über den Gesetzgeber, bewirke eine Grenzverwirrung zwischen Rechtsprechung und Gesetzgebung. Darauf ist zu erwidern: Die Gesetzgebung der Kulturländer hat die Neuschöpfung von Rechtsgeboten tatsächlich noch niemals monopolisiert. Sie hat sich stets auf das Wichtigste beschränkt und die Kleinarbeit und Feinarbeit der weiteren Ausgestaltung und der ständigen Neuanpassung an die Lebensverhältnisse anderen Organen überlassen, nämlich den Verwaltungsbehörden und der Rechtsprechung. In Wirklichkeit eignet sich auch, wie schon mehrfach betont wurde[87], die Rechtsprechung für

---

[83] 220, 225, 233, 238, 240.

[83a] Vgl. z. B. *Savigny*, 235, 321 ff.; *Kierulff*, 26 f.; *Wächter*, 56, 141; *Vangerow*, 51. Die Wandlungen, welche die normative Zweckverwertung von Savigny bis auf die Gegenwart durchgemacht hat, verkennt vollkommen *Kelsen*, im Arch. für Sozialwissenschaft 34 (1912), 604.

[83b] So *Savigny*, 321 ff.; *Vangerow*, 50; *Thöl*, 156 f.

[84] S. 13 f.

[85] Vgl. seine Ausführungen, 114, 125 f.

[85a] Vgl. die Zitate in W. 103, Anm. 161; *Danz* im Recht, 1913, 349 ff. und in JW 1914, 385 ff.; *H. Lehmann* in JW 1914, 1057 ff.; *Rumpf* in JW 1914, 445 ff.; *Reichel*, 82 f.; anderseits *Heck*, H 184 f.; *Endemann* in DJZ 1914, 23 f.

[86] 322.

[87] Vgl. etwa *Regelsberger* in *Iher*. Jb. 58, 150 ff.; W. 114 ff.

diese Kleinarbeit auf dem Gebiete des Zivilrechtes besser als die Gesetzgebung. Denn indem jene an das bestehende Recht anknüpft, schafft sie „mehr eine Entwicklung als einen Bruch“[88], und bei der ungeheuren Tempobeschleunigung, welche die gesellschaftlichen Lebensänderungen heute in Deutschland aufweisen, verglichen mit dem Entwicklungstempo noch vor fünfzig Jahren, ist auch eine rastlose Fortentwicklung der Rechtsordnung normativ geboten. Eine gewisse Grenzverschiebung zum Vorteil der Rechtsprechung auf Kosten der Gesetzgebung muß daher für die moderne deutsche Rechtspflege als erwünscht bezeichnet werden.

2. Der Gesetzgeber, sagt man[89], kann sich im Mittel vergreifen, eine Norm aufstellen, die zweckwidrig ist. Aber dann ist eben der Schulfall einer berichtigenden Auslegung gegeben[90]. Es ist im Zweifel anzunehmen, daß auch die Gesetzesverfasser denjenigen Norminhalt wollten, der das Gebot zum geeignetsten Mittel der Zweckerfüllung macht[91]. So lehren bereits Anhänger der historischen Auslegung. Vom soziologischen Standpunkt aus fügen wir hinzu: Es ist ein anerkanntes gesellschaftliches Werturteil, daß der Zweck des Handelns höher bewertet wird, als das Mittel, und der Zweck daher das Mittel rechtfertigt, sofern dieses sich nur im Rahmen der anerkannten Sittlichkeitsgrundsätze hält. Das falsch gewählte Mittel der Norm darf daher nach den billigenswerten Gebotszwecken berichtigt werden. Entsprang doch dem gleichen Grundgedanken auch die Lehre der historischen Schule, daß das Wort des Gesetzes als bloßes Ausdrucksmittel nach dem wahren Willen des Gesetzgebers berichtigt werden dürfe!

3. Oft greife, sagt Enneccerus[92], eine Rechtsvorschrift absichtlich oder unabsichtlich über den Zweck ihres Erlasses hinaus oder bleibe hinter ihm zurück. Dieser Gedanke ist richtig und für unser Beweisthema bedeutungslos, wenn unter dem „Zweck des Erlasses“ die occasio legis verstanden wird, und dies scheint Enneccerus in der Tat zu meinen. Dagegen wäre der Satz unhaltbar, wenn man unter dem „Zweck des Erlasses“ den Gebotszweck verstehen würde. Ein „absichtliches Hinausgehen“ über die Zweckvorstellung, eine gewollte Disharmonie von Norminhalt und Normzweck ist eine unvollziehbare Vorstellung; durch die weitergehende oder engere Absicht wird eben die Zweckvorstellung auch erweitert oder eingeengt. Und bei unbeabsichtigtem Hinausgehen über den Zweck hat, wie eben erörtert, eine berichtigende Auslegung der zweckwidrigen Norm einzutreten.

---

[88] *Regelsberger*, a.a.O., 151. Vgl. W. 115: „Geräuschlose Glätte der Rechtsfortbildung.“

[89] *Regelsberger*, Pandekten 149.

[90] Vgl. oben zwischen Anm. 82 und 83.

[91] Vgl. *Enneccerus*, 117; *Stammler*, 609 f.

[92] 117 f., Anm. 6.

4. Der Zweck, so wird eingewandt, sei manchmal mit Sicherheit nicht erkennbar. In anderen Fällen sei es offenbar, daß er ganz fehle, so bei zahlreichen Geboten, die nur Konsequenzen aus einer ratio juris, einem höheren Prinzip, seien[93]. Hierauf möchte ich antworten: Ist die historische Zweckvorstellung nicht klar erkennbar, so kommt die Auslegung des Gesetzes über ein blindes Herumtappen im Grammatischen und Systemlogischen nur dadurch hinaus, daß der Richter das Gesetz nachträglich sozialisiert, d. h. ihm einen brauchbaren Gegenwartszweck unter Berücksichtigung des Werturteils der führenden Kulturschicht unterlegt und von da aus dann den Norminhalt unter Mitheranziehung der grammatischen und systemlogischen Gesichtspunkte bestimmt. Hat eine historische Zweckvorstellung dagegen offenbar ganz gefehlt, so muß man mehrere Möglichkeiten unterscheiden:

a) Es handelt sich um einen Rechtssatz, der seinen Zweck darin erfüllt, *daß* nur überhaupt entschieden werde, nicht *wie* entschieden werde. Solche Rechtssätze, in Zahlvorschriften und Polizeiverordnungen häufiger zu finden, verfolgen lediglich den Ordnungszweck und sind im übrigen neutral. Ihre Auslegung vermag sich daher in der Tat auf das Zweckmoment nicht zu stützen.

b) Der Rechtssatz ist Ausfluß eines Prinzips der Systemlogik oder eines Oberbegriffes der Rechtssatzkonstruktion, oder aus einer anderen Rechtsordnung kritiklos übernommen. Solche Rechtssätze sind, wie wir sahen, oft unbillige, lebensfeindliche Rechtssätze, weil sie gebildet sind ohne jede Rücksicht auf gesellschaftliche Interessenwägung. Sie sind die Steine des Anstoßes in der öffentlichen Meinung, da man ihre Weisheit nicht begreift. Ihnen zum Teil verdankt es die deutsche Gesetzgebung und Rechtsprechung, wenn sie auf Anzeichen geringer Beliebtheit beim deutschen Volke stößt. Wenn je, so ist daher hier aller Grund zu einer nachträglichen Sozialisierung solcher Rechtssätze gegeben: Nach Maßgabe eines brauchbaren gesellschaftlichen Zwecks ist ihr Inhalt nachzuprüfen und eventuell zu berichtigen.

c) Der Rechtssatz ist die Folgeerscheinung eines soziologischen Prinzips. Dann mag man den näheren Zweck des Rechtssatzes darin erfüllt sehen, daß er jenes allgemeinere Prinzip zur Durchführung bringt, z. B. den Zweck des § 98 HGB darin, daß er das Prinzip der vertragsmäßigen Gleichstellung des Handelsmaklers gegenüber beiden Parteien im einzelnen durchführt. Aber diese Zweckbetrachtung bleibt doch eine reichlich formale. Dahinter steht als entfernterer Zweck der gesellschaftliche Zweck jenes Prinzips selber, z. B. der Zweck, für eine unparteiische, beamtengleiche Vermittlertätigkeit des Maklers Gewähr zu schaffen, und diesem gesellschaftlichen Zwecke dient, wie das Prinzip, so auch jeder

[93] Vgl. etwa *Savigny*, 322; *Regelsberger*, 149.

seiner Folgesätze[94]. Es besteht Zweckidentität mit dem Prinzip, nicht Zweckerfüllung im Prinzip.

5. Der nämliche Zweck, hat man gesagt[95], könne durch die verschiedensten Gesetze als Mittel verwirklicht werden, umgekehrt könne das nämliche Gesetz die verschiedensten Zwecke haben. Der Zweck sei daher ein sehr unsicheres Erkenntnismittel für den Norminhalt. Darauf ist zu antworten: Der erste Satz ist richtig, aber auch unschädlich. Zur Zeit harrt in der Regel nur ein einzelnes Gesetzesgebot der Auslegung, und seine etwaige Zweckgleichheit mit anderen Geboten ist entweder bedeutungslos oder sogar geeignet, Licht zu verbreiten über ein allgemeines, im Gesetz herrschendes soziologisches Prinzip. Schädlich dagegen wird diese Zweckgleichheit in der Regel nicht sein, da der gleiche Zweck, auf verschiedene Tatbestände projiziert, notwendig zu verschiedenen Normen führt. Es ist also die Harmonie der drei Gebotselemente, welche die normative Unzulänglichkeit der Zweckgleichheit in der Regel behebt.

Der zweite Satz ist gleichfalls richtig, aber auch seine Beweiskraft wird gemindert durch die Harmonie der Trias. Der Richter, der die mehreren Zwecke eines Gebotes ermittelt und daraus Rückschlüsse auf die Norm zieht, erforscht die Zwecke und ihre Rückwirkungen ja nicht in isolierter Betrachtung, sondern stets unter Rückschau auf die Gleichgewichtslage der drei Gebotselemente. Da er bei dieser Richtschnur meist wenigstens ein *feststehendes* Gebotselement vor sich sieht, z. B. den Tatbestand, wird ihm durch die Harmonie hiermit die Bestimmung der mehreren Zwecke und ihrer Rückwirkung auf die Norm erleichtert.

Aber es ist richtig: In der Zweckmehrheit liegt ein Problem, das im Einzelfall Schwierigkeiten bereiten kann, und das bisher nicht genügend durchforscht ist. Bei der Zweckmehrheit eines Rechtsgebotes, der „Polytelie", kann es sich handeln um

a) *gleichgeordnete Zwecke.* Thibaut und Hufeland wiesen bereits darauf hin[96], daß bei Vorliegen mehrerer Zwecke eine Einschränkung des Gebots wegen Wegfall des Zweckes nur dann zulässig sei, wenn *alle* Zwecke weggefallen seien. Aber auch die Umkehrung ist denkbar: Nur einer von den mehreren Zwecken läßt eine Tatbestandsausdehnung oder eine Normausdehnung geboten erscheinen, die übrigen Zwecke verhalten sich neutral, oder sie widerstreben der Ausdehnung. Im ersten Falle wird man die Ausdehnung für angemessen halten dürfen, im zweiten nicht.

b) Die mehreren Zwecke eines Gebotes können sich als *nicht gleichgeordnet* ergeben. Hier muß man wieder unterscheiden.

---

[94] Vgl. oben § 3 unter III.

[95] Vgl. etwa *Kierulff*, 26; *Unger*, 62; *Regelsberger*, Pand. 149.

[96] *Thibaut*, 108; *Hufeland*, 111, 202. Hierzu RG in JW 1915, 570 (zu BGB § 105).

α) Zum näheren Zweck der Prinziperfüllung gesellt sich als entfernterer Zweck derjenige des soziologischen Prinzips selber hinzu. Jener ist dann, wie eben erörtert, nur ein formaler Zweck, dieser der materiell gesellschaftliche Zweck und als solcher der eigentliche Leitstern bei der Auslegung auch des einzelnen, prinzipgemäßen Gebotes.

β) Neben den gesellschaftlichen Sonderzwecken der einzelnen Gebote ist ein allgemeiner Zweck des ganzen Gesetzes denkbar[97], z. B. der Zweck, für gewisse Rechtsgebiete Rechtseinheit zu schaffen durch Ausschließlichkeit der Regelung im Reichsgesetz gegenüber den Landesgesetzen, und darüber schwebt wiederum stets ein metaphysisch verankerter höchster Zweck aller Rechtsordnung. Es leuchtet ein, daß jener allgemeine Zweck und dieser höchste Zweck bei der Auslegung des einzelnen Gebots gleichfalls in Betracht kommen[98].

γ) Doch spielt hier das schwierige Problem der Mehrstufigkeit des Zweckes hinein. Wie nämlich beim Rechtsgeschäft hinter dem primären Parteizweck ein sekundärer Zweck stehen kann, wobei das Rechtsgeschäft das Mittel für die primäre Zweckverwirklichung und diese wiederum das Mittel für die sekundäre Zweckerreichung bildet, so kann zu solcher Mehrstufigkeit des Zweckes auch bei Gesetzesgeboten das Nebeneinander von Sonderzweck, allgemeinem Zweck und höchstem Zweck sich gestalten. Für die Klärung dieses Problems ist bisher nur wenig geschehen[99]. Es ist zuzugeben, daß in dieser noch bestehenden Ungeklärtheit der methodologischen Stellung des mehrstufigen Zweckes eine Erschwerung der Normermittlung aus dem Zweckmoment liegen kann. Aber das ist, wie ich hoffe, ein vorübergehender Zustand methodologischer Unzulänglichkeit.

6. Sehen wir hiervon ab, so haben sich im übrigen die gegen das Zweckmoment vorgebrachten Bedenken als wenig stichhaltig erwiesen. Sie vermögen vor allem die grundsätzlichen Gesichtspunkte, auf denen die soziologische Rechtsfindung beruht, nicht zu erschüttern, und diese Gesichtspunkte führen mit Folgerichtigkeit auf die Vorherrschaft des Zweckmoments hin. Gegen diese Vorherrschaft dringt endlich auch der Einwand nicht durch, es liege darin eine allzu ausschließliche Berücksichtigung des Zweckmoments, und dies müsse zu unsicherer, schwankender Rechtsprechung führen. Diese, von Enneccerus[100] angedeutete Besorgnis scheint mir der soziologischen Methode gegenüber gegenstandslos. Denn, wie ich

[97] Ein „allgemeiner" Zweck ist auch so denkbar, daß die identischen Sonderzwecke der einzelnen Gebote durch ihre Identität eben den Charakter eines „allgemeinen" Zweckes annehmen. Das ist der Fall der soziologischen Prinzipien.

[98] Vgl. *Regelsberger*, Pand. 147, Anm. 12; W. 102 f.; *Reichel*, 77 ff.

[99] Vgl. zur Mehrstufigkeit des Parteizwecks meine Bemerkungen in der Ztschr. f. Handelsrecht, Bd. 74, 202 ff.

[100] § 51, S. 119.

darlegte, werden im Anfangsstadium der Auslegungstätigkeit das grammatische, das systemlogische und das entscheidungsgeschichtliche Moment gebührend berücksichtigt, auch wird die Entstehungsgeschichte außerdem noch in der Regel zum Ausgangspunkt der Zweckforschung und Interessenforschung gemacht. Von einer Ausschließlichkeit des Zweckmoments ist also nicht die Rede. Freilich, der Gegenwartszweck gibt den Ausschlag. Entweder bestätigt er den schon im Anfangsstadium gewonnenen Prima-facie-Gehalt des Gebots, oder er gibt gegenüber den gebliebenen Zweifeln die Entscheidung, oder er berichtigt den zunächst gewonnenen, scheinbar unzweifelhaften Gebotsinhalt, das letztere bei zwingender Schlüssigkeit und Unvereinbarkeit des klargestellten Zwekkes mit dem Prima-facie-Ergebnis[100a].

Vor einer ausschließlichen Berücksichtigung des Zweckmomentes wird aber auch in diesem äußersten Falle nicht gesprochen werden können. Denn der Zwang zur Harmonie der Trias greift auch hier ein. Die notwendige Gleichgewichtslage zwischen dem Zweck und dem anderweit festgestellten Gebotselement des Tatbestandes mildert die Vorherrschaft des Zweckmoments.

Wenn nun der Gegenwartszweck des Gebots den *Zielpunkt* der richterlichen Auslegungstätigkeit bildet, und wenn wir anderseits oben feststellten, was dafür den sprachlichen *Ausgangspunkt* zu bilden hat, so sind wir nunmehr imstande, das Wesen der einschränkenden und der ausdehnenden Gebotsermittlung festzustellen: Eine Ausdehnung ist dann erforderlich, wenn der Gegenwartszweck des Gebotes entweder die gesellschaftliche Interessenlage (den Tatbestand) weiter umgrenzt oder den Norminhalt weiter erstreckt, als es nach der grammatisch-systemlogisch-entstehungsgeschichtlichen Betrachtung der Prima-facie-Gebotsgedanke zu tun schien. Und eine Gebotseinschränkung ist erforderlich im umgekehrten Falle, d. h. wenn der Gegenwartszweck des Gebotes entweder die gesellschaftliche Interessenlage (den Tatbestand) enger umgrenzt oder den Norminhalt enger faßt, als es der Prima-facie-Gebotsgedanke zu tun schien.

Diese Feststellung vermittelt uns eine wichtige Erkenntnis: Ausdehnende Tatbestandsauslegung (im engeren Sinne) und (einfache) Analogie sind danach nicht dem Wesen nach verschieden, wie die herrschende Ansicht lehrt, sondern *nur dem Grade nach*. Denn auch für die Bejahung einer Analogie ist Gleichheit wesentlicher Punkte der Interessenlage und Deckung durch den Gegenwartszweck des Gebots das Entscheidende. Was sie von der (einfachen) ausdehnenden Tatbestandsauslegung scheidet, das mag, wie Wurzel annimmt[101], psychologisch als die größere Entfernung

[100a] Vgl. hierzu jedoch die Vorbehalte unten, Anm. 120b.

[101] S. 45, 51. Vgl. auch *Egger*, 12 f., 17 f.

vom Begriffskern des fraglichen Gesetzesgebotes aufgefaßt werden können. Aber dieses innere Kriterium ist, weil zu unbestimmt, normativ nicht gut verwertbar. Was uns die Vorstellung einer größeren Entfernung vom Begriffskern vermittelt und äußerlich in die Erscheinung treten läßt, das ist der Umstand, daß die ausdehnende Tatbestandsauslegung von den Wortbedeutungsmöglichkeiten des gesetzlichen Tatbestandes sprachlich noch *mit umfaßt* wird, die analoge Anwendung eines Gebotes dagegen *jenseits* der Wortbedeutungsmöglichkeiten des gesetzlichen Tatbestandes liegt. Nur diese quantitativ-grammatikalische Unterscheidung ist m. E. normativ brauchbar, denn nur sie gestattet eine einigermaßen feste Grenzziehung, und sie entspricht zugleich den Grundgedanken soziologischer Rechtsfindung. Wenn daher Heck dieser Begriffsentwicklung, wie ich sie in W. 80 gegeben habe, ein Ausrufungszeichen beifügt[102], anscheinend, um das Auffällige meiner Ansicht zu kennzeichnen, so ist jedenfalls festzustellen, daß es sich hier nicht um eine willkürliche Aufstellung handelt, sondern um eine folgerichtige Durchführung des Grundgedankens soziologischer Rechtsfindung.

Ausdehnende und einschränkende Auslegung, Analogie und Umkehrschluß sind also auch vom hier vertretenen Standpunkt aus unentbehrlich als Hilfsmittel für die rechtspolitisch notwendige[102a] Einordnung der richterlichen Rechtsfindung in den Rahmen des geltenden Gesetzes. Wir gewinnen folgendes Schema:

A. Einfache Auslegung (*innerhalb* der Wortschranken des Gebots).

1. *Ausdehnende* Auslegung
   a) Ausdehnende Tatbestandsauslegung
   b) Ausdehnende Normauslegung.
2. *Einschränkende* Auslegung
   a) Einschränkende Tatbestandsauslegung
   b) Einschränkende Normauslegung.

B. Qualifizierte Auslegung (*außerhalb* der Wortschranken des Gebots).

1. *Gebotsausdehnung*
   a) Tatbestandsausdehnung = einfache Analogie (Steigerung: Mehrtätiges und kombiniertes Prinzip).
2. *Gebotseinengung* (Restriktion)
   a) Tatbestandseinengung
   b) Normeinengung.

---

102 H. 105, Anm. 298.

102a Über diese Notwendigkeit vgl. unter anderen *Kraus*, 630 ff.; *Wurzel*, 95; *Kelsen* im Archiv f. Sozialw. 34 (1912), 605; W. 77 f., 90 f. Ist die Anlehnung an das Gesetz unmöglich, so entscheidet freie Interessenwägung (W. 121 f.), nach *Reichel*, 105 ff., die „Natur der Sache“.

3. *Gebotsänderung*
   a) Tatbestandsänderung
   b) Normänderung.

Dieses Schema zeigt, daß die einfache Analogie ihr Gegenbild findet in der qualifizierten Tatbestandseinengung[102b], und daß eine Stufenleiter von der ausdehnenden Auslegung über die einfache Analogie bis zum kombinierten soziologischen Prinzip hinaufführt.

§ 7 Die drei Rechtsfindungselemente: Logisches Schlußverfahren, Interessenwägung und soziologische Tatsachenforschung

Die Rechtsfindung aus dem Gesetz vollzieht sich, äußerlich betrachtet, in Gestalt des bekannten logischen Schlußverfahrens[103], für welches Stammler die Formel geprägt hat:

Wenn V (Voraussetzung), so F (Folge)
A ist ein V
Für A gilt F.

Es ist heute bereits Gemeingut der Erkenntnis, daß es sich trotz dieser Formel nicht um ein mit absoluter Zielsicherheit wirkendes, rein formallogisches Schlußverfahren handelt. Wir wissen vielmehr — und ich komme damit ausführlicher auf das zurück, was ich kürzlich an anderem Orte skizziert habe[104] —, wir wissen, daß sich in die geistige Tätigkeit des Erkennens und des Schließens ein Werturteil und eine Willensentscheidung des Richters einmischt. Dieses Werturteil und diese Willensentscheidung haben zum Inhalte eine zwiefache Abwägung streitender Interessen gegeneinander, eine *abstrakte* und eine *konkrete Interessenwägung.* Für den Richter, der den Weisungen der soziologischen Methode folgt, ist diese Interessenwägung ein bewußter seelischer Vorgang. Für den Richter, der, in den Bahnen der alten Hermeneutik wandelnd, lediglich mit formallogischer Treffsicherheit zu subsumieren glaubt, ist die Interessenwägung wenigstens als unbewußtes — aber oft fehlsames — Ergebnis seiner Rechtsfindungstätigkeit vorhanden. In dieser Beziehung ist die Interessenwägung des Richters eine Parallelerscheinung zur bewußten oder unbewußten Interessenwägung der Gesetzesverfasser[105].

Schon bei der Feststellung des Obersatzes durch den Richter: „Wenn V, so F", kommt es zu einer Interessenwägung, und zwar einer abstrakten in

---

102b Vgl. oben zu Anm. 58, W. 111 ff.
103 *Stammler*, Theorie der RW, 664.
104 Archiv d. öffentl. Rechts 34, S. 420 f.
105 Vgl. oben zu Anm. 78. Vgl. auch *Gény*, I, 111 f.

Gestalt der Gesetzesauslegung. Denn jener Obersatz besagt nichts anderes als: Wenn die gesellschaftliche typische Interessenlage V gegeben ist, so soll die normative Interessenwägung F eintreten. Welchen Inhaltes aber V und F sind, darüber gibt das Gesetz dem Richter in der großen Mehrzahl der Fälle keine eindeutige sichere Aufklärung, es stellt ihn statt dessen vor die Aufgabe, seinerseits die Zweifel der Mehrdeutigkeit zu lösen durch Auslegung. Diese richterliche Interessenwägung durch Auslegung des Gesetzes erstrebt, die Harmonie der drei Gebotselemente nach Maßgabe des Gegenwartszwecks der Norm herzustellen[105a]. Der Schwerpunkt kann dabei in der Auslegung des Tatbestands liegen (V), wenn nämlich der Inhalt der Norm (F) schon feststeht, er kann in der Auslegung der Norm liegen (F), wenn nämlich der Tatbestand (V) schon feststeht, es kann sich endlich um Interessenwägung durch gleichzeitige Auslegung von Tatbestand *und* Norm handeln, wenn nämlich sowohl der Tatbestand wie die Norm inhaltlich zweifelhaft sind.

Schreitet nun im Anschluß hieran der Richter zur Bildung des Untersatzes: „A ist ein V", so besagt das: Er vergleicht die konkrete Interessenlage des Prozeßtatbestandes in ihrem typischen Gehalt mit der typischen Interessenlage der verschiedenen gesetzlichen Tatbestände und findet sie, wertend und wählend, kongruent mit der typischen Interessenlage eines bestimmten Gebots, eben mit dem „V" des Obersatzes. Alsdann kommt es zur Schlußfolgerung: „Für A gilt F", und wiederum liegt darin eine Interessenwägung, von einem Werturteil geleitet und durch eine Willensentschließung vollzogen, diesmal aber keine abstrakte Interessenwägung, wie bei der Auslegung des Gesetzes zwecks Bildung des Obersatzes, sondern *eine konkrete*, im Hinblick auf den gegebenen Prozeßtatbestand, den Interessenkonflikt der Parteien.

Heck trifft daher den Kern der Sache, wenn er die bürgerliche Rechtsprechung und die dazu erforderliche Gesetzesauslegung als „Interessenjurisprudenz" bezeichnet. Aber anderseits ist damit doch das Wesen der Sache nur zum Teil gekennzeichnet. Der Terminus „Interessenjurisprudenz" besagt nichts darüber, daß es typische *gesellschaftliche* Interessen sind, die abgewogen werden, nichts darüber, mit welchen *gesellschaftlichen Maßstäben* diese Abwägung erfolgt.

Fragt man sich nun, worin das wissenschaftliche Moment dieser richterlichen Rechtsfindungstätigkeit liegt, so ist es klar: Als ein wissenschaftlicher Vorgang kann das geschilderte logische Schlußverfahren nicht angesehen werden. Mag es uns auch den kümmerlichen Schein einer Mathematik der Begriffe, eines logisch streng gebundenen Schließens vortäuschen, dahinter verbirgt sich etwas anderes. Und dieses andere, die

---

105a *Gillis*, Die Billigkeit, eine Grundform des freien Rechts (1914), 80, sagt richtig: „Das Erfassen des juristischen Zweckbildes ist keine Tätigkeit des logischen Schließens."

Interessenwägung, hat, weil auf einem Werturteil aufgebaut und durch eine Willensentschließung vollzogen, wiederum mit wissenschaftlichem Erkennen unmittelbar nichts zu tun, es ist ein Akt der richterlichen Kunst. Was man als wissenschaftliche Vorbereitung dieses Kunstaktes früher wohl hinzustellen beliebte, die deduktive, scheinbar streng logische Ableitung von neuen Rechtssätzen aus einem Oberbegriff des Rechtssystems oder aus einem Normprinzip der Systemlogik, das ist, wie nachgewiesen, bisweilen nichts weniger als logisch zwingend und oft normativ abwegig, jedenfalls kein Akt des wissenschaftlichen Erkennens, so wenig wie die Ermittlung eines kryptosoziologischen „Willens des Gesetzgebers" und seiner angeblichen Folgesätze. Auch dies nur ein vorgehaltener durchsichtiger Mantel[105b]. Wenn wir uns dagegen dessen erinnern, daß, im Rahmen der richtigen Methode, der Interessenwägung gewisse vorbereitende Handlungen *der Tatsachenerforschung* vorausgehen, die sich als Akte *empirischer Erkenntnisse* darstellen, so stoßen wir da allerdings auf Wissenschaft im Sinne systematisierender Tatsachenerkenntnis, auf wertbeziehende Seins-Wissenschaft.

Diese wissenschaftliche Tatsachenforschung setzt ein, nachdem der Prozeßtatbestand in zunächst oberflächlicher Orientierung einem gesetzlichen Tatbestande untergeordnet ist, der ihn prima facie zu decken scheint, und ihre Aufgabe ist es, wenn möglich, zu ermitteln:

1. Die übereinstimmenden, geschichtlich feststellbaren und normativ ursächlich gewesenen *Interessen-* und *Zweckvorstellungen* sowie die *Normvorstellungen* der geistigen Führer des Gesetzgebungsaktes[106]. Ein Beispiel, das ich in W. 62 erörtert habe, liefert der § 833 BGB in seiner ehemaligen Fassung.

2. Gegebenenfalls[107] die, von jenen Vorstellungen unter Umständen abweichende tatsächliche *geschichtliche Interessenlage*, sowie die davon wiederum vielleicht abweichende *heutige Interessenlage*. Ein Beispiel solcher Rekonstruktion der geschichtlichen Interessenlage unter Gegenüberstellung der heutigen Interessenlage habe ich in W. 62 f., 64 f. behandelt. Es ist der interessante § 662 HGB.

3. Die tatsächlichen gesellschaftlichen *Wirkungen* des Gesetzesgebots, sofern sie als seine Ist-Funktion unter Umständen maßgeblich einwirken auf die Gestaltung seiner heutigen Sollfunktion durch die Auslegung[108]. Ein Beispiel bildet der § 15 Abs. 3 und 4 des Gesetzes betr. die Gesellschaften m. b. H. Der Richter, der diese Vorschrift auslegt, wird vorher zu ermitteln trachten, welche gesellschaftlichen Wirkungen es hat, wenn

---

[105b] Hierzu *Wildhagen* in der Festgabe für Riesser (1913), 354 ff.; *Geny* I, 130 ff., 149.

[106] Oben zwischen Anm. 81 und 81 a.

[107] Vgl. oben ebenda.

[108] Vgl. oben zwischen Anm. 82 u. 83.

diese Vorschrift nach dem Vorbild des Reichsgerichts (RG 80, 99 ff.) dahin verstanden wird, daß sie zwar die Übertragung von Geschäftsanteilen, nicht aber die Abtretung des Verfügungsrechts über die von einer Bank erworbenen Geschäftsanteile unter Formzwang stellt. Er wird zu prüfen haben, ob durch die Übung eines formlosen Handels mit solchen Verfügungsrechten der Zweck der Vorschrift, die Fernhaltung des großen Publikums vom börsenmäßigen Spekulationshandel mit Geschäftsanteilen, gefährdet oder vereitelt wird.

4. Gegebenenfalls sind weiter zu erforschen die Tatsachen und die gesellschaftlichen Triebkräfte einer heute etwa bestehenden *Rechtswirklichkeit* in Ergänzung oder in Abweichung vom Gesetz, als: typisch wiederkehrende Vertragsabreden, neue Handelsbräuche und Verkehrssitten, neues Gewohnheitsrecht. Es gilt, die tatsächliche Regel des außergerichtlichen Handelns zu erforschen, denn auch diese „Rechtstatsachenforschung", wie sie kürzlich Arthur Nussbaum vielversprechend anbahnte[109], ist unentbehrlich für den, der über die gesellschaftliche Ist-Funktion eines Gesetzes auch nach der negativen Seite hin den vollen Überblick erlangen will. Nur die genaue Kenntnis davon, inwieweit die nachgiebigen oder gar die zwingenden Gebote des Gesetzes vom Leben tatsächlich überholt sind, und aus welchen Ursachen dies geschah, vermag den Richter vor einer lebensfeindlichen Handhabung des Gesetzes zu bewahren. Wer z. B. die internen Rechtsbeziehungen der Mitglieder einer Partenreederei zu beurteilen hat, der wird leicht fehlgreifen, wenn er nicht weiß, daß die Vorschriften der §§ 491 ff. HGB unter dem Zwange gewisser wirtschaftlicher und betriebstechnischer Entwicklungstatsachen in der heutigen Organisation der Partenreederei beiseite geschoben zu werden pflegen.

Alle diese für die Interessenwägung vorbereitende Forschungstätigkeit — Interessenforschung, Zweckforschung, Wirkungsforschung und Rechtswirklichkeitsforschung — ist nun wissenschaftlich im Sinne empirischer, wertbeziehender Tatsachenkenntnis, und zwar ist sie *„soziologisch":* Wertbeziehende Seins-Wissenschaft und wertende Normwissenschaft treffen hier zusammen.

„Soziologisch" — das hat für manchen Juristen noch immer einen so fremden Klang, daß ich hier einen Exkurs einschieben muß.

Wie der Begriff der „Gesellschaft" mehrdeutig[110] und in seinen Umrissen zerfließend, so ist die Soziologie nach Wesen, Gegenstand und Me-

---

[109] *A. Nussbaum,* Die Rechtstatsachenforschung (Tübingen, Mohr 1914). Vgl. ferner *Ehrlich,* 382 f., 393 ff.

[110] Aus diesem Grunde habe ich in W. 31 ff. den Ausdruck „gesellschaftlich" vermieden und durch das Wort „sozial" ersetzt. Doch ist freilich auch dieses Wort mißverständlich. Es ist leicht der Verwechslung mit dem engeren Begriff des Sozialen ausgesetzt, der uns von der „Sozialpolitik" her geläufig ist.

thode bekanntlich noch umstritten[111]. Mag dieser Streit auch immer enden wie er will, sicher ist, daß es *eine* Auffassung vom Wesen gibt, die schon heute die wichtigsten Erkenntniswerte gerade für den privatrechtlichen Juristen zu zeitigen vermag. Das ist die Soziologie *als ein heuristisches Prinzip gedacht.* Wenn nämlich die gesellschaftlichen Einzelwissenschaften, wie Volkswirtschaftslehre, Rechtslehre, Religionswissenschaft, sich auf die verschiedenen funktionellen Seiten des Ganzen der menschlichen Gesellschaft beziehen, dann muß es auch möglich und nützlich sein, die Wechselbeziehungen dieser verschiedenen Seiten wissenschaftlich zu behandeln, denn das In- und Durcheinandergreifen dieser verwickelten Wechselbeziehungen ist es erst, was die höheren Formen der „Gesellschaft" im Sinne einer geistigen Verbundenheit vieler Menschen schafft, und was sie in ihrer jeweiligen Struktur bestimmt. Die Betrachtung solcher Wechselbeziehungen ist also recht eigentlich eine gesellschaftswissenschaftliche, eine nicht selber wertende, aber auf Kulturwerte beziehende „soziologische" Betrachtung, doch nicht als *Sonderwissenschaft,* sondern als *Sondermethode im Rahmen der Einzelwissenschaften.* Wie es demnach eine soziologische Religionsforschung gibt, so gibt es eine soziologische Rechtsforschung, welche die Wechselwirkungen zwischen dem Recht einerseits, der Verkehrstechnik, Privatwirtschaft, Volkswirtschaft, Sitte, Sittlichkeit, Religion usw. anderseits aufzudecken trachtet. Es sind die gesellschaftlichen *Bedingtheiten* als Ursachen und die gesellschaftlichen *Leistungen* als Wirkungen des Rechts die Tatsachen, die den Gegenstand soziologischer Rechtsbetrachtung ausmachen.

Es leuchtet ein: Soziologisch im Sinne dieses heuristischen Prinzips ist durchaus jene vorbereitende Tatsachenforschung, die ich schilderte. Denn sie spürt den gesellschaftlichen Bedingtheiten der Normgestaltung nach — den Interessen und den Zwecken —, und auch — wenngleich in bescheidenerem Umfang — den gesellschaftlichen Wirkungen der Norm; sie betrachtet das Gesetzesgebot und die Rechtswirklichkeit unter dem Gesichtswinkel der Einwirkung von und der Rückwirkung auf Wirtschaft, Technik, Sitte, Sittlichkeit, Kunst, Religion usw.

---

[111] Dazu und zum Problem der Rechtssoziologie im besonderen vgl. etwa: Art. „Gesellschaft" von *Gothein* im Handw. d. Staatsw. [3]; Art. „Soziologie" von *Lexis* im WB. d. Volksw. [2]; *Wundt,* Logik [2] II. 2, S. 589 ff.; *Stammler,* Wirtschaft u. Recht [2], 215 ff.; *Spann,* Kurzgefaßtes System der Gesellschaftslehre (1914), 4 ff.; *Ehrlich* in Schmoller's Jahrbuch 35, 129 ff.; *Ehrlich,* Grundlegung der Soziologie des Rechts (1913); *Ehrlich* in den Verh. d. 31. Deutschen Jur.-Tages II, 200 ff.; *Sinzheimer,* Die soziologische Methode in der Privatrechtswissenschaft (1909); *Kantorowicz* in den Verh. d. ersten deutschen Soziologentages (1911), 297 ff.; *Ernst Fuchs,* Juristischer Kulturkampf (1912), 51 ff.; *Spiegel,* Gesetz und Recht (1913), 23 ff.; *Kretschmar,* a.a.O., 23 ff. 30; *Egger,* a.a.O., 47 f.; *Wüstendörfer* im Archiv d. öff. Rechts 34 (1915), 399 ff., 421 f.; anderseits *Kelsen,* Grenzen zwischen juristischer und soziologischer Methode (1911); *Kelsen* im Archiv für Sozialw. 34 (1912), 601 ff.; *Reichel,* a.a.O., 42 f.

Daraus ergibt sich: Es ist keine willkürliche Liebhaberei und keine „unklare Vorstellung"[111a], wenn ich der Bezeichnung „Interessenjurisprudenz" den Terminus: „Soziologische Rechtsfindungsmethode" vorziehe. Denn soziologisch, d. h. gesellschaftswissenschaftlich orientiert, ist diese Rechtsfindung nicht nur deshalb, weil schon die Normvorstellung des sog. Gesetzgebers oft ein gesellschaftliches Werturteil der damals führenden Kulturschicht des Volkes widerspiegelt, weil ferner der heutige Richter mit psychologischer Notwendigkeit von den heutigen gesellschaftlichen Werturteilen beeinflußt ist, weil gesellschaftliche Interessenlagen und Interessenwägungen, gesellschaftliche Zwecke und gesellschaftlich gebildete Werturteile, wie erkenntniskritisch, so normativ die Grundlage der richterlichen Rechtsfindungstätigkeit bilden, sondern jener Terminus trifft vor allem deshalb das Richtige, weil das *einzige, erfahrungswissenschaftliche Moment*, das in die Rechtsfindung hinein spielt, die vorbereitende Tatsachenforschung, *soziologisch* ist im Sinne des dargelegten heuristischen Prinzips.

Die gewonnene Erkenntnis und die aufgestellte Forderung einer soziologischen Beschaffenheit der Rechtsprechung dürfen nicht zu dem leider mehrfach beobachteten Irrtum führen, die Jurisprudenz könne jemals durch die Soziologie ersetzt werden[112]. Die Soziologie leistet im wesentlichen eine vorbereitende Arbeit, wie dem Richter im konkreten Rechtsfindungsfalle, so dem Dogmatiker bei seiner abstrakten Rechtsfindungstätigkeit. Aber zwischen dieser vorbereitenden Tätigkeit und den typischjuristischen Tätigkeiten der Tatbestandskonstruktion in der äußeren Erscheinungsform des Subsumtionsschlusses, der systematisierenden Rechtssatzkonstruktion und der soziologischen Prinzipienkonstruktion spinnen sich zahlreiche feine Fäden hinüber und herüber: Die Soziologie leistet nicht lediglich vorbereitende und für sich getrennt dastehende Tatsachenforschung, sie durchdringt und beeinflußt damit unmittelbar auch die ganze Dogmatik: Die soziologischen Ermittelungen erlangen einen richtunggebenden Einfluß wie auf die einzelne Normfindung so auf die ganze Systematik der Rechtssatzkonstruktion und der Prinzipienkonstruktion. Doch ist hier nicht der Ort, dies weiter auszuführen[113].

Die kritische Auseinanderlegung der im Rechtsfindungsakt zusammenfließenden drei Erscheinungen des Subsumtionsschlusses, der zweifachen Interessenwägung und der soziologischen Tatsachenermittlung

---

[111a] So *Reichel*, 43 — schwerlich mit Recht!

[112] Vgl. hierzu meine Bemerkungen im Archiv f. öffentl. Recht 34, S. 425 f.; *Kantorowicz*, 297 f.; *Radbruch*, 185, Anm. 3 und die dort Zitierten.

[113] Näheres W. 132 ff. *Kelsen*, Hauptprobleme der Staatsrechtslehre (1911) lehrt eine völlige Eliminierung der soziologischen Seinsbetrachtung von der normativen Sollensbetrachtung des Rechts. Gegen diese Übertreibung mit Recht *Wielikowski*, Die Neukantianer in der Rechtsphilosophie (1914), 152 ff.

ermöglicht der richterlichen Rechtsfindung und der Dogmatik einen Fortschritt zu *vertiefter Wissenschaftlichkeit:*

Dem Gerechtigkeitsideal entsprechende richterliche Urteile hat es selbstverständlich auch unter der Herrschaft der alten Hermeneutik in großer Zahl gegeben. Aber sie entsprangen dann nicht sowohl einem bewußt methodischen Verfahren als einem dunklen Empfinden, einem methodisch ungeklärten Rechtsgefühl, d. h. einer Intuition des sein sollenden Rechts. Sehr richtig bemerkt Heck[114], diese intuitive Rechtsgewinnung beruhe auf dem unbewußten Eingreifen aller Kenntnisse und gesammelten Erfahrungen, nicht nur hinsichtlich des Gesetzesinhalts, sondern auch hinsichtlich des Umfanges, der Richtung und der Bedeutung der berührten Lebensinteressen. Der Fortschritt, den die soziologische Methode vermittelt, liegt nun darin[115], dieses intuitive Rechtsgefühl aus der Sphäre des Unbewußten in die des Bewußten und aus der Sphäre des irrationalen Fühlens in die des rationalen Denkens einerseits, des klaren Wollens anderseits emporzuheben.

Bewußtes Denken in Gestalt empirischen Erkennens beherrscht die vorbereitende soziologische Tatsachenermittlung, bewußtes Wollen in Gestalt zweckerfüllter Interessenwägung die anschließende Normsetzung. Damit ist wenigstens ein Teil des Rechtsfindungsaktes für die reine Wissenschaft erobert, das Rechtsgefühl insoweit rationalisiert. Aber auch von dem verbleibenden Teil, dem bewußten Wollen, darf bei näherer Betrachtung die Wissenschaft doch noch etwas für sich einfordern. Nicht allerdings die letzten höchsten Ziele und Werturteile, die dem Richter als Maßstab seiner Interessenwägung dienen. Sie wurzeln in der Weltanschauung, in der Metaphysik des „richtigen Rechts"[116], und sind daher wissenschaftslos. Wohl aber vermag die Wissenschaft, psychologisch und sozialwissenschaftlich prüfend, anzugeben[117], welche nächstliegende Zweckverwirklichung und welche Normgestaltung daher jeweils als Mittel zur Annäherung an jene höchsten Ziele am besten geeignet erscheint, und welches unter zwei sich widerstreitenden Werturteilen in größerem Maße der letzten Grundwertung entspricht. Diese Mittelforschung und Werturteilskritik erheischt vor allem eine soziologisch-geschichtliche Betrachtung der bisherigen Gebots*wirkungen,* also wiederum eine wissenschaftliche Tatsachenforschung.

Die Herausschälung des Erfahrungswissenschaftlichen aus dem gesamten Rechtsfindungsprozeß bringt einen weiteren wissenschaftlichen Gewinn mit sich: Es wird dadurch der schädlichen Vermengung von Erkenntnisproblem und normativem Problem, von Ermittlung des seien-

---

[114] H. 244.
[115] Vgl. W. 76 f.; *Sternberg,* Einführung, 143 f.
[116] Vgl. W. 102 f.; *Wielikowski,* 96, Anm. 1; *Gény* I, 53 f., 187 f.
[117] *Radbruch,* 25; *Wielikowski,* 101 f.

den Rechts und Auffindung des sein sollenden Rechts, ein Ende gemacht. Ein klarer Dualismus der Rechtsbetrachtung, die Trennung der Tatsachenforschung von der Normsetzung tritt damit an die Stelle des unklaren Monismus, der in den „höheren Prinzipien" der Rechtsordnung sein Wesen trieb und in der widerspruchsvollen Behandlung der Analogie als Rechtsfortbildung und dennoch als Konsequenz aus dem Willen des Gesetzgebers besonders drastisch hervortrat.

Was auf solche Weise für die Stellung der Dogmatik im Rahmen der gesamten Rechtswissenschaft gewonnen wird, brauche ich hier nur anzudeuten. Anton Menger würde die Rechtswissenschaft in Zukunft mit noch weniger Grund als bisher die „zurückgebliebenste aller Wissenschaften" nennen dürfen, Wilhelm Wundt ihr nicht mehr vorwerfen, daß sie über der logischen Aufgabe ihre übrigen Aufgaben vernachlässigt habe. Mancher Rechtslehrer, den es trieb, sich in reine Wissenschaft zu versenken, glaubte bisher, aus der Dogmatik des geltenden Rechts in die Rechtsgeschichte flüchten zu müssen. Nur dort, so hieß es, sei Tatsachenerkenntnis zu finden, nur dort, aus dem unerschöpflich reichen Born vergangenen Lebens, streng wissenschaftliche Wahrheit zu schöpfen. Die soziologische Dogmatik verscheucht die Jünger reiner Tatsachenwissenschaft nicht aus ihrem Tempel, obwohl auch sie nur eine Normenlehre verkündet. Denn diese Normenlehre bietet zugleich Raum für eine wissenschaftliche Versenkung in den Reichtum des heutigen Lebens mit seinen gesellschaftlichen Rechtstatsachen. *Empirische Gegenwartsforschung als eine Parallelerscheinung zur wissenschaftlichen Vergangenheitsforschung,* das ist der eine große Aktivposten in der Bilanz der soziologischen Dogmatik. Ich schweige hier von dem andern Aktivposten, dem vergrößerten Lebenswert der dogmatischen Ergebnisse, denn dieser Posten wird mir von Heck streitig gemacht.

§ 8 Hecks „objektiv-historische Theorie" und die soziologische Rechtsfindung

Gegen die soziologische Gesetzesdeutung, wie sie außer anderen Vertretern namentlich von Kohler gelehrt[118] und von mir in W. 31 ff. im einzelnen ausgestaltet ist[118a], hat Heck in seinem Werke: „Gesetzesauslegung und Interessenjurisprudenz"[119] beachtenswerte Einwendungen

---

[118] Lehrbuch des Bürg. Rechts I, 123ff. Grundlegend bereits, wenngleich im einzelnen noch mit Elementen der alten Hermeneutik durchsetzt, Grünhuts Zeitschr. 13, 1 ff.

[118a] Für manche, in dieser Abhandlung nur kurz gestreifte oder ganz übergangene Einzelfragen verweise ich daher auf W. 31 ff.

[119] Auch im Archiv f. d. ziv. Praxis 112, S. 1 ff. abgedruckt.

erhoben. Die wichtigsten von ihnen sollen hier einer kurzen Nachprüfung unterzogen werden, womit zugleich manches Einzelproblem schärfere Umgrenzung findet. Psychologisch und sprachwissenschaftlich tief eindringend, die Erkenntnisprobleme sorgfältig trennend von normativen Problemen und bloßen Formulierungsfragen, die wirre Fülle der Meinungsäußerungen und Einzelfragen in durchdachter Systematik und prägnanter Terminologie ordnend und klärend, bringt Hecks Werk für viele einschlägigen Punkte zweifellos einen wertvollen Erkenntnisfortschritt und wird in der Literaturgeschichte der Reformbewegung stets einen bedeutsamen Platz einnehmen. Aber seine kritischen Äußerungen zur soziologischen Rechtsfindungstheorie sind leider dadurch etwas beeinträchtigt, daß sie einen Irrtum zum Ausgangspunkt haben. Heck hält mich für einen strengen Anhänger der von ihm sogenannten „Identitätstheorie", d. h. der Lehre, welche den Gesetzesinhalt auf den Wortlaut des Gesetzes beschränkt, ihn hiermit identifiziert (H. 121, 135, 199, 218, 285). Er meint, „Gesetz" und „Gesetzeswortlaut" seien für mich „gleichbedeutende, ganz unterschiedslos gebrauchte Worte" (H. 285), die „Rechtsprechung wider das Gesetz" sei für mich „Rechtsprechung wider den Wortlaut und umgekehrt" (H. 135).

Daß ich in Wahrheit nicht Anhänger solcher „Identitätstheorie" bin, sondern höchstens einer „modifizierten Schrankentheorie", haben meine Ausführungen oben in § 1 ergeben, und den gleichen Standpunkt vertrat ich in W. 31 ff.[120].

Dort habe ich (W. 111 f., 116 ff.) die Fälle, in denen der Gesetzes*inhalt außerhalb* des Gesetzeswortlauts zu suchen ist, dahin umgrenzt, daß es sich um zwei Möglichkeiten handeln kann: Die *erste Möglichkeit* ist: Rechtsfindung „gegen das Gesetzeswort, *aber im Einklang* mit dem

[120] Der Ausdruck „Identitätstheorie" paßt, streng genommen, nur auf solche, die an der sprachwissenschaftlich überwundenen Auffassung eines einheitlichen Wortsinns festhalten, und diesen Wortsinn dann mit dem Gesetzesinhalt identifizieren. Durch alle Ausführungen in W. 31 ff. zieht sich aber als roter Faden der Gedanke hindurch, daß das Gesetz, lediglich seinem Wortlaut nach beurteilt, regelmäßig mehrdeutig ist. Heck's Irrtum über meine Ansicht scheint durch zwei Umstände veranlaßt zu sein. Einmal habe ich den von freirechtlicher Seite geprägten Terminus „Judicare contra legem" verdeutscht mit: Rechtsprechen gegen den Wortlaut des Gesetzes (106 f., 112, 117, 120). Unter den mehreren Bedeutungen, deren der mißverständliche Ausdruck „contra legem" fähig ist (vgl. Heck, 161), wählte ich damit diejenige aus, die in den freirechtlichen Meinungsäußerungen vorzugsweise wiederkehrt. Aber aus dieser Verdeutschung folgt doch noch nicht, daß ich *sachlich* den Gesetzeswortlaut mit dem Gesetzes*inhalt* identifiziere. Zum andren scheint für das Mißverständnis auch der Umstand ursächlich gewesen zu sein, daß ich gelegentlich für den Ausdruck „Gesetzeswortlaut" den Ausdruck „Gesetz" als Redekürzung eingesetzt habe Ich habe mich dieser Breviloquenz da bedient, wo sie mir unmißverständlich schien, z. B. S. 107 f. An andren Stellen, wo mir die Gefahr eines Mißverständnisses näher zu liegen schien, habe ich die Ausdrücke schärfer geschieden, z. B. S. 116, 120 f. Doch zeigt Heck's Mißverständnis, daß ich jene unklare Redekürzung besser ganz vermieden hätte.

historischen Normzweck" (116). Fügen wir zur größeren Deutlichkeit hinzu: Es kann sich hier wieder um zwei Unterfälle handeln: Entweder die Rechtsfindung erfolgt hier 1. im Einklang mit dem historischen, auch bei kritischer Nachprüfung für die Gegenwart annehmbaren *Normzweck und zugleich* im Einklang mit der historischen *Normvorstellung:* Und dahin gehören zahlreiche Fälle der extensiven, restriktiven und abrogierenden Auslegung nach der alten Hermeneutik. Oder 2. die Rechtsfindung erfolgt im Einklang mit dem historischen und gegenwärtigen Normzweck, aber *entgegen* der *zweckwidrigen* historischen *Normvorstellung.* Und das ist der Unterfall einer berichtigenden Auslegung der Norm nach dem Gebotszweck[120a].

Diesen Fällen stellte ich gegenüber als *zweite Möglichkeit* einer Rechtsfindung außerhalb des Gesetzeswortlauts: die Rechtsprechung „gegen das Gesetzeswort *und gegen* den historischen Normzweck", aber im Einklang mit der heutigen Zweckvorstellung gemäß dem „deutlich erkennbar gewordenen allgemeinen Werturteil der führenden Kulturschicht des Volkes", welches die „dringende soziale Notwendigkeit" dieses Schrittes dem Richter „vor das Auge rückt" (117). Und damit erhält die oben[120b] grundsätzlich befürwortete Zweckumdeutung ihre Grenzen. Ich führte sodann aus, daß hier „das Prinzip der bindenden Kraft des Gesetzes unangetastet" bleibt (116), indem (121) „der Wortlaut des Gesetzes als der unwichtigere Faktor" vor dem „wichtigeren Entscheidungsfaktor des Normzweckes" „zurückzutreten" hat. „Der Wortlaut bildet dann" — nämlich wenn man dem heutigen Normzweck folgt — „keine unübersteigbare Schranke mehr, sondern nur noch einen wohltätigen Hemmschuh, der zu inneren und äußeren Kautelen zwingt" (121).

Mir scheint, in dieser Darstellung liegt ein offenbarer Widerspruch zu meiner angeblichen Identitätstheorie! Heck gibt diese Darlegungen inhaltlich wieder (H. 286), registriert mich aber an derselben Stelle gleichwohl als einen „strengen Anhänger" der Identitätstheorie (H. 285).

I. Zur Grundlage seiner abweichenden Auslegungstheorie, die er als die „objektiv-historische Theorie" bezeichnet (H. 65), macht Heck ein Gleichnis, das auch von Enneccerus[121] verwandte Dienergleichnis: Die Methode der Gebotsauslegung, die im Alltagsleben für die Individualgebote eines Herrn seinem Diener gegenüber gilt, will Heck auf Kollektivgebote, insbesondere auf das Gesetz, übertragen wissen (H. 49 ff., 56, 59 ff.). Es hat immer etwas Mißliches, eine wissenschaftliche Theorie

---

[120a] Vgl. oben zwischen Anm. 82 u. 83, unter 3.

[120b] Ebenda unter 4 und Anm. 100a. Diese Grenzziehung ist im Interesse der Rechtssicherheit und Rechtsstetigkeit geboten. Ausführlicher dazu W. 117 f. Es handelt sich danach um *seltene Ausnahmefälle* einer *„Massenkalamität"* (Stampe). Beachtenswert hierzu neuerdings *Enneccerus* I, § 54; *Wildhagen*, 344 ff.; *Jung*, Das Problem des natürlichen Rechts (1912), 16 ff.; *Reichel*, 133 ff.

[121] Vgl. § 54, S. 125.

auf einem Gleichnis aufzubauen. Gleichnisse können veranschaulichen, aber nicht überzeugen, und sie pflegen ihren schwachen Punkt zu haben. Der schwache Punkt ist hier: Der Diener dient einem *lebenden* Herrn, der Richter, wenn man mit dem Dienergleichnis ernst macht, einem *toten* Herrn, dem weiland „Gesetzgeber". Von einem lebenden Herrn kann der Diener in der Regel erwarten, daß er bei eintretender Änderung seiner Interessenlage alsbald entsprechende neue Verhaltensmaßregeln dem Diener zukommen läßt. Ein toter Gesetzgeber ist dazu nicht im Stande, statt seiner könnte das nur der *lebende* „Gesetzgeber". Dieser aber bewegt sich, wie wir wissen, mit psychologischer Notwendigkeit in anderen Gedankengängen als der verstorbene Gesetzgeber. Er ist von den gesellschaftlichen Anschauungen und Werturteilen der Gegenwart beeinflußt. Wenn also zu seiner einstweiligen Entlastung der Richter die Ausgestaltung und Fortbildung des Gesetzes auf sich nimmt, so darf er sich dabei füglich als Diener und Vertreter des *lebenden* Gesetzgebers ansehen, und läßt sich, ebenso wie dieser, von den gesellschaftlichen Werturteilen der Gegenwart leiten. Das Dienergleichnis vermag also die Heranziehung der gesellschaftlichen Werturteile der Gegenwart ebensogut zu rechtfertigen, wie es nach Heck das Festhalten am historischen Werturteil des Gesetzgebers rechtfertigen soll.

Ähnlichen Erwägungen hat auch Heck sich nicht ganz verschlossen. Auch er sieht das „Endziel der richterlichen Rechtsgewinnung" in der „Wahrung der Gegenwartsinteressen" und will daher „an die historische Erkenntnis die normative Fortbildung auf das engste anschließen" (H. 65). Wie der Diener gegenüber seinem Herrn, so habe auch der Richter gegenüber dem Gesetzgeber nicht den wirklichen *psychologischen* Willen des Herrn auszuführen, sondern dessen *„normativen* Willen" (H. 50), den die vom Diener und vom Richter vorzunehmende „Gegenwartsdeutung" (H. 55) unter Berücksichtigung der nach den Geboten eingetretenen Veränderungen ergibt. Die dem Richter obliegende Forschung nach dem Willen des Gesetzgebers (H. 64) sei daher nicht nur Vorstellungsforschung, sondern auch objektiv-historische Interessenforschung (H. 65).

Ungeachtet seines historischen Ausgangspunktes macht daher auch Heck der „Gegenwartsdeutung" im einzelnen zahlreiche Zugeständnisse, durch die er sich stark der hier vertretenen Ansicht nähert. Seine „objektiv-historische Auslegung" hindert nicht die Fortbildung des Rechts durch den Richter; sie ist vereinbar mit dessen „wertender Gebotsbildung" (H. 100, 158), im Fall der primären Lücken, die dem Gesetz im Augenblick seiner Entstehung anhaften, wie im Fall der sekundären Lücken, die durch spätere Veränderung der Lebensverhältnisse entstehen, und im Fall der Kollisionslücken, die in einer Unvereinbarkeit verschiedener Gesetzesgebote und gesetzlicher Werturteile bestehen (H. 172 ff., 179). Und zwar kann es sich bei der wertenden Gebotsbildung um echte Lücken handeln (im Sinne Zitelmanns), die zu einer „Gebotsergänzung“ führen, aber auch um unechte Lücken, die zu einer „Gebotsberichtigung“ führen (H. 200 ff.), in der Regel nur zu einer „Randberichtigung“, in gewissen Fällen sogar darüber hinaus (H. 207), stets aber in bewußter Abweichung von den erkannten historischen Gebotsvorstellungen.

II. Angesichts solcher fortschrittlichen Aufstellungen, die sich mit dem Postulat der soziologischen Rechtsfindung auf das engste berühren, taucht die Frage auf: Was scheidet denn eigentlich Hecks Interessenjurisprudenz von unserer Theorie, die er so lebhaft bekämpft? Den Unterschied erblickt Heck in einem Doppelten: Einmal darin, daß er seine historische Interessenforschung für eine „unentbehrliche Grundlage“ jeder Rechtsfindung erklärt (H. 104), sodann darin, daß sie „die weithin maßgebenden Richtlinien für den stolzen Bau der Rechtsfortbildung“ bietet (H. 104), insofern nämlich der Richter stets an „die erkennbaren Werturteile des Gesetzgebers gebunden“ bleibe (H. 159 f.).

1. Auf das erste dieser beiden Argumente brauche ich nach allem, was ich in W. 59 f. und oben in §§ 6 und 7 darlegte, kaum näher einzugehen. In keinem der von mir W. 31 ff. erörterten Beispiele habe ich auf eine historische Gebotsbetrachtung verzichtet, wenn sie nach Lage der Sache möglich war, vielmehr nahm ich entweder die historische Norm- und Zweckvorstellung, oder, wo solche versagte, wenigstens die objektive historische Interessenlage zum Ausgangspunkt der Rechtsfindung[121a]. Ich habe bereits dargelegt, in welchen Fällen ein solches Zurückgehen auf den geschichtlichen Gebotsinhalt überflüssig und unangemessen ist[122]. Wie Heck sich zu diesen Fällen stellt, ergeben seine Ausführungen nicht. Jedenfalls ist der Unterschied, der danach zwischen der Interessenjurisprudenz und der soziologischen Rechtsfindung etwa verbleibt, ein geringfügiger.

2. Bedeutsamer ist der zweite Gesichtspunkt, die Bindung des Richters an die erkennbaren Werturteile des Gesetzgebers. Diese haben danach nicht nur informatorische, sondern auch normative Bedeutung, aber allerdings nur, soweit sie erkennbar vorhanden sind. In dieser Beziehung hatte ich in W. 94 f. Hecks frühere Ansicht unrichtig wiedergegeben und bin für die Aufklärung dieses Irrtums dankbar (H. 288 f.). Ich nahm als seine damalige Meinung an, daß der Richter *nur* nach den historisch erkennbaren Werturteilen urteilen solle. In Wirklichkeit trat Heck dafür ein, daß bei Versagen der historischen Werturteile der Richter an die in der Rechtsgemeinschaft herrschenden Werturteile gebunden sei, ganz subsidiär aber nach Eigenwertung urteilen dürfe[123]. Inzwischen hat Heck

---

[121a] Vgl. z. B. W. 62 unter b, und oben Anm. 82.

[122] oben zu Anm. 82.

[123] Mein Irrtum stützte sich auf das von *Heck*, Rechtsgewinnung, S. 28 und

seine Ansicht bewußt geändert. Soweit erkennbare Werturteile des Gesetzgebers nicht vorhanden sind, will er jetzt sogleich die richterliche Eigenwertung entscheiden lassen: Die Werturteile der Rechtsgemeinschaft, also das, was ich die Werturteile der gegenwärtig führenden Kulturschicht des Volkes nannte, sollen ganz ausscheiden (H. 159 f., 238). Vorhandene Werturteile des Gesetzgebers dagegen soll der Richter auch für die Gegenwartsdeutung berücksichtigen. Auch bei der zeitlichen Anpassung des Gesetzes an veränderte Lebensverhältnisse können „in den neuen Verhältnissen alte Probleme auftauchen, die schon im Gesetz gelöst sind". Deshalb ist der Richter auch hier „an die zutreffenden gesetzlichen Werturteile gebunden" (H. 177 f.). Wie die Analogie eine „Lückenergänzung nach gesetzlichen Werturteilen" (H. 194), an die „Fernwirkung der gesetzlichen Werturteile gebunden ist" (H. 195, 233), so steht selbst die Gebotsberichtigung unter dem Zwang dieser Werturteile. Der Richter steht dabei „dem Gesamtbilde der überhaupt gesetzlich geschützten Interessen gegenüber. Dieses Endbild ist für ihn schlechthin maßgebend. Eine Zurückdrängung des beabsichtigten Interessenschutzes ist unzulässig". Sie liefe hinaus auf die — von mir[124] angeblich vertretene — „Gesetzesvereitlung" (H. 201). Die Verwirklichung des „erkannten Gesetzeszwecks" (H. 206), die Nichtschädigung der „legislativen Interessen" (H. 207), die Verwirklichung dessen, was „der gesamte, bestimmt erkannte Zweckgedanke" fordert (H. 208), die Berichtigung der typischen Gebotsfehler „zu Gunsten der Gesetzeszwecke" (H. 213), der Vorrang der „Gesetzesabsicht" vor „den hinter dem Worte stehenden Inhaltsvorstellungen" (H. 213), die Nichtvereitlung „des von der Rechtsgemeinschaft beabsichtigten Interessenschutzes" (H. 220) — das ist es, was Heck, in immer neuen Redewendungen und Wiederholungen, als den Leitstern des Richters hinstellt. Und diese Fernwirkung des Gesetzes wird nun allerdings „erst durch die historische Interessenforschung ermöglicht. Wer nur nach Gebotsvorstellungen fragt, wird das zugrundeliegende Werturteil nicht erkennen".

Mir scheint zunächst in diesen Gedankengängen bedarf der Begriff des „Werturteils" einer gewissen Klärung. Hecks Ausführungen, beson-

S. 38, Zeile 6 ff. Ausgeführte. Ich hatte übersehen, daß das dort Gesagte modifiziert wird durch die Andeutungen, die sich S. 12, Zeile 16 und S, 32, Zeile 10 f. finden. Der von mir W. 95 gemachte Vorwurf des unzulässigen Methodendualismus (rhetorisch übertreibend als „Methodenbigamie" bezeichnet) wollte die Unzulässigkeit des heimlichen Nebeneinander von zwei gegensätzlichen Methoden der Rechtsfindung kennzeichnen. Dieser Vorwurf richtete sich nicht gegen Heck persönlich, sondern gegen eine von manchen Schriftstellern variierte Ansicht (W. 94, Anm. 133). Daß ich auch Heck zu dieser Ansichtsgruppe rechnete, ist nach dem oben Gesagten unbegründet gewesen.

[124] Vgl. H. 220 f. Was *Heck*, S. 221 f. gegen das von mir verwertete Beispiel der Orderpapiere mit faksimilierter Unterschrift vorbringt, ist fehl am Ort. Denn Heck's Einwendungen finden sich bereits ausführlich bei mir selber, W. 118!

ders der zitierte Schlußsatz, nehmen sich so aus, als glaube er an das Vorhandensein von Zwecken und Werturteilen, die, losgelöst vom Bewußtsein bestimmter Individuen oder bestimmter menschlicher Gesellschaftsgruppen, in den Tiefen des Gesetzes ihr Eigenleben führen, dort gleichsam versachlicht sind. Ich habe kürzlich an anderem Orte, gegenüber einem ähnlichen Verfahren von Kantorowicz darauf hingewiesen[125], daß dies ein unzulässiger Begriffsrealismus wäre. Zwecke und Werturteile sind Relationsbegriffe, nicht denkbar ohne die Beziehung zu einem Subjekt, das den Zweck oder das Werturteil als Bewußtseinsinhalt in sich trägt. Die Werturteile des Gesetzgebers sind die gedanklichen Grundlagen und Ergänzungen seiner Normvorstellungen, gehören also mit zu seinem Vorstellungskreis, seinem Bewußtseinsinhalt. Ersetzt man mit Heck diese subjektiven Vorstellungen der Gesetzesverfasser durch angeblich objektive Werturteile des Gesetzes, abgestellt auf die erforschten historischen Interessenlagen, nicht auf die historischen Interessen*vorstellungen* und Gebots*vorstellungen* der Gesetzesverfasser, oder vermischt man beides miteinander, so ist das, was dabei herauskommt, m. E. kein „Werturteil des Gesetzgebers" mehr, sondern ein nachträglich hineinprojiziertes *eigenes* Werturteil des Beurteilers, genau so, wie Hecks „Wille" des Gesetzgebers nicht der echte, psychologische Wille, sondern ein nachträglich hineinprojizierter „normativer" Wille ist. Der Sache nach ist es nachträgliche Sozialisierung des Gesetzes durch Hineinlegung einer Vorstellung von der historischen Interessenlage, wie sie in der Seele des heutigen Beurteilers sich gebildet hat, und einer ihr entsprechenden Normvorstellung.

Dies eröffnet uns den Ausblick auf zwei weitere Bedenken: Wenn nun die wertende Gebotsbildung sich als nachträgliche Sozialisierung des Gebots an der so ermittelten geschichtlichen Interessenlage und einem ihr adäquaten Werturteil orientiert, verfehlt sie dann nicht die Aufgabe der heutigen Rechtsprechung, die *heutigen* Interessenlagen und die *ihnen* adäquaten Werturteile zur Grundlage der Rechtsfindung zu machen, statt der früher einmal gewesenen Verhältnisse? Und anderseits: Wenn das Werturteil der Gesetzesverfasser, psychologisch richtig beurteilt, ihr subjektiv vorhanden gewesener Bewußtseinsinhalt ist, so kann es sich auch nur im Zusammenhang mit den ihrem Bewußtsein gegenwärtig gewesenen Interessenlagen und den von ihnen tatsächlich gehegten Gebotsvorstellungen gebildet haben, nicht im Zusammenhang mit Interessenlagen, die der Anschauung der Gesetzesverfasser tatsächlich entgangen sind. Wie also steht es mit der Bindung an das Werturteil des Gesetzgebers bei einer richterlichen Gebotsbildung, die sich auf die Fälle der von den Gesetzesverfassern nicht angeschauten Interessenlagen bezieht?

---

[125] Arch. d. öffentl. Rechts, Bd. 34, S. 424 f.

In der Tat ist Heck dieses psychologische Bedenken nicht entgangen, und damit kehrt er zum richtigen Relationsbegriff des subjektiven Werturteils zurück. Er sagt — in diesen Worten sehe ich den Schlüssel zum Verständnis seiner ganzen Auslegungstheorie —, die Autonomie der Rechtsgemeinschaft fordere nur die Ausführung der Gebote „in den angeschauten Sachlagen. Nur in diesen Sachlagen ist derjenige Interessenkonflikt vorhanden, für den das gesetzliche Werturteil gegeben ist" (H. 222). Diesen Gedanken führt Heck in § 16 (H. 224 ff.) dann noch näher aus. Obwohl er auch hier zunächst erklärt, der Richter sei „stets an die gesetzlichen Werturteile gebunden" (H. 226), fügt er doch alsbald die Einschränkung hinzu (H. 231): „Treten neue Interessen, die der Gesetzgeber noch nicht angeschaut hatte, zu gesetzlich anerkannten in Gegensatz, so ist ein Werturteil nur da, soweit es sich aus tiefer liegenden Wertungen ableiten läßt. Bei angeschauten Interessenlagen ist dagegen das gesetzliche Werturteil maßgebend" (H. 231). Und im Zusammenhang hiermit verweist Heck auf Fälle, in denen „die bei dem Gesetzeserlasse vorausgesehenen Lebensverhältnisse sich ändern", oder „besonders geartete Ausnahmefälle auftreten, die man nicht vorausgesehen hat", oder „verschiedene gesetzliche Werturteile in Kollision treten" (H. 222).

Wenn ich diese Ausführungen recht verstehe, enthalten sie eine ganz wesentliche Einschränkung des Postulats der Bindung an das gesetzliche Werturteil des Gesetzgebers, eine so wesentliche Einschränkung, daß die praktische Bedeutung der Sache damit fast auf den Nullpunkt sinkt. Heck selber betont ja (H. 204), daß die Fälle der Gebotsergänzung so gut wie die der Gebotsberichtigung in der Regel auf Anschauungslücken beruhen. Anschauungslücken sind namentlich auch der Anlaß zu einer Gesetzesanalogie. Für alle diese Fälle nicht angeschauter Interessenlagen gibt es also kein Werturteil des Gesetzgebers, sie scheiden aus der historischen Wertung aus. Denn auch „tiefer liegende Wertungen" werden hier in der Regel nicht vorhanden sein. Solche könnten in anderen, nicht unmittelbar anwendbaren Gesetzesgeboten, insbesondere in abstrakteren Normen, gefunden werden. Aber, wie oben schon erörtert[126], sind in der Regel auch bei Erlaß dieser abstrakteren Gebote, vollends bei Erlaß kasuistisch gleichgeordneter anderer Gebote, die besonderen Interessenlagen der konkreten Art nicht mitangeschaut worden. Werden auf diese besonderen Interessenlagen vom Richter Werturteile analog angewandt, die anderen Sondertatbeständen und anderen Sondernormen des Gesetzes entnommen sind, so handelt es sich, wie ich zeigte[126a], in der Regel um die Neuaufstellung eines soziologischen Prinzips durch die *Eigenwertung* des Richters, für die ein inhaltlich begrenzteres subjektives Werturteil der Gesetzesverfasser lediglich den Ausgangspunkt zu bil-

---

[126] oben zu Anm. 70.

[126a] oben zu Anm. 44.

den vermag. Nur in seltenen Fällen, wie in dem oben erörterten[127] Beispiel von der unparteiischen Vermittlerstellung des Handelsmaklers, läßt sich nachweisen, daß bereits im Bewußtsein der Gesetzesverfasser mit gewissen *individuelleren* Interessen- und Normvorstellungen gewisse *allgemeinere* Werturteile, als soziologische Prinzipien, verbunden gewesen sind, und nur in diesen Fällen käme eine Bindung des Richters an jene allgemeineren Werturteile als schon vorhandene „tiefer liegende Wertungen" in Frage.

Wenn somit die geschichtliche Bindung an Werturteile des Gesetzgebers in thesi Bedeutung nur für einen kleinen Kreis von Fällen behält, deren besondere Interessenlage vom Gesetzgeber tatsächlich mitangeschaut oder wenigstens von einem allgemeineren Werturteil mitumfaßt worden ist, so bleibt doch auch dann noch oft die praktische Schwierigkeit eben dieser Tatfrage, ob im konkreten Fall die geschichtliche Tatsache der Mitanschauung oder des allgemeineren Werturteils wirklich gegeben ist. Wir wissen ja, wie schwer es ist, echte Gesetzeslücken von unechten Lücken (H. 205) und unter den letzteren wiederum die Fälle der Anschauungslücken von den Fällen schiefer Gebotsbildung zu trennen! Heck selbst gibt „allerdings erhebliche Schwierigkeiten" zu (H. 222). Wer will mit Sicherheit sagen, ob man bei der Ablehnung der exceptio doli generalis durch das Werturteil der Verfasser des Bürgerlichen Gesetzbuchs solche Interessenlagen, wie sie später zur Bejahung der exceptio durch das Reichsgericht führten, tatsächlich übersehen oder doch schon — wenigstens teilweise — in den Bereich der Möglichkeit gezogen hat[128]? Oder wer will mit Sicherheit sagen, ob man bei der Aufstellung des Werturteils, das dem § 24 des Gesetzes betr. die Gesellschaften m. b. H. zugrunde liegt, auch schon an die Deckung der Fehlbeträge aus neuen Stammeinlagen durch die Inhaber alter Geschäftsanteile im Falle einer Kapitalserhöhung gedacht hat[129]? Wer hinsichtlich der Bindung an das gesetzliche Werturteil die Fälle der Anschauungslücken von den Fällen der angeschauten Interessenlagen unterscheiden will und diesen Unterschied zur Grenzziehung zwischen „Gebotsberichtigung" und „Gebotsvereitelung" verwendet, der stellt eine in der Praxis unvollziehbare Unterscheidung auf. Er gerät dabei auf denselben „Triebsand", in welchem Heck mich versinken sieht (H. 185).

Durch die richtige Einschränkung, die Heck dem Dogma von der bindenden Kraft der gesetzlichen Werturteile hinzufügt, vermindert er also wesentlich die praktische Bedeutung und ebenso die normative Verwertbarkeit seiner Lehre. Zugleich scheint mir diese Lehre nicht ganz frei von

---

[127] oben zu Anm. 44 und § 3, unter III.

[128] Vgl. W. 96 f. einerseits, H. 222 anderseits; Protokolle der II. Kommission I, 239 f.

[129] Vgl. zu der hier angedeuteten Streitfrage RG 82, S. 116 ff.

gewissen Schwankungen zu sein. Sie bewegt sich zwischen dem Begriffsrealismus der objektiven gesetzlichen Werturteile, die auch bei tatsächlich fehlender Normvorstellung des Gesetzgebers möglich sein sollen (vgl. z. B. H. 234, unter 8a), und dem psychologisch richtigen Begriff des subjektiven Werturteils[130], das nur im Zusammenhang mit subjektiven Interessenvorstellungen und Normvorstellungen der Gesetzesverfasser denkbar ist, und das daher gegenüber den nicht angeschaut gewesenen Interessenlagen in der Regel versagt. Man darf ferner in Zweifel ziehen, ob es ganz folgerichtig ist, daß die Bindung an das geschichtliche Werturteil sogar bei Anpassung der Gesetzesgebote an die zeitlichen Veränderungen der Lebensverhältnisse Platz greifen soll. Zu den Lebensverhältnissen, deren Wechsel von Bedeutung ist, zählt Heck sehr richtig (H. 179) auch „Änderungen derjenigen gesellschaftlichen Anschauungen und derjenigen Wertideen der Gemeinschaft, mit denen der Gesetzgeber gerechnet hat." „Auch die Veränderung dieser Elemente kann das Bedürfnis nach einer zeitlichen Anpassung der Rechtsnormen wachrufen." (H. 179) Ganz recht! Das bedeutet aber m. E. nichts anderes als: Wenn das Werturteil der führenden Kulturschicht des Volkes sich geändert hat gegenüber dem Werturteil, das den Gesetzesverfassern vorschwebte, dann hat die zeitliche Anpassung des Gebots sich auch auf dieses neue Werturteil zu erstrecken.

Durch alle diese Bedenken, die Hecks Lehre von der Bindung an das Werturteil des Gesetzgebers wachruft, wird der normative Wert dieses Dogmas so eingeschränkt, daß es, als allgemein zu beachtende Norm, nur noch in einem anderen, abgeblaßten Sinne annehmbar erscheint, nämlich als das Gebot tunlichster Anlehnung der richterlichen Rechtsfortbildung an die vom Gesetz gegebenen Gebotsvorbilder. Hecks Darlegungen klingen in der Tat stellenweise so, als habe er nichts anderes als dies gemeint (so z. B. H 233, unter 7), und über die Richtigkeit dieses Satzes kann denn freilich kein Zweifel aufkommen. Dem gleichen Gedanken habe ich in W. 77 f., 90 f., Ausdruck gegeben.

Das Gesamtergebnis ist ein merkwürdiges: Die beiden Unterschiede, durch die Heck seine Lehre von der soziologischen Rechtsfindung getrennt sieht, und deren zweiter, die Fernwirkung der gesetzlichen Werturteile, ihm als Palladium der „gesetzestreuen Interessenjurisprudenz" gegenüber der „eigentlichen Freirechtslehre" gilt (H. 231), sie schrumpfen, bei Lichte besehen, gar sehr zusammen. Dagegen tritt etwas anderes als Abweichung von meiner soziologischen Gesetzesdeutung hervor: Heck verwirft die von mir vertretene Bedeutung des Wortlauts als eines „wohltätigen Hemmschuhes, der zu inneren und äußeren Kautelen zwingt" (W. 121, H. 138 ff.). Heck verwirft auch die von mir gelehrte Bindung des

[130] Vgl. auch zum Zweckbegriff *Heck* selber, H. 263, 300.

Richters an die gegenwärtigen Kulturuurteile und will die Eigenwertung des Richters schon da eintreten lassen, wo die gesetzlichen Werturteile aufhören. Wenn nun aber die gesetzlichen Werturteile, wie gezeigt, ein trügerisches Fundament sind? Läßt dann nicht Hecks Lehre im Ergebnis der richterlichen Eigenwertung mindestens ebenso viel Spielraum wie die soziologische Theorie, die ihm so gefährliche Freigeisterei zu sein dünkt?

III. Die normative Verwertung der „Kulturuurteile" — so nennt Heck treffend die Werturteile der führenden Kulturschicht des Volkes (H. 292) — begegnet nun freilich leicht dem Einwand, sie sei als Fundament der Rechtsfindung noch weniger brauchbar als die Bindung an gesetzliche Werturteile. Ist dem wirklich so? Darüber noch einige Bemerkungen:

1. Wenn die soziologische Rechtsfindung sich aufbaut auf dem theoretischen Gegensatz von geschichtlicher Zweckvorstellung und heutigem Normzweck, von geschichtlichem Werturteil der Gesetzesverfasser und gegenwärtigem Kulturuurteil, so wäre es doch natürlich voreilig, zu glauben, daß dieser theoretischen Antithese auch in der Wirklichkeit des Rechtslebens stets ein Gegensatz der Werturteile entsprechen müßte. Davon ist selbstverständlich nicht die Rede. Heck selber betont die Seltenheit von Kulturuurteilen, die den Werturteilen des Gesetzgebers widersprechen (H. 292). In zahllosen Fällen deckt sich das geschichtliche Werturteil der Gesetzesverfasser mit dem heutigen Kulturuurteil, so namentlich bei noch jungen Gesetzen, die aus Lebensverhältnissen und Anschauungen heraus entstanden sind, wie sie auch heute noch vorherrschen. Es liegt z. B. kein Grund zu der Annahme vor, daß das dem § 278 BGB innewohnende gesellschaftliche Werturteil inzwischen von einem anderen Kulturuurteil abgelöst worden sei. In vielen Fällen ist also der Gegensatz zwischen geschichtlicher Deutung und Gegenwartsdeutung nur ein theoretischer.

In anderen Fällen zeigt aber die Praxis des BGB, z. B. die Rechtsprechung des Reichsgerichts zur Frage der exceptio doli generalis, daß das erkennbare geschichtliche Werturteil der Gesetzesverfasser schon jetzt von einem anderen Werturteil abgelöst wurde. Wenn Heck für solche Neubildungen den Richter stets auf Eigenwertung verweist, nicht auf das Vorbild eines neuen Kulturuurteils, verkennt er die psychologische Wahrheit, daß auch die scheinbare Eigenwertung des Richters von gesellschaftlichen Gegenwartsurteilen, soweit solche vorhanden sind, mindestens unbewußt geleitet wird[131]. Es sind also in der Rechtsprechung zum BGB, soweit sie vom geschichtlichen Werturteil der Gesetzesverfasser abweicht, schon heute auch Reflexe von neuen Kulturuurteilen zu vermuten. Es ist aber bereits ein gewisses Indiz für die normative Rich-

[131] Vgl. *Ehrlich*, 162; oben § 5, unter Ziffer 6.

tigkeit einer Rechtsfindungsmethode, wenn es wahrscheinlich ist, daß sie in der Praxis bereits unbewußt befolgt wird. Fortschritte des menschlichen Lebens nehmen ihren Weg sehr oft von der Sphäre des unbewußt Geübten zur Sphäre des bewußt Gewollten.

2. Daß es im Einzelfall recht schwierig, ja unmöglich sein kann, ein Kulturурteil als Tatsache festzustellen, ist vollkommen richtig und von mir in W. 101 f. betont worden. Wenn ich in solchen Fällen die richterliche Eigenwertung entscheiden lassen möchte, so geschieht es in dem Bewußtsein, daß auch diese Eigenwertung psychologisch gebunden ist an die etwa schon vorhandenen verschiedenartigen Ansätze und Tendenzen zu gesellschaftlichen Werturteilen. Indem das richterliche Urteil diese Elemente übernimmt und sichtet, einzelne von ihnen abstößt, andere zu einem abgeschlossenen Werturteil klärt und verdichtet und dieses Werturteil dann zur öffentlichen Kenntnis bringt, begünstigt es seinerseits die Entstehung neuer, fester Kultururteile.

Übrigens ist die Schwierigkeit der Feststellung neuer Kultururteile nicht für alle Gebiete des Privatrechts gleich groß. Für Fragen des Handelsrechts wird sie unter Umständen nicht unwesentlich vermindert durch gedruckt vorliegende gutachtliche Äußerungen von Handelskammern über Handelsgebräuche, Geschäftsbedingungen von Interessenvereinigungen, Meinungsäußerungen in Fachzeitschriften usw., für Fragen des Sozialrechts durch Kundgebungen von berufener volkswirtschaftlicher und sozialpolitischer Seite. Auf solche Weise ist es auch möglich, wenigstens einen Indizienbeweis zu erbringen für die von mir W. 97 f. behauptete, von Heck heftig bestrittene (H. 293 ff.) Schwenkung der Rechtsprechung zu § 153 GewO von einer arbeiterunfreundlichen zu einer arbeiterfreundlichen, und für die Zusammenhänge dieser Schwenkung mit einer inzwischen eingetretenen Wandlung des Kultururteils[132].

---

[132] *Heck* scheint anzunehmen (H. 296), ich sei der einzige „sozialpolitisch interessierte Hochschullehrer", der an die Vorherrschaft eines konservativ-patriarchalischen Rechtsgefühls in der Behandlung der gewerblichen Lohnkämpfe durch Verwaltungsbehörden und Gerichte bis etwa zur Jahrhundertwende glaube. Er bestreitet die geschichtliche Existenz dieses älteren, dem „Neutralitätsprinzip" entgegenstehenden Kultururteils, oder wenigstens dessen Einwirkung auf die Rechtsprechung, und spricht von einem „Irrtum". Ein Irrtum liegt allerdings vor, aber nicht auf meiner Seite. Heck übersieht, daß ich keineswegs eine neue Behauptung aufgestellt, sondern lediglich eine unter Nationalökonomen und Sozialpolitikern altbekannte Tatsache wiederholt habe. Ich verweise beispielshalber auf: *Loewenfeld* im Archiv f. soziale Gesetzgebung und Statistik 3, 383 ff.; *Loewenfeld* daselbst 14, 471 ff.; *Edg. Loenig*, in den Schriften des Vereins für Sozialpolitik 76, 269, 272 f., 314; *Göbel*, im Archiv für Sozialwissenschaft 23, 51 ff.; *Brentano* in der Generalversammlung des Vereins für Socialpolitik 1905, Schriften 116, S. 136, 144 f.; *Herkner*, Die Arbeiterfrage [5](1908), S. 13 f., 105 ff.; *Stieda*, Artikel „Arbeitseinstellungen" und „Koalition und Koalitionsverbote", im Handwörterbuch der Staatswissenschaften [3](1909, 1910). Vgl. daselbst, Bd. V, S. 903 den charakteristischen Satz: „In dieser Rechtsprechung spiegelt sich unverkennbar Sympathie für das Unter-

Es darf jedenfalls bezweifelt werden, daß die Feststellung von Kultururteilen schwieriger sein soll als gewisse, von Heck normativ verwertete Abgrenzungen, wie die der „Stabilitätsinteressen“ mit ihrer Generalwirkung gegenüber den „Angemessenheitsinteressen“ mit ihrer Spezialwirkung, oder die der Anschauungslücken, bei denen die Bindung an das gesetzliche Werturteil entfällt, gegenüber den angeschauten Interessenlagen, bei denen sie eintritt, oder die der „Randberichtigungen“, die stets

---

nehmertum und geringes Verständnis für die wirtschaftliche Lage der arbeitenden Klassen wieder“); *Philippovich*, Grundriß der politischen Ökonomie, Bd. II, 1 (erste Aufl. 1899), S. 143 ff. Es soll hier nicht betont werden, daß im Jahre 1899 der Zentrumsführer Lieber im Reichstag von der „himmelschreienden Parteilichkeit“ der deutschen Richter gegen die Arbeiter gesprochen hat. Denn das war vielleicht eine parteipolitisch gefärbte, jedenfalls keine wissenschaftliche Meinungsäußerung. Aber bezeichnend ist, daß selbst *Ad. Weber*, Der Kampf zwischen Kapital und Arbeit (1910), S. 170 ff., der den Nachweis führen möchte, daß von solcher Parteilichkeit „heute keine Rede mehr sein“ könne, arbeiterfreundliche Gerichtserkenntnisse zu § 153 GewO nur aus dem 20. Jahrhundert anführt. Für die letzten Jahrzehnte des 19. Jahrhunderts bringt er keine bei. Damals wehte eben noch ein scharfer Wind in der Rechtsprechung. Man lese die in den erwähnten Schriften und in Francke's „Sozialer Praxis“ zahlreich wiedergegebenen Gerichtsentscheidungen nach. Wie irrig Heck den geschichtlichen Charakter des § 152 Abs. 2 und des § 153 GewO einschätzt, dafür nur *vier Hinweise:* 1. Koalitionen bleibt der Rechtsschutz versagt. Darunter leiden die Arbeiterkoalitionen weit mehr als die Arbeitgeberkoalitionen, die sich durch hinterlegte Solawechsel ihrer Mitglieder usw. zu sichern wissen. 2. Der Zwang zur Koalition — das typische Arbeiterdelikt — ist strafbar; der *Zwang zur Nichtkoalition* — die typische Arbeitgeberhandlung — bleibt *unbestraft* (z. B. Drohung mit Entlassung für den Fall des Nichtaustritts aus einer Arbeiterkoalition). 3. Der Zwang zur Koalition, unter Arbeitern ausgeübt, ist oft und hart bestraft worden; derselbe Zwang, von Arbeitgebern gegen Arbeitgeber ausgeübt (z. B. Drohung mit Materialsperre), ist nur sehr selten und nur milde bestraft worden (vgl. Verhandl. des 29. Juristentages II, 276, Anm. 208). 4. Arbeiter, die unter Streikdrohung eine Lohnerhöhung forderten, sind wegen versuchter Erpressung bestraft worden. Arbeitgeber, die in Zeiten sinkender Konjunktur eine Lohnherabsetzung unter Androhung der Aussperrung gegen widerstrebende Arbeiter verkünden, sind noch nie wegen Erpressung bestraft worden, obwohl sie so wenig einen Rechtsanspruch auf Lohnherabsetzung haben wie die Arbeiter auf Lohnerhöhung, und obwohl sie oft einseitig schroff vorgehen, angebotene Verhandlungen ablehnen, während Arbeiter, die eine Lohnerhöhung fordern, zu Verhandlungen bereit zu sein pflegen. Von einem „gesetzlichen Werturteil“ des „Neutralitätsprinzips“, das Heck unterstellt (H. 296), sind alle diese Erscheinungen weit, sehr weit entfernt. Derselben Grundanschauung entspricht es, wenn noch heute in Preußen die bloße Streikabrede unter landwirtschaftlichen Arbeitern mit Gefängnis bedroht ist und auch die „Widerspenstigkeit“ dieser Arbeiter „gegen die Befehle der Herrschaft“ (!) bestraft wird, während Koalitionen der ländlichen Arbeitgeber erlaubt sind (Preuß. Gesetz v. 24. April 1854). Hört man sie nicht deutlich hier herausklingen, die Überzeugung von den „gottgewollten Abhängigkeiten“?! Daß und warum die konservative Auffassung in der Arbeiterkoalition „eine Art Felonie“ sieht, die sie bekämpft, hat *Radbruch*, Grundzüge der Rechtsphilosophie, 132, hübsch dargelegt. Nur soviel ist Heck zuzugeben, daß der Zusammenhang der früheren, arbeiterunfreundlichen Auslegung des § 153 GewO mit den seelischen Imponderabilien des konservativen Kultururteils natürlich nicht zwingend bewiesen werden kann. Man kann ihn nur wahrscheinlich machen. Und dies ist von volkswirtschaftlicher und sozialpolitischer Seite schon so ausgiebig besorgt, daß Heck's Apologie zu spät kommt.

erlaubt sein sollen, gegenüber den Kernberichtigungen, die zum Teil unerlaubt sein sollen.

3. Heck betont mit Recht, bei der Interessenwägung kämen nicht nur die in Streit befindlichen typischen Privatinteressen, sondern auch mitwirkende Gemeinschaftsinteressen in Betracht. Drängten jene auf eine Entscheidung von möglichst spezieller Angemessenheit hin („Angemessenheitsinteresse"), so gehörten zu diesen namentlich „Stabilitätsinteressen", das Interesse an Voraussehbarkeit der Entscheidung, Sicherheit und Stetigkeit der Rechtspflege (H. 180 ff.), und diese Stabilitätsinteressen könnten mit jenen Angemessenheitsinteressen in Konflikt kommen, was eine Abgrenzung des beiderseitigen Wirkungsbereiches nötig mache. Heck sieht einen Mangel meiner Rechtsfindungstheorie darin, daß in ihr nur die Angemessenheitsinteressen, nicht die Stabilitätsinteressen zu Worte kämen[132a].

Dieser Einwand hat etwas Bestechendes. Von allen Argumenten gegen die soziologische Rechtsfindung scheint er mir der ernsteste zu sein. Es ist richtig, daß ich darin den Hauptgewinn der soziologischen Theorie sehe, daß ihre Anwendung für die Anpassung der Rechtsprechung an die jeweiligen Lebensverhältnisse, für die Aufrechterhaltung des Einklangs zwischen Rechtsfindung und Kulturanschauung sorgt. (Vgl. z. B. W. 51, 115.) Die Angemessenheitsinteressen stehen also im Vordergrund. Das schließt aber nicht aus, daß die soziologische Rechtsfindung auch die Stabilitätsinteressen berücksichtigt[133]. Es ist Sache des subjektiven Werturteils und daher nicht leicht in eine normative Formel zu fassen, wie man beide Interessenarten in ihrer Gegenwirkung abgrenzen soll. Nur auf folgende Punkte möchte ich hinweisen:

a) Die Stabilitätsinteressen können heute m. E. nicht mehr eine so große Rolle spielen, wie früher. Das verbietet die ungeheure Tempobeschleunigung in der Entwicklung des heutigen gesellschaftlichen Lebens. Während früher einfache, typische Lebensformen lange Zeit hindurch sich fast unverändert erhielten, erblicken wir heute rings herum eine mannigfaltige und schnelle Typendifferenzierung und Typenumgestaltung, und die Typizität der neuen Tatbestandserscheinungen ist nicht mehr so groß, wie die der früheren war. Die heutige Rechtsprechung darf daher in ihren Wägungen und Wertungen nicht mehr so stabil und nicht mehr so undifferenziert sein, wie noch vor dreißig Jahren, sonst erliegt sie einer baldigen Lebensentfremdung. Gerade diese Gefahr ist eine der sozialpsychologischen Wurzeln der soziologischen Theorie. Zutreffend spricht Sternberg[134] von einem heutigen „mobilen" Recht gegenüber einem früheren „stabilen".

[132a] Vgl. auch *Peretiatkowicz*, 557 ff.

[133] Vgl. z. B. W. 51 f., 77 f., 114 f. und oben Anm. 120 b.

[134] Einführung in die Rechtswissenschaft I, 158 ff.

b) Einen Sonderfall, in welchem die Stabilitätsinteressen auch nach meiner Ansicht den Ausschlag geben, habe ich in W. 100 angedeutet und möchte ihn hier weiter ausführen: „Nachzufolgen und sich anzupassen, nicht aber als Bahnbrecher dem bisherigen öffentlichen Werturteil sich entgegenzustemmen“, so bestimmte ich in W. 100 die Aufgabe des Richters. Dies wird nun auch in dem Falle praktisch, daß ein bisher allgemeines Kultur念urteil durch das Auftauchen abweichender Anschauungen in seiner Alleinherrschaft mehr und mehr erschüttert wird. Dann kämpfen vielleicht eine Zeitlang entgegengesetzte Strömungen miteinander; schließlich dringt siegreich ein neues Werturteil durch. In solchem Falle gelangen die Stabilitätsinteressen insofern zu ihrem Recht, als der Richter m. E. bis zum allseitigen Siege des neuen Werturteils bei derjenigen Interessenwägung verweilen muß, die dem alten Werturteil entspricht. Die Beständigkeit der Rechtsprechung siegt hier vorübergehend über das vielleicht schon vorhandene, aber noch nicht allseitig anerkannte neue Angemessenheitsinteresse.

c) Heck vertritt immer wieder mit Lebhaftigkeit seinen Vorschlag, die Filigranarbeit der richterlichen Rechtsfortbildung durch die Einrichtung eines elastischen Rechtsverordnungssystems zu ersetzen (zuletzt: H. 302 ff.). Der Vorschlag muß auffällig erscheinen angesichts der gleichzeitigen energischen Betonung der Stabilitätsinteressen. Denn diese drängen darauf hin, die Rechtsfortbildung dem „stillen Walten der Jurisprudenz“ zu überlassen. Hat diese doch vor der Gesetzgebung unter anderem das voraus, daß sie „mehr eine Entwicklung schafft als einen Bruch“. So drückte es Regelsberger treffend aus[135]. Der gleiche Vorzug besteht aber m. E. auch gegenüber dem Rechtsverordnungssystem. Dort „geräuschlose Glätte der Rechtsfortbildung“ (W. 100), hier ruckweises Vorwärtsschreiten von Verordnung zu Verordnung. Zur Erwägung möchte ich auch stellen, ob es den Stabilitätsinteressen der Rechtspflege wirklich entspricht, die Befugnis des Richters zur Rechtsfortbildung je nach der subtil gesonderten Problemlage verschieden zu begrenzen. Eine praktisch verwertbare Rechtsfindungstheorie bedarf m. E. größerer Einheitlichkeit. Welchen Gewinn bringt denn eine Anweisung wie die, daß die sonst gestattete Gebotsberichtigung unzulässig sei, „sobald Stabilitätsinteressen entgegenstehen“? (H. 206, 222). Der Stabilität der Rechtsprechung scheint mir mit so unbestimmten Grenzziehungen wenig gedient zu sein. Das ist, mit Heck zu reden, „Triebsand“.

4. Heck sieht einen Mangel an Folgerichtigkeit darin, daß ich die Kultur念urteile der Eigenwertung des Richters vorziehe, denjenigen Werturteilen der ganzen Rechtsgemeinschaft aber, die in feierlicher Gesetzesform zum Ausdruck gekommen sind, diesen Vorrang versage (H. 299).

---

[135] Iher. Jb. 58, 151 f. Oben zu Anm. 88.

Allein es besteht hier ein gradueller Unterschied von anderer Folgeordnung. Die Frage kann nur praktisch werden in Fällen, wo das heutige Kultururteil vom Werturteil der Gesetzesverfasser abweicht. Die Werturteile fallen dann auch zeitlich auseinander. Im Werturteil der Gesetzesverfasser spiegelt sich das zur Zeit der Gesetzesverfassung herrschend gewesene, also der Vergangenheit angehörige Kultururteil wieder. Die gesellschaftlichen Aufgaben der Rechtsprechung liegen aber nicht in der Vergangenheit, sondern in der Gegenwart; vergangene Kultururteile haben daher gegenwärtigen Kultururteilen den Vorrang zu lassen.

Heck befürchtet weiter, daß die soziologische Methode den Richter der Gefahr eines argen Subjektivismus aussetzt (H. 297 f.). Unter Berufung auf „Kultururteile" würde, meint er, ein streng katholischer Richter den § 1588 BGB dahin auslegen können, daß eine nur bürgerlich geschlossene Ehe ein Konkubinat sei. Dieses Beispiel ist lehrreich. Es zeigt m. E., daß Hecks Einwand trotz eines richtigen Kerns, den er enthält, über das Ziel hinausschießt. Welches Werturteil der Mehrheit der Gesetzesverfasser im Fall des § 1588 BGB vorschwebte, das steht fest. Es lassen sich aber manche Belege dafür beibringen, daß das heutige Kultururteil in Deutschland nicht anders lautet. Wenn es auch richtig sein mag, daß „solche Elemente, welche die Eingriffe des weltlichen Rechts verurteilen", auch „in der führenden Kulturschicht vertreten" sind, so ist doch die erdrückende Mehrheit innerhalb dieser Schicht entgegengesetzten Sinnes. Jene abweichenden Stimmen sind im Gewebe des heutigen Kultururteils Fäden, deren Einschlag noch nicht mustergebend wirkt. Das „Kulturbewußtsein der geistig Höchststehenden" — so nennt Münch das Werturteil der führenden Kulturschicht[136] — trägt in Deutschland einen akatholischen Stempel. Fast alle großen Denker und Dichter waren Protestanten oder Dissidenten; die deutsche Wissenschaft ruht ethisch auf dem Fundament der Gewissensfreiheit, intellektuell auf dem der voraussetzungslosen Wahrheitsforschung —, beides vom streng katholischen Dogma bekanntlich verpönt und mit dem Modernisteneid bekämpft. Auf dem Würzburger Katholikentag und auch sonst sind bewegliche Klagen über die verhältnismäßig geringe Beteiligung des katholischen Volksteils am deutschen Geistesleben gerade im streng katholischen Lager laut geworden. Auch die katholische Regierung von Bayern beugte sich in dem Fall des Dachauer Konkubinatsurteils (W. 129, Anm. 229) einem akatholischen Werturteil über die Zivilehe: Der Justizminister griff ein, beruhigende Erklärungen wurden in der bayerischen Kammer abgegeben. Und unter den ²/₃ Protestanten, die Deutschland bewohnen, ist der Kreis der Strenggläubigen, die noch heute der Zivilehe ablehnend gegenüberstehen, ein winzig kleiner. Man darf es also getrost behaupten, daß auch heute die Zivilehe dem Werturteil der führenden Kulturschicht

[136] Ztschr. f. Rechtsphilosophie I, 379.

entspricht. Aber der richtige Kern von Hecks Einwand liegt hierin: Wenn die angedeuteten Verhältnisse sich in Deutschland einmal gründlich ändern sollten, 2/3 Katholiken gegen 1/3 Protestanten ständen statt, wie heute, umgekehrt, geistliche Hochschulaufsicht und Modernisteneid verallgemeinert wären, Richtertum und Beamtenschaft bis zu den Ministersesseln hinauf überwiegend streng katholischen Männern vorbehalten bliebe —, dann wäre auch höchstwahrscheinlich der Augenblick gekommen, wo jenes Konkubinatsurteil triumphiert. Einem solchen Kulturzustand würde es entsprechen. Man würde es dann als normal empfinden.

Die soziologische Rechtsfindungstheorie ist — noch einmal sei es gesagt — nichts willkürlich Ersonnenes. Sie ist mit Notwendigkeit aus gewissen sprachwissenschaftlichen, sozialwissenschaftlichen, psychologischen Erkenntnissen der Gegenwart, gewissen Tatsachen der heutigen Geistes- und Lebensentwicklung in Deutschland zeitgeschichtlich erwachsen. Damit erhält sie ihren bestimmten Platz in der weltgeschichtlichen Entwicklung zugewiesen; zugleich ergibt sich daraus eine selbstverständliche Einschränkung ihrer normativen Verwertbarkeit: Sie will nur gelten für den deutschen Richter der Gegenwart, und sie ist, geschichtlich gesehen, eine Erscheinungsform der dritten Rechtsfindungsmethode, die das Leben der Kulturvölker hervorgebracht hat. Am Anfang stand allemal der starre Kultus des ius strictum, der nur das ungelenke Wort zur engherzigen Grundlage der Auslegung machte[137]. Sein letzter Nachklang in Deutschland war die noch im 19. Jahrhundert oft geäußerte Meinung, einem sprachlich unzweideutigen Wortsinn gegenüber habe alle Auslegung zu schweigen. Der Wortkultus ward abgelöst durch eine geistig vertiefte Methode, die nach dem Sinn des Gesetzes forscht und diesen Sinn in der geschichtlichen Normvorstellung eines Gesetzgebers zu finden glaubt. Und diesem Historismus folgte als dritte Erscheinung die teleologische Rechtsfindung. In ihrem Dienst standen bereits die Rechtsprechung des römischen Prätors, die Konsilien der Postglossatoren, die Spekulationen der Naturrechtler. Mit verbessertem wissenschaftlichen Rüstzeug folgt ihren Spuren die soziologische Rechtsfindungstechnik. Auch sie sucht nach dem Sinn des Gesetzes, aber sie findet ihn, statt in der Normvorstellung eines ehemaligen Gesetzgebers, in einem gesellschaftlich orientierten Gegenwartssinn. Es ist klar, daß hierbei zwar manche Erkenntnis von absolutem Wahrheitsgehalt verwertet wird, daß aber die Methode in ihrer Gesamtheit sich keinen absoluten Normwert beilegen kann. Nicht die Auffindung des „richtigen Rechts" im Sinne einer allgemeingültigen formalen Denkkategorie steht in Frage. Es handelt sich vielmehr um eine nach Zeit und Ort gebundene Rechts-

---

[137] Nur auf diese, längst überwundene Methode habe ich mit der Bemerkung W. 107, Zeile 11 von oben, hinweisen wollen. *Heck*, H. 285, Anm. 427 versteht diese Bemerkung falsch.

findungstechnik, die der Verwirklichung eines stofflich gefüllten, ebenfalls zeitgeschichtlich bedingten, metaphysisch verankerten Rechts- und Kulturideals zustrebt[138]. Daher kann die soziologische Methode nicht in Betracht kommen für ethisch, geistig, politisch unentwickelte Völker.

Alle richterliche Rechtsfindung ist regelhaft und nicht der freien Willkür überlassen[139]. Soweit sie sich nicht auf den rechtsgeschäftlichen Parteiwillen stützt, hat sie sich möglichst eng an das Gesetz anzuschließen. Dazu bedient sie sich der einschränkenden und ausdehnenden Auslegung, des Analogie- und Umkehrschlusses in Verbindung mit subsumtiver Tatbestandskonstruktion, ferner einer soziologisch kontrollierten Rechtssatzkonstruktion, und drittens einer soziologischen Prinzipienkonstruktion. Nicht darum also geht heute noch der Kampf, ob Bindung an bestimmte Regeln, ob freie Willkür den Richter leiten soll. Das „Freirecht" ist eine überholte Durchgangserscheinung. Heute gilt es, die alte, wissenschaftlich unhaltbare Auslegungslehre des neunzehnten Jahrhunderts durch eine besser begründete Rechtsfindungslehre zu ersetzen, eine Theorie, die imstande ist, Praxis und Dogmatik zu reicher Ernte neu zu befruchten. Und Goethe sagt: Was fruchtbar ist, allein ist wahr. —

---

138 Über die zeitgeschichtlichen Zusammenhänge, die *Heck* (H. 308) leugnet, vgl. die Andeutungen bei *Reichel*, 20 ff.

139 In seltsamer Verkennung dieser grundsätzlichen Anschauung erklärt *Gillis* (oben Anm. 105a), S. 70 ff., meine Ausführungen in W. für den — nach seiner Meinung mißlungenen — Versuch einer „Methode der Freirechtler". Man kann sich unter einem „Freirechtler" natürlich sehr Verschiedenes vorstellen. Aber es fördert m. E. das Problem nicht, wenn man jedweden Versuch, an die Stelle alter, unzulänglicher Regeln bessere, neue Regeln zu setzen, von vornherein als Freirechtlerei brandmarkt und dann glaubt, damit sei die Sache erledigt. Wie flüchtig übrigens Gillis mich gelesen hat, zeigt sein Zitat S. 79, Anm. 3, mit zwei sinnentstellenden Fehlern in zwei Zeilen. Dazu bemerkt Gillis mit Bezug auf meinen Stil: „Die Sprache wird karikiert" — bei *solcher* Zitierkunst allerdings!

FSC
www.fsc.org
MIX
Papier | Fördert
gute Waldnutzung
FSC® C083411

Kolibri 360 GmbH
Ferdinand-Jühlke-Straße 7
99095 Erfurt, Deutschland
produktsicherheit@kolibri360.de

Druck:
CPI Druckdienstleistungen GmbH
im Auftrag der
Kolibri 360 GmbH
Ferdinand-Jühlke-Str. 7
99095 Erfurt